本书得到赣南师范大学教育经济研究中心（江西省高校人文社会科学重点研究基地）和赣南师范大学基础教育课程与教学研究创新团队资助

Shijian Jiaoyu Lungang

实践教育论纲

曾素林　著

中国社会科学出版社

图书在版编目（CIP）数据

实践教育论纲/曾素林著．—北京：中国社会科学出版社，2017.12
ISBN 978 – 7 – 5203 – 1397 – 1

Ⅰ.①实… Ⅱ.①曾… Ⅲ.①教育实践—研究—中国 Ⅳ.①G40

中国版本图书馆 CIP 数据核字（2017）第 273394 号

出 版 人	赵剑英
责任编辑	卢小生
责任校对	周晓东
责任印制	王 超

出 版	中国社会科学出版社
社 址	北京鼓楼西大街甲 158 号
邮 编	100720
网 址	http：//www. csspw. cn
发 行 部	010 – 84083685
门 市 部	010 – 84029450
经 销	新华书店及其他书店

印 刷	北京明恒达印务有限公司
装 订	廊坊市广阳区广增装订厂
版 次	2017 年 12 月第 1 版
印 次	2017 年 12 月第 1 次印刷

开 本	710×1000 1/16
印 张	15.75
插 页	2
字 数	231 千字
定 价	66.00 元

凡购买中国社会科学出版社图书，如有质量问题请与本社营销中心联系调换
电话：010 – 84083683

内容摘要

改革开放以来，我国基础教育取得了非凡的成就，同时也面临巨大的危机与挑战。我们需要站在教育学的立场上，重新审视实践与学生发展之间的关系、实践对学生发展的具体作用及其作用机制。实践教育作为全球范围内正在蓬勃兴起的教育思潮之一，它引领着各国更加关注学生的实践能力和创新精神发展状况。本书按照"实践教育是什么—为什么要研究实践教育—怎么推动实践教育"的研究思路来设计，通过理论逻辑分析、实证调查与国际比较相结合的方式展开论述，从历史与现状两条线对我国实践教育进行系统反思，尤其是对十六年来我国实施综合实践活动课程的现实状况进行反思。这将为关注实践教育理论与实施的人们带来诸多启发和思考。

目　录

导　论

自新中国成立，尤其是改革开放以来，我国基础教育从极其薄弱的水平开始，到今天成为世界上最庞大的基础教育体系，走过了一条极其不平坦的道路。目前，我国的绝大多数儿童青少年都能进入中小学校接受免费义务教育。可以说，我国基础教育取得了举世瞩目的成就，这是值得我们无比自豪的事情。但是，我们还应该清醒地看到我国基础教育目前面临的种种危机与挑战，深入分析其背后的原因，通过采取针对性的、可行的措施加以应对，使我国基础教育的水平和质量获得新的提升。

一　实践教育：我国当代基础教育的危机与走向

（一）当前我国基础教育面临的危机与挑战

我国基础教育目前面临的危机与挑战包括中小学生的社会责任感、实践能力和创新精神较弱，中小学校过于注重与考试有关的理论知识、书本知识的教学等。概括来看，目前我国基础教育面临的危机与挑战具体体现在以下四个方面。

1. 挑战之一：学校教育与中小学生的日常现实社会生活仍然存在较大的距离，即"教育远离生活"

学校本来是以"育人"为宗旨的。所谓"育人"，应是教学生掌握知识文化，同时还应教学生如何幸福地生活。但是，当前我国不少中小学校仅追求短期效益，过于强调让学生掌握知识文化，重视考试科目和升学率，忽视让学生掌握各种必要的生存技能和生活技能，从而导致学校教育越来越远离学生的现实社会生活。联合国教科文组织国际教育发展委员会在其著名的报告《学会生存——教育世界的今天和明天》中明确指出："教育内容和教育方法几乎在全世界都受到指责。教育内容受到批判，因为它不符合个人的需要，因为它阻碍了科学进步和社会发展，或者因为它和当前的问题脱了节。""许多学校的教学大纲都不能为人们提供有关真实世界的知识，如现代人所见到的那样。也不能帮助人们解决他们今天所面临的各种问题。例如，军事的、社会的和民族的矛盾，世界性的饥馑、污染，青年与妇女的地位以及少数民族的环境条件等。"① 知识理论本来就是来源于现实生活，其价值在于回归现实社会生活，即学生应把学校中学习到的知识理论运用到现实生活的实践中，才能发挥其价值和作用，并不断使之得到创新和发展。正因为这个原因，杜威认为，"教育即生活""学校即社会"。哲学家维特根斯坦也认为："生活在根本意义上是一种体验而不是知识，对美好生活的体验要优于美好的知识。"② 不可想象，如果脱离社会生活，脱离实践活动，我们的教育将变成什么。仅靠课堂教学，是无法完成"全人教育"的，通过组织学生参加各种实践活动，在实践中掌握各种知识和技能，学生才能走向全面发展，而不是片面发展。

2. 挑战之二：中小学生的动手实践机会匮乏，即"知行脱节"

由于我国应试教育的浓厚氛围以及历来只注重课堂教学、理论知识教学的传统，我国中小学生动手实践的机会非常匮乏。在中小学校，学生的动手实践只是作为理论知识教学的辅助手段，而不是作为学生发展的一个基本途径和基本手段；学生的实践活动只是作为学校的特色和点缀，而不是作为学校教育的不可缺少的重要组成部分。学生的活动大多局限在课堂中，课堂中的活动大多又以听课、读书、做

---

① 联合国教科文组织国际教育发展委员会：《学会生存——教育世界的今天和明天》，教育科学出版社1996年版，第89、93页。

② ［美］理查德·舒斯特曼：《哲学实践》，彭锋等译，北京大学出版社2002年版，第3页。

习题、回答问题为主；教师在观念上对学生的实践操作活动也不够重视，认为让学生动手实践占用时间太多，班级学生人数太多，组织实践活动的难度大，实施起来不容易控制，而且觉得这与考试没有关系，纯属浪费精力和时间；学校出于对安全、经费、升学率等问题的考虑，很少组织学生到社会上开展实践活动、调查研究活动，或者仅仅偶尔组织学生到社会上进行实践，而不是定期地、常规化地组织学生开展实践活动。学生缺乏动手实践机会，没有机会验证自己的想法，因而他们缺乏创造力和创新精神，不能增长真实的本领和才干，同时，导致不少学生存在严重的厌学情绪。① 一言以蔽之，这种教育实质上是以应试升学为目的，而不是以育人为目的。2010 年，《教育规划纲要》工作组素质教育战略专题组"深化课程教学改革，注重培养学生的社会责任感、创新精神和实践能力"调研组撰写的调研报告认为，我国中小学日常教学活动中，教师和社会最为关注的仍然是学生掌握了多少书本知识、掌握技能训练的快慢，而批判精神、探究能力、责任感、创造性与合作态度等被受到忽视。西北师范大学研究人员的一项调查表明：对于"同行经常谈论的教学话题"，教师选择的答案主要集中在"知识技能"（70.1%）和"解题技巧"（67.3%），而对创造性、情感态度、个性发展的关注度仅在30%左右；学校开设的课程，社会看重的依然是语文、数学、英语等"考试性科目"，体育、艺术尤其是综合实践活动等课程实际上仍然面临着生存的危机。② 即使在课外，我国中小学生仍然非常缺乏实践锻炼的机会。例如，一项中日两国小学生课余生活状况的调查研究表明：中国的小学生课余时间学习的时间过多，玩的时间过少，家长与孩子之间的对话主要围绕学习展开。然而，日本的小学生课业负担相对较轻，他们有更多的

---

① 曾素林：《实践教育：含义、问题及对策》，《中国人民大学教育学刊》2012 年第 1 期，第 153 页。

② 刘坚、余文森等：《"深化课程教学改革"深度调研报告》，《人民教育》2010 年第 17 期，第 1 页。

时间看电视或与父母沟通，也有时间从事自己感兴趣的事情。①

3. 挑战之三：中小学生的动手实践能力较弱

在我国中小学以考试、提高升学率为主导的氛围下，而且考试往往以笔试为主，不注重考查学生的动手操作能力，陶行知先生所严厉批评的"读死书、死读书、读书死"的现象直到现在还没有完全改观。我国中小学生的动手实践能力普遍较弱，他们很少从事过调查研究、访谈、观察学习，对调查法、实验法、观察法、访谈法等方法感到非常陌生，也不知道该怎样确定自己的研究课题，不会写规范的调查报告、研究报告等。反观西方发达国家，他们非常注重培养学生的实践操作能力，学生可以经常自主选择研究课题，动手进行调查研究和实地考察，并大胆展示自己的研究成果，从而培养了很强的实践能力，养成了实地探究、实地考察、动手实践的良好习惯。此外，英美等国家的中小学设置了很多实践类选修课程，如制作、驾驶、模拟创办企业等，以培养学生具备较强的实践操作能力。我国学生动手实践能力较弱，他们在激烈的国际竞争中将处于相对弱势地位。这是大家所一直关注、批评的问题。② 北京师范大学的研究人员通过中学课堂"师生话语权的量化研究"，发现我国中学课堂上师生话语量的比例为6.6∶1，即教师说话字数是学生集体说话字数的6.6倍，这一指标比美国、荷兰等国的要高。考虑到班额的实际情况，课堂上我国学生发言的机会远少于国际上的同龄人；另外，教师在课堂上一次讲话的话语长度超过25个字的占50%左右，这说明课堂上师生之间的深入互动比较少，教师讲授过多，学生发言较少。③ 这一教学方式违背了学生成长发展的规律，导致学生失去了学习的兴趣和信心，也严重压缩了学生探索、思考解决实际问题的空间。

---

① 黄小葵、高口明久：《中日两国小学生课余生活状况比较研究》，《外国教育研究》2007年第2期，第42页。
② 曾素林：《实践教育：含义、问题及对策》，《中国人民大学教育学刊》2012年第1期，第153页。
③ 刘坚、余文森等：《"深化课程教学改革"深度调研报告》，《人民教育》2010年第17期，第20页。

4. 挑战之四：基础教育课程体系不健全，对实践课程不够重视

新课改提出，为了"加强课程内容与学生生活及现代科技发展的联系"，"改变课程实施过于强调接受学习、死记硬背、机械训练的现状"，从小学至高中设置综合实践活动并作为必修课程，强调学生通过实践，增强探究和创新意识，学习科学研究的方法，发展综合运用知识的能力，增进学校与社会的密切联系，培养学生的社会责任感。[①]然而，课程改革十多年来，学校只重视理论知识学习、忽视引导学生主动实践的面貌仍然存在。很多学校不开设或者"打折扣"开设综合实践活动课程，综合实践活动课程受到冷遇，常常被所谓"主科课程"如语数英理化等学科占用，综合实践活动等实践课程的应有教育价值没有被充分挖掘出来。2007 年，五个国家的相关机构联合发布的"世界五大城市 5 年级学生学习调查"表明，北京的学生每天花在课外知识性学习的时间平均为 131.6 分钟，而东京、伦敦、赫尔辛基和华盛顿四城市同龄人分别只有 101.1 分钟和 74.1 分钟、68.2 分钟和 62.6 分钟；更值得关注的是，76.6% 的北京学生周末补课主要用于英语、奥数、作文等"考试项目"，补课时间 1 天的占 36.4%，补课两天的占 34.0%，而与之形成对照的是赫尔辛基、伦敦和华盛顿三城市同龄人中分别只有 21.1%、13.1% 和 7.1% 的学生周末有课，且学习内容无一例外前三项都选择体育、音乐和芭蕾。[②] 这说明，我国中小学校对实践课程及其教育价值还非常不够重视，而只重视能带来"现实效益"的所谓"主科课程"。对此，2010 年颁布的《教育规划纲要》明确提出了要"开发实践课程，增强学生科学实验、生产实习和技能实训的成效。充分利用社会教育资源，开展各种课外及校外活动"。因而，大力开发和实施实践课程，是实现我国教育战略必不可少的组成部分，我们应重视实践类课程，重视对实践类课程的开发、实施和研究。

---

① 中华人民共和国教育部：《基础教育课程改革纲要（试行）》，《中国教育报》2001 年 7 月 27 日第 2 版。

② 刘坚、余文森等：《"深化课程教学改革"深度调研报告》，《人民教育》2010 年第 17 期。

以上这些挑战的实质可以归结为：我国基础教育重知轻行或者知行不一。也就是说，目前我国中小学生善于考试，却不善于解决实际问题；学生的理论知识掌握得好，但实践能力较弱，缺乏创新精神；注重书本知识学习，却忽视实践学习；重视间接经验，却忽视直接经验；注重学会学习，却不注重学会做人和做事，等等。这直接导致了我国中小学生的片面发展与单向度发展，而不是全面发展、综合发展、和谐发展，给学生的成长带来诸多不利影响。下面有几个典型的例子能很好地说明这一点。

例一：高考结束后，各个学校的许多学生纷纷开始焚书、毁书，以发泄对痛苦的学校学习生活的不满。然而，在高考之前就发生学生集体焚书、毁书事件，却不能不让人感到震惊和诧异。据报道，2012年3月9日下午，湘潭湘机中学突然停电。7点晚自习开始后，仍没来电，学生们就开始丢书、烧书。湘机中学学生回忆了当时的情景："跟下雪一样，好多好多书，整个地面被书盖住了。" 对于参加此事的学生人数，该校学生说："每一层都有，大多数学生都参与了，整栋楼都轰动了。"学生们认为，停电只是一个导火索，把他们心里积累了很久的怨恨一下子引爆了。据悉，学生非常反对学校利用周末进行补课。根据学生的课程表显示，他们每周只有周日上午休息半天，而周末所补课程均为数学、英语、物理等。无独有偶。同年4月5日晚8时左右，湖北省荆门市京山一中高三年级部分同学聚集在教室外面，不愿返回教室，接着，一些学生开始起哄，撕烂书本、试卷等材料往楼下扔。楼下有高一、高二的学生点燃书本和辅导资料，开始"焚书"，原因是他们这次也需要缴纳400元的资料费。一位学生回忆道，当晚，丢了很多书，跟下雪似的，把整个地面都盖住了。教学楼的每一层都有，整栋楼都轰动了……①这两起焚书事件相隔不到一个月，表达了不少学生对学校教育的强烈不满。学生集体焚书、毁书，是对教育的极大讽刺——学生本来应该爱书、护书、尊重知识的。但我国当代基础教育正在把学生当成了"考生"，教育机构堕落为考试机构

---

① 汪原：《中学生集体焚书引发的教育深思》，《青春期健康》2012年第5期。

和培训机构，升学率成为学校领导、教育主管部门甚至当地政府的"政绩"和"面子工程"，整个基础教育"以分数论英雄"，推崇所谓"状元"，这是谁的悲哀?! 学生的身心健康、全面发展却无人顾及、无暇顾及。因而，层出不穷的学生集体焚书、毁书事件就在所难免了，这难道不是强烈地折射出我国基础教育存在严重的弊端和隐患吗?

　　例二：许多高中生上大学后严重适应不良。通过三年的学习并通过高考，高中学生应该已经具备了适应大学学习和生活的基本素养。然而，不少大学新生们存在严重的适应不良。有关研究显示，大学新生们的适应不良表现在这几个方面：（1）生活自理的能力差。当代大学新生中有一大部分是独生子女，他们上大学之后在遇到生活上的困难时常常束手无策。（2）不适应大学的学习方式。大学注重研究型学习方式，教师的监督少了，学生有许多独立学习时间。许多新生对此不适应，结果造成学习成绩严重下降。（3）不善于人际交往和沟通。不同于中小学，大学的人际交往是非常广泛的。新生不知该如何与不同的人群交往，从而引发了各种人际矛盾和心理不适。[①] 我们再看另外一个例子。2008 年，内蒙古工业大学从该校学生和学院两个层面开展新生适应状况的专项调查。调查对象以 2007 级新生为主，涵盖该校两校区、理工类、人文类的 22 个专业。调查结果显示，74.2% 的2007 级新生表示对大学生活有些不适应和很不适应；83.6% 的学生对自己大学一年级的表现有些不满意或很不满意。在学院层面的调查结果显示，2007 级学生补考率最高的达到 57.1%；新生补考门次占全院学生补考门次总和的比例最高的占 63%。[②] 这些问题反映出我国基础教育培养出来的学生远远没有达到其培养目标——全面发展。大学新生独立生活能力差，学习成绩严重下降，不适应大学的研究型学习方式、自主性学习方式，实质是我国基础教育"死记硬背""以分

---

　　① 丁保胜：《浅析大学新生适应不良及心理调适》，《东华理工学院学报》（社会科学版）2012 年第 5 期。

　　② 李晶：《大学新生适应不良问题分析及对策》，《内蒙古工业大学学报》（社会科学版）2009 年第 1 期。

数论英雄"的应试教育体制所导致的恶性后果。

例三：钱学森的"世纪之问"。钱学森是我国两弹一星功勋奖章获得者、航天之父、世界级的科学大师、"双百"人物中的共产党员。说起钱老，在想起他杰出的科学贡献的同时，我们还自然而然地想起了那个著名的"钱学森之问"。他生前在病榻上曾经多次地向前来探望他的温家宝提出一个问题："为什么我们的学校总是培养不出杰出人才？"①钱老的确给我们提出了一个值得深思和进行求解的问题。我国学生的知识技能扎实，勤奋好学，可为什么就培养不出世界水平的拔尖人才。这反映出我国教育体制和人才培养模式上存在某种严重的问题，这个问题是什么？笔者认为，一个很重要的原因就是"知行分离""学用不一""一条腿走路"，所以出不了拔尖人才。要破解"钱学森之问"，我们必须着手改革我国人才培养模式，探索创新性人才培养的途径。

从以上的案例来看，我国基础教育的确存在不小的危机和挑战。正视这些危机与挑战，并找出其原因，采取针对性的措施，才能有效地应对它们，化"危"为"机"，迎难而上，推动我国基础教育的持续进步。

（二）实践与人的发展：教育学的立场

我国目前基础教育的危机和挑战表明，忽视学生的实践活动、实践学习将导致教育严重地偏离正确的轨道，导致越来越多的"教育失败"，也使我国的教育始终难以培养出真正具有创新精神和实践能力的人才。王道俊教授曾指出，"在我看来，现有的教育学的前提性人性假设是，撇开人的社会实践谈论人是社会关系的总和，把人看作社会历史的消极产物"。②撇开社会实践活动，不利于发挥中小学生的积极性、主动性和创造性，阻碍学生的全面发展。华中师范大学陈佑清教授通过多年的研究指出："人的发展是指人的身心素质形成与完善（不断进步）的过程。""学生自身的能动活动（学生作为主体与环境

---

① 陈永坚：《从"钱学森之问"想起》，《汕头日报》2011年7月8日第3版。
② 王道俊：《主体教育论的若干构想》，《教育学报》2005年第5期，第5页。

的相互作用、学生自身的经验）是促进学生素质发展的基本机制。"①因此，我们应把实践学习活动重新纳入教育学的范畴，站在教育学的立场上，重新郑重地审视和梳理实践活动与学生发展之间的关系、实践对人的发展的具体作用及其作用机制。

一般来说，人类的实践活动形式是多种多样的。人类的实践活动包括政治、经济、军事、宗教、教育等活动形式。我们可以把这些统称为普遍性实践或者一般性实践，把具体领域的实践称为特殊性实践，即分别为政治性实践、经济性实践、军事性实践、宗教性实践、教育性实践等。人类的普遍性实践具有共同的特点和规律，它们制约着特殊性实践的发展。同样，人类的特殊性实践具有其个性化的特点和规律。例如，政治性实践与经济性实践是不同的，宗教性实践也不同于教育性实践，它们之间具有较大的差异，各自有着不同的实践主体、实践客体、实践中介和实践方式方法。它们各自对人类的发展起着不同的作用和影响。下面具体谈谈普遍性实践与教育性实践的区别及其各自在人的发展中的作用。

1. 普遍性实践与教育性实践的区别

（1）实践的主体不同

普遍性实践的主体一般是成人。他们具备了成熟的身心发展水平，能清晰地描述出自己的实践目的，制订实践的计划，能够在各种条件下独立开展普遍性实践，主动克服实践中遇到的各种问题或困难。然而，教育性实践的主体是有可能是成人，如教师、大学生，也有可能是未成年人，如中小学生。由于中小学生在身心发展上还不够成熟，他们对实践目的、实践客体、实践条件等认识还不够全面。因此，很多中小学生的实践活动往往是在成人的指导下开展的。

（2）实践的目的不同

普遍性实践的目的是改造世界，维持人类的生存并推动人类的发展。教育性实践的根本目的不是改造世界，而是促进学生认识世界，获得基本的实践能力，促进学生的全面发展。它"不是指人类一般的

①　陈佑清：《教学论新编》，人民教育出版社2011年版，第80、88页。

实践,而是指以学习和自我发展为目的的实践。"① 也就是说,教育性实践的首要目的和直接目的不是改造世界,而是促进学生成长,对学生的发展和成长而言,实践既是一种学习活动,又是一种学习方式。② 因而两者在实践目的上有着重要而显著的区别。

（3）实践的条件不同

教育性实践往往是在教师指导下的实践活动。学校和教师有责任为学生的实践活动提供必要的便利条件,如实践场所、实践工具、实践对象等。一般来说,学校为中小学生精心制定实践活动的制度规范,系统规划实践活动体系,建立稳定的实践活动基地,指导学生设计实践活动的计划、方案,并积极协助学生解决实践活动过程中遇到的问题、困难,等等。普遍性实践却不一定具备这些条件。相反,人类的某些实践活动是在异常艰苦、相当危险的条件下进行的,有时甚至要付出生命的代价,例如,地质科学考察队员在野外的探索活动、宇航员探索太空的奥秘等。

因此,教育性实践与普遍性实践是有明显区别的。不能混淆其区别,使教育性实践混同于普遍性实践,否则将导致否定教育性实践的地位和作用,以生产、政治、经济实践活动直接替代教育性实践的严重后果。本书强调的是教育性实践。

2. 普遍性实践在人的发展中的作用

实际上,普遍性实践在人的发展中起着非常重要的作用。普遍性实践是人类改造客观世界的途径和方法。马克思主义认为,教育与生产劳动相结合,是实现人的发展的根本途径。普遍性实践在人的发展中的作用表现在以下几个方面。

（1）普遍性实践是人的发展的基础

人类所从事的政治、经济、文化、宗教等实践活动所产生的成果维持着人类的生存和发展。离开这些普遍性实践活动（尤其是离开生产劳动实践活动）,人类将失去生存和发展的基石而不复存在。

---

① 王道俊、郭文安主编:《教育学》,人民教育出版社 2009 年版,第 406 页。
② 郭元祥:《论实践教育》,《课程·教材·教法》2012 年第 1 期,第 18 页。

（2）普遍性实践是人的认识的直接目的

人与其他生物的主要本质区别在于人能够思考、认识和改造客观事物。人的认识不是为了别的，是为了改进人类的各种实践活动，使之更有效率及更能获得成功，使之更能满足人类的目的。所以，脱离了普遍性实践，人的认识就是空想和空谈。

（3）普遍性实践是实现人的发展的根本途径和方法

人通过普遍性实践活动来认识世界和改造世界，在这一过程中，同时也改造了人自身，实现了人的发展。

3. 教育性实践在人的发展中的作用

从教育学的立场来看，教育领域中的实践活动是教育性实践。它区别于生产性实践、政治性实践、经济性实践、文化性实践等实践类型。教育领域中的实践，与人类一般的认识世界、改造世界的普遍性实践不同，它是一种教育性实践。教育性实践，是指学生在教师的指导下，以问题为中心，有目的地运用所学的知识，在实际情境中认识与体验客观世界，并基于多样化、可操作性学习过程分析解决实际问题的学习活动。① 教育性实践对人的发展具有非常重要的作用。具体体现在以下几个方面：

（1）它是人的一种重要的学习方式与方法

教育性实践的学习方法被称为实践学习。古人认为，我们应"读万卷书，行万里路"。这个格言即强调实践学习的重要性。相对而言，人类的学习有两种基本途径。一种途径是学习人类的间接经验，即学习书本知识，也被称为理论知识学习、间接经验学习。这被认为是最经济有效的方法。随着人类社会的发展和科学知识的爆炸式增长，这种学习方式越来越占主要位置。离开这一学习方式，我们无法实现获取必要的信息。另一种途径是人直接从自己的实践中学习，获取直接经验，即实践学习，也被称为直接经验学习。这种学习方式虽然不是目前人类学习的主流形式和主导方式。但如果离开这种学习方式，人们就不能有效地理解和掌握间接经验，而且也将逐步丧失学习间接经

---

① 郭元祥：《论实践教育》，《课程·教材·教法》2012 年第 1 期，第 18 页。

验的目的和意义。这是因为学习间接经验的目的是更好地从事适应和改造世界的各种实践活动。而且，离开这种学习方式，我们还不能牢固地掌握所学习的间接经验。例如，美国著名课程论专家拉尔夫·泰勒在其《课程与教学的基本原理》中说，一般来说，人们遗忘所学知识的速度是很快的。有一系列针对大学生所做的研究报告称，学生结束某门大学课程的学习 1 年后，会遗忘已学内容的 50%，两年内会遗忘 80%。但如果学生有机会在日常生活中运用这些知识。这不仅能降低遗忘率，还能增加学生学习该课程时获得的知识量。该研究表明，若学生有机会在日常生活中运用具体知识，则更容易实现那些集中于这些知识的教育目标，其结果也更持久。[①] 这说明，实践活动有助于促进学生对知识、技能的学习和掌握。然而，目前很多人还没有全面认识到这种学习方式的重要性，过于强调接受学习，认为只要把知识记忆在头脑中就行了，从而导致了我国基础教育中"死记硬背""灌输式教学"的现象时有发生，阻碍了中小学生的健康发展。

（2）它是培养人的实践能力和创新能力的基本途径

毫无疑问，人的实践能力和创新能力只能从解决实际问题的实践活动中得到培养和锻炼。目前，我们很多中小学校把学生限制在课堂中、校园中，不让他们从事实践活动和实践学习，却空谈"培养学生的实践能力和创新精神"，这无异于"缘木求鱼""望梅止渴""临渴掘井"。在实践活动中，学生能够把学校中所学习的知识解决实际问题，并发现新的问题，从而更加自觉、更加有兴趣地学习知识文化。而且，通过实践学习，学生能够更加透彻地理解知识，并且对知识能够活学活用，从而造就真正具备实践能力和创新精神的新一代，而不是造就一群只会考试、不会解决实际问题的"书呆子"。人们常说，"实践出真知""实践出人才"，就是这个道理。

（3）它是培养学生健全人格和健康个性的重要方法

目前，我国基础教育在应试教育体制下，中小学生把绝大多数的

---

① ［美］拉尔夫·泰勒：《课程与教学的基本原理》，罗康、张阅译，中国轻工业出版社 2008 年版，第 34—35 页。

时间都花在学习书本知识上，学习的方式大多数是死记硬背、题海战术，教师多采用"填鸭式""灌输式"等教学方式，导致学生的学习负担过重，这严重威胁着中小学生的身心健康。这种教育方式难以培养学生的健全人格和健康个性；相反是扭曲了学生的健全人格和健康个性。通过教育性实践活动，让学生跳出书本知识的框框，回归生动活泼的生活世界，在实践中发展自己的兴趣爱好，培养真正的科学精神，建立与同学、老师及其他人的平等关系和合作关系，从而培养学生的健全人格和健康个性。

（4）它是中小学生德育的关键方法

中小学生的道德培养应从道德认知、道德情感、道德意志和道德行为四个方面着手。但其中道德行为是德育的关键环节。仅有丰富的道德认知、道德情感以及坚定的道德意志，却没有产生相应的道德行为，标志着德育的失败和困境。目前，我国的德育基本上是课堂德育、课堂说教，重视的仅仅是道德认知，却不重视培养学生的道德行为。很难说，这是我国基础教育德育的成功模式。很多学生的德育课程能获高分，他们却没有相应的道德行为。通过教育性实践活动，引导学生在实践中认识社会、他人和自己，从而使他们能够深刻理解德育课堂中的知识理论，不仅做到"知其然"，而且"知其所以然"，这样才能顺利地帮助学生把道德认识转化为道德行为。因为，教育性实践活动是中小学德育的关键途径和根本方法。

总之，教育性实践在人的发展中起着非常重要的作用。它在教育中应占有重要的地位。然而，在我国目前的基础教育中，教育性实践活动基本上处于边缘化、被忽视的地位。正如联合国教科文组织国际教育发展委员会指出："在发展中国家，和在工业化国家一样，许多社会的教育体系仍然助长和继续保持智力训练和实践训练之间的区别，把体力劳动视为一种灾难而且必须不惜代价通过教育加以逃避。课程计划经常这样划分等级，把体力劳动训练留给天资较差的学生。"① 这不能不引起我们的警觉和深刻反思。

（三） 实践教育：本书的研究旨趣

鉴于以上的分析，实践教育对中小学生的发展具有非常重要的作用和价值。本书力图探讨基础教育阶段的实践教育，在一定程度上回应我国基础教育所面对的以上危机和挑战，回答我国当代基础教育的重大课题，即系统地探究实践教育的含义、特点、内容、形式、方法、实施、管理与评价，理解实践能力的含义、表现标准及其培养途径、策略、方法，初步构建中小学实践教育的基本理论框架，并对我国实施综合实践活动课程十多年来的情况进行总结、梳理及思考，提出改进措施。笔者认为，通过这些研究，将有助于丰富并深化教育学的理论研究，进一步密切教育理论与教育实践之间的联系，克服我国长期以来基础教育"重理论、轻实践"的弊端，转变基础教育人才培养模式，提升中小学生的实践能力和创新精神。

二　实践教育的研究进展

（一）　国内研究现状

1. 国内研究现状

在我国20世纪80年代，实践教育作为研究领域就开始进入人们的视野，随着我国教育的发展，特别是进入21世纪以来，实践教育问题逐渐成为人们热烈讨论的话题以及亟待探究的课题。尽管人们对它着手研究比较晚，但目前已经取得了一些研究成果。这些研究主要涉及实践教育的理论思考、实践探索、著名教育人物的实践教育思想、实践教育中存在的问题及反思等方面。

（1） 实践教育的理论思考

20世纪80年代，人们一般把实践教育称为社会实践教育。例如，

---

① 联合国教科文组织国际教育发展委员会：《学会生存——教育世界的今天和明天》，教育科学出版社1996年版，第89、93页。

陈军认为，社会实践教育是传统课程教学的重要的、有益的补充，是学校教育的重要组成部分。它可以帮助学校对学生强化实践知识教育、实际能力训练以及思想政治教育。社会实践教育包括多种类型，如政治性的、知识性的、公益性的、健身性的、娱乐性的等。他归纳了社会实践教育的重要意义。第一，它可以检验与丰富书本知识；第二，它有利于培养和锻炼学生的实际能力；第三，它有利于深化和陶冶学生的思想感情。他还列举了社会实践教育的多种形式，如各种竞赛活动、专题报告、讲座、勤工俭学、公益劳动、军事训练、专业实习、旅行参观、社会宣传、社会调查等。他还提出开展社会实践教育活动中需要选择适当的时机、把握住社会实践教育活动的限度等问题。① 陈军的研究说明，我国自改革开放以来，学者们很早就开始认识并研究实践教育的重要性，并对其类型、活动时机、活动限度等问题进行了初步的探讨。

李如密教授对实践教育的艺术进行了深入探讨。他通过自己长期的观察和体悟，提出实践教育的运用艺术主要包括：我们应加强实践教育的合理性、计划性、周密性、可行性；应创造实践教育的必要适当条件，如要注意组织有关活动，使其具有多样性、教育性、趣味性和新颖性，要让学生在克服困难的过程中受到锻炼和教育；要注意设计、建立起合理的制度，使实践教育有章可循、规范发展；要调动学生接受实践教育的积极性和自觉性；要坚持持久地进行实践教育，等等。② 李如密教授的研究启示我们，实践教育不仅是一种教育方式，同时也是一种教育艺术。我们可以对实践教育进行周密设计，精心实施，使实践教育的过程成为学生充满乐趣的旅程，使实践教育具备美学的特征。

清华大学史静寰探讨了实践教育对于学习者来说说具有的多重意义，即从技术层面来看，实践教育可以帮助学生加强对知识的掌握，

① 陈军：《关于社会实践教育问题的再认识》，《安徽大学学报》（哲学社会科学版）1988 年第 1 期。

② 李如密：《实践教育的艺术管窥》，《教育评论》1988 年第 4 期。

使学生的实际动手能力得到不断提高；从社会层面来看，实践教育使学生对社会现状的了解得到加强，并使学生的社会性能力和社会责任感得到提高；从道德层面来看，实践教育可以使学生的道德意识得到增强，使学生的思想品质得到提高。[①] 武汉大学政治与公共管理学院杨欢欢也探讨了社会实践教育对于学习者的价值。他认为，社会实践教育个体价值在于实践教育活动能够满足对参与实践教育活动的主体即学生的个体发展需要当中。实践教育的个体价值主体为学生，各种实践教育活动是客体，本质上说，两者是满足与被满足的关系。社会实践教育个体价值为：它可以促使学生加深对我国国情的了解与认识；它可以促进学生的全面发展，这包括专业技能发展价值、道德品质发展价值等；它还具有锻炼能力价值，即在社会实践教育中，学生不断通过"问题—解决问题—新问题产生—解决新问题"的发展模式，帮助学生把解决现实问题的能力得到不断提高。[②] 这两个研究较全面地归纳了实践教育对学习者个体的积极作用，说明实践教育具有非常重要的意义和价值，它能从多方面促进学生的发展和成长。

清华大学教育研究所刘钰、许亮等学者运用文献综述的方法，对国外实践教育的实施情况做了简介，归纳了实践教育的理论基础，包括马克思主义论人的全面发展思想和教育与生产劳动相结合的观点、杜威的实用主义教育哲学理论等，并对有关实践教育理论中的几个具体问题作了介绍，例如，理论知识与实践知识、当前我国课堂教学中存在的问题、实践教育中学习环境的构建等。在此基础上，他们认为，从现有的教育学论著来看，很难找到对实践教育有指导意义的理论。原因在于目前大多数的理论注重在传统的理论课堂教学范围内谈实践能力培养的问题，而且大部分的课程专家，就连那些编写教科书的专家，也很难处理好理论与实践相结合的问题。他们对目前的学术倾向提出了批评，即现有的研究存在"重理论、轻实践"的倾向，认

---

① 史静寰：《加强实践教育：研究型大学培养创新人才的必由之路》，《清华大学教育研究》2005 年第 2 期，第 8 页。

② 杨欢欢：《社会实践教育的个体价值初探》，《学校党建与思想教育》2009 年第 1 期（中）。

为在我国推进实践教育还需要走很长的路，问题的关键在于我们应转变观念，真正重视理论与实践相结合。^①该研究说明实践教育问题已经引起了不小的关注，产生了一定的研究成果，但还没有产生较为系统的、规范的实践教育理论，因而实践教育实施的效果还不显著，也没有引起大多数人们的重视。同时，他们的研究还说明目前人们对实践教育的认识较为片面，大多局限于探讨如何在课堂教学中提高学生的实践能力。

王荣发等较为系统地探讨了如何在"思想道德修养与法律基础"课程中开展实践性教学的问题。他们对该课程实践性教学的成果基础、基本类型、体系构建、考核机制、效果体现均作了较为详细的阐述，还提供了较为系统的、详细的范例。^②该研究成果说明，实践教育具有一整套的教学思想、策略和运行机制，这需要我们进行深入探索。

华中师范大学郭元祥教授对实践教育进行了较为长期、深入的研究。他认为，实践是人的发展与成长的不可缺少的重要途径，我国还需要进一步提高对实践及其教育价值的认识，切实创新我国的人才培养方式，这就需要我们充分发挥实践的育人价值。他明确区分了教育性实践与普遍性实践，认为教育性实践不同于人类的普遍性实践。教育性实践是综合性实践、反思性实践、体验性实践，其基本特点是反思性、体验性等；实践教育的基本过程是情境理解、过程体验和反思感悟三个阶段。他认为，实践教育的过程价值在于使学生的问题意识、实践能力和良好的情感态度价值观得到培养和发展。他提出，当前我国推动人才培养方式创新的根本要求是：加强实践课程、注重实践学习以及构建实践德育。^③郭元祥教授明确区分了人类的普遍性实践与教育性实践的区别，并探讨了实践教育的特点与过程，提出了当前我国如何加强实践教育的具体思路，这具有非常重要的理论意义和

---

① 刘钰、许亮等：《大学实践教育的文献综述》，《清华大学教育研究》2006年第1期。

② 王荣发等主编：《实践性教学：理论与探索》，华东理工大学出版社2007年版。

③ 郭元祥：《论实践教育》，《课程·教材·教法》2012年第1期。

实践价值，为我国人才培养方式的创新提供了新的视角。

（2）实践教育的实践探索

很多学者、中小学教师不仅在理论上探讨实践教育，还进行了实践教育的实践探索。他们在实践教育的实施中，还进行了不断的总结。

杨伟才对实践教育如何在学生思想工作中的应用进行了探讨。他把实践教育看作一种教育方法，认为实践教育方法是社会主义新人得到培养和造就的重要途径，它非常有利于学生的思想工作；通过实践活动，使人们正确的世界观和人生观得到树立，认识和改造世界能力得到提高；实践教育具有多种多样的形式，即社会实践、劳动实践、实际工作实践、文体活动实践等。他还提出运用实践教育方法应注意的几个方面，即应加强实践教育的计划、组织和考核管理；要使实践教育活动的量和度控制在恰到好处的位置；要精心选好实践教育的"点"；要自觉地在实践教育活动中把思想教育工作做好。[①] 该研究把实践教育当作一种具体的教育方法来运用，并探讨了使用该方法中应注意的问题，为我们实施实践教育、开展实践活动提供了较好的启示。

刘克礼等对实践教育进行了探索，他们的学校构建起了实践教育体系。该体系的内容包括：把实践教育纳入学校和教师的教学计划；根据各个学科的特点，循序渐进，构建相对独立于理论教学的相关体系；重视引导学生参加社会实践；结合教学、科研、生产，在学校综合开展实践教育。[②] 该研究建立在实践探索的基础上，构建了较为完整、相对独立于理论教学的实践教育体系，在学校和各科教师的教学计划中渗透实践教育的理念。在充斥着应试教育氛围的时代，这些探索弥足珍贵，说明我国不少教育者不甘于受传统教育观念的束缚，他们为我们今天研究和开展实践教育提供了较为坚实的土壤。

更为可贵的是，我们欣喜地发现，武汉市第 15 中学的一些老师

---

① 杨伟才：《实践教育法在学生思想工作中的应用》，《教育评论》1988 年第 4 期。

② 刘克礼等：《对实践教育的基本认识与做法》，《高等农业教育》1991 年第 2 期。

曾经成立过《实践教育》课题组，对实践教育开展过持续的研究与实践，产生了一系列的研究成果。这些成果包括：

徐先国、胡德棠、刘克强等老师认为，实践教育是 21 世纪的新型教育模式。因而，他们确立起"三体五全"的"实践教育"办学模式，即以学校为整体、以实践为载体、以学生为主体；全面贯彻教育方针，全面提高教育质量，面向全体学生，全方位实现办学特色，全面培养学生创新精神和实践能力。他们还归纳了两种实践教育的相关操作方法：实践法（包含选题、找点、活动、转化、渗透、反馈和激励七个环节）和探索法（"四动模式"：互动型学习模式、主动型学习模式、生动型学习模式、联动型学习模式）。[1]

周文杰、蔡鸣芳老师认为是实践教育与传统教育的根本区别在于在学校教育中注入了人文关怀的成分，教学活动开展的前提是尊重学生、关怀学生。它给传统的教育过程、师生关系和教育方式带来了巨变：首先，在实施实践教育的过程中，应承认和尊重学生的观点、爱好及其多元智能；其次，它使学生在教学活动中的地位得到较大的提升，更加强调教师对学生的探索性学习进行引导；最后，它把新的内涵注入了传统的师生关系，即师生平等的关系不再只体现在一般意义上的融洽相处上，更多地体现在知识上的互相补充和认知上的相互取经。[2]

李啸华、杜思玉等老师用具体教学事例说明，在化学教学中实行实践教育，在教学过程中组织学生参加适当的社会实践活动，不但不会使教学受到干扰；相反，它使学生得到了在课堂上所学不到的东西。在实践活动中，学生的所见、所闻、所想、所行，都在促使学生增长了见识，获取了真知，树立了雄心和信心，有助于化学的课堂教学得到顺利推进，实现教学目标。[3]

张士清老师探索了实践教育视野中的物理课程与教学，他指出了

---

[1]　武汉市十五中：《实践教育：21 世纪新型教育模式》，《成才》2006 年第 6 期。

[2]　周文杰、蔡鸣芳：《实践教育：弘扬人文精神的教育方式》，《成才》2006 年第 6 期。

[3]　李啸华、杜思玉等：《寓实践教育于化学教学之中》，《成才》2006 年第 6 期。

当今物理课程与教学中存在的种种弊端：教学观念上只重视传承，却轻视发展；教学目标上重视获取知识，却轻视素质的培养；教学方法陈旧。他认为，物理教育主要是通过实验来进行教学的，而科学实验是实践教育的一种重要形式，所以，在物理教学中实施实践教育，较之在其他诸学科实施实践教育更具有独特的优势。尽管如此，实践教育的全部并非只有课程实验教学一种；搞好实践教育的关键在于选择恰当的教学切入点和教材与实践活动的衔接点。①

李骁老师认为，实践教育的根本切入点是以实践促发展。他总结了实践教育的四种方式：交流型实践方式、探讨型实践方式、创造型实践方式、感受型实践方式，并初步探索了"实践教育"评价的三个措施：从推动学生发展的角度来确定评价的内容；让学生成为实践教育评价的主体；采取多样化的实践教育评价手段，将评价纳入教学实践的必要组成部分。② 这说明实践教育具有多种实施方式和评价方式。武汉市第十五中学老师们从不同的角度对实践教育开展了理论研究与实践探索，这些研究成果说明，实践教育具有非常重要的意义，它具有系统性、规范性和可行性，能够在基础教育的实践中取得良好的效果，有助于促进学生的全面发展。这使我们对实践教育的研究建立在较为坚实的基础上。

河北东光县东光镇铁西小学于淑霞老师结合自己的教学经验，在自己的数学课堂里引进实践教育的理念，在课堂中开展游戏等活动，让学生在解决日常生活问题的活动中去获得新知识，引导学生利用数学知识进行动手操作，使实际问题获得解决，让学生体验、经历知识获取的过程，使他们在愉快、轻松、有趣的实践学习中学好数学。她认为，通过密切学生与生活实际的联系，可以帮助学生体会、感悟到人类社会与数学之间的紧密关系。通过实际生活来学习数学，有利于把数学知识与生活的融合，使学生深刻体会到数学就在他们的身边，

---

① 张士清：《实践教育视野中的物理课程与教学》，《成才》2006 年第 6 期。
② 李骁：《"实践教育"评价机制初探》，《成才》2006 年第 6 期。

也使学生在轻松、有趣、快乐的氛围中学好数学。① 于老师的教学实践说明，实践教育可以通过结合本学科的特点来实施，能够在学科教学活动进行综合运用并取得良好教学效果，改变过于强调接受学习的现状，提高学生学习的兴趣，促进学生的发展。

江苏省江都市一直坚持借助校外实践活动教育基地，采取了多种措施，通过加强劳动和社会实践教育来全面推动素质教育的实施，定期安排各年级的学生参与校外实践活动，使学生的创新精神、实践能力和综合素质得到显著增强。其具体的措施包括：制定并落实实践教育的目标；建立稳定的实践教育活动基地；制订并落实相关的课程计划；坚持课程教学与社会实践教育相结合；加大教育经费的投入；加强相关课题的教育科研，等等。② 该市的实践探索说明，实践教育的开展不仅仅是一个学校的事情，上级教育主管部门同样应该设计并落实好相关的计划和制度，指导和督促各学校开展实践教育，并为它们实施实践教育提供相应的政策、资金、人员、场地等方面的支持，从而在更高的层面上推动实践教育的实施。

胡景河探讨了劳动实践教育对于降低农村中小学校辍学率方面的作用。他认为，劳动实践教育与应试教育不同，它以可操作性学习为主要特征，其主要目标是帮助学生培养良好的技术素养、获得积极的劳动体验等，注重人与人的互动、人与物的相互作用，强调动手与动脑的结合。他提出了加强农村劳动实践教育方面的措施，包括加强劳动实践场所的建设、充分利用劳动实践场所等资源、培育"双师型"教师队伍、科学安排和设计教学内容等。通过这些措施，将有效使农村学校辍学率得到有效降低。③ 该研究说明，实践教育不仅具有促进学生增长知识、培养能力等方面的作用，对于农村学校，还可以有效降低学生的辍学率。

---

① 于淑霞：《让实践教育走进数学课堂》，《教育实践与研究》2008 年第 10（A）期。

② 何长青：《加强劳动和社会实践教育全面提高中小学生素质》，《中国农村教育》2009 年第 6 期，第 30 页。

③ 胡景河：《劳动实践教育对降低农村学校辍学率的可行性分析》，《吉林教育》（综合版）2009 年第 10 期，第 11 页。

　　浙江孟成伟从地理教学的角度研究了中学地理实践教育，认为地理学是一门具有很强的实用性和实践性学科，应在各种地理实践活动中培养学生的地理实践能力；中学地理实践教育应与社会、自然、学校所在地区的经济发展相结合。他探讨了实施地理实践教育的途径，包括走访调查、地理野外考察、校内地理实践活动课、听取地理专家报告讲座等。① 孟成伟老师的研究说明，从学科的角度开展实践教育具有可行性，各学科都可以根据本学科的特点，探索本学科实践教育的途径，从而较好地提高学生的学科实践能力。

　　孔凡利探索了英语口语课堂中的实践教育及其课堂教学方法，认为实践教育的特征是直观性、生动性、参与性等，它有助于激发学生学习、理解、质疑所学习的知识，调动学生的兴趣和积极性，提高学生的综合素质，使学生增强信心，在实践中运用所学的知识。孔凡利还提出了英语口语课堂教学中的实践教育方法，包括在课堂中强化实践的理念；通过多种实践的方法灵活地开展课堂教学；口语课的话题与有趣的日常生活场景密切相关。② 该研究探讨了英语学科范围的实践教育问题，肯定了实践教育对于英语学习者的重要性，说明了在英语学科实施实践教育具有可行性。

　　（3）著名历史人物的实践教育思想考察

　　魏霞对墨子的实践教育思想进行了研究。墨子是墨家学派的创始人。她认为，墨子是我国古代最早倡导实践并身体力行的杰出思想家、教育家。他培养了很多优秀的弟子，富有毅力地开展各种社会实践活动，其理论和实践在当时的世界上具有先进水平。墨子主张"以行为本""述而作"，关注实践问题，强调学以致用，反对不务实际、只会空谈。他在教育目的、内容、过程、方法上都突出实践性，注重理论联系实际，注重培养学生分析问题、解决问题的实际能力。墨子

---

① 孟成伟：《中学地理实践教育初探》，《新课程学习》2010 年第 2 期，第 71 页。

② 孔凡利：《以英语口语课为主体的实践教育及课程教学研究》，《长春教育学院学报》2011 年第 4 期。

的实践教育思想对我们今天仍然有着深远的影响。① 魏霞的研究较为全面地阐明了墨子的实践教育思想，同时也说明实践教育在我国具有非常深远的源头，启发我们思考如何把该思想进一步发扬光大、如何与我国今天的社会经济发展现状相结合等问题。

马斌对张謇的实践教育思想进行了研究。马斌认为，张謇是我国近代著名的实业家、教育家，他毕生重视教育，尤其重视实践教育。可以认为，实践教育思想是张謇教育思想的灵魂和精髓。他不只把实践教育作为学生获取知识、技能的方法与途径，而在更广阔的视野里看待实践教育的作用和意义。这包括：实践教育是职业教育的本质特征；实践教育是学生获取安身立命手段的根本途径；实践教育有助于培养学生健全的人格和良好的职业习惯；实践教育可以锻炼学生的技能，提高其竞争力，等等。张謇的实践教育富有特色，例如，注重建立实践教育制度规范，开展丰富多彩的实践活动；建立稳定的实践教育基地；强调培养学生良好的品行，等等。② 张謇的实践教育思想及其实践带给我们很多启示，包括应从更广阔的视野看待实践教育的意义，在实践教育中注重培养学生良好的个性和品行，建立相关的实践教育制度，培养具有实践教育理念的教师队伍等。

杨安东、李学林对毛泽东的实践教育思想进行了深入研究，认为毛泽东素质教育理论与实践的基本内核是实践教育观。他们从三个方面对毛泽东的实践教育思想进行了探讨。一是对传统教育模式的批判。1964 年，毛泽东严厉地批评了当时教育领域存在的重书本、轻实践的状况。1965 年，他对当时教育状况的批评更加严厉，认为该教育制度使学生"读了十几年书，越读越蠢"，严重脱离实际。二是毛泽东实践教育思想的基本内容是：强调实践比学习书本知识更为重要；强调教育要与生产劳动相结合，反对学生脱离劳动实践；要求对当时的考试制度进行改革。三是毛泽东实践教育思想中存在的不足：实践

① 魏霞：《试论墨子的实践教育及其当代价值》，《中学政治教学参考》2011 年第 12 期。

② 马斌：《张謇的实践教育思想及启示》，《南通纺织职业技术学院学报》（综合版）2011 年第 9 期。

中的政治色彩过于浓厚；把实践主要理解为体力劳动，存在概念狭隘性，等等。① 该研究说明，实践教育观是毛泽东教育思想的一个非常重要的内容，这与他一直重视实践、关注实践、带头实践有很大的关系，它给我们今天思考教育改革带来诸多启示。同时，我们还应看到毛泽东实践教育观中存在的不足之处，避免走不必要的弯路。

张传亮对周恩来的实践教育思想进行了系统总结。他认为，我国《教育规划纲要》提出的"坚持教育与生产劳动、社会实践相结合"的思想源于周恩来总理。新中国成立后不久，周恩来针对当时的教育方法主要依照旧中国的、脱离生活实际等问题，提出要采取理论联系实际的教育方法。周恩来实践教育思想的主要内容为：强调实践教育的重要意义；实践教育的方法、措施、组织等；实践教育应处理好教育与生产劳动、理论与实践等关系。② 张传亮的这一研究说明，周恩来非常强调实践教育，并对实践教育的方法、组织等进行过探讨。

张华新对陶行知的实践教育思想作了归纳。他认为，陶行知教育思想的精华是重视实践教育，强调社会生活在教育中的重要地位以及对学生的积极影响，强烈反对学用脱节、脱离实践的弊端。他把陶行知的实践教育思想归纳为：在教育观上，提出社会即学校，注重社会实践，应根据社会的实际需要来办学；在教育目的上，提出培养具有实践能力、实践精神、学以致用、造福社会的人才；在教育内容上，要求选择与社会生活实践联系紧密的教学知识技能；在教育方法上，强调实践的方法，倡导"教学做合一"。③ 该研究较为全面地归纳了陶行知的实践教育思想，而以往我们仅熟悉其生活教育理论，这为我们提供了一个新的视角来审视陶行知的教育思想。该研究还说明，实践教育理论与生活教育理论是相通的，但也存在一定的区别。

这些研究说明，我国对于实践教育的重视最迟在春秋时代就开始

---

① 杨安东、李学林：《实践教育观：毛泽东素质教育理论与实践的基本内核》，《求是》2002 年第 6 期。

② 张传亮：《周恩来实践教育思想初探》，《辽宁行政学院学报》2012 年第 5 期。

③ 张华新：《论陶行知的实践教育思想》，《武汉理工大学学报》（社会科学版）2002 年第 6 期。

了。从墨子到今天，我国形成了一些有中国特点的、较为深刻的实践教育思想观点。这对于我们研究我国当代的实践教育理论具有很高的借鉴价值和参考意义。

（4）实践教育中存在的问题及反思

林紫琛对我国 20 世纪 90 年代初的实践教育情况进行了反思。他认为，受教育传统的不良影响，很多教师对实践教育的重要性缺乏认识；当时实践的内容和范围较为有限；学生学习的主要是书本知识，缺乏实践的学习和锻炼。而开展社会实践活动如暑假社会实践、平时的调查访问等，摒弃了单纯说教的教学方法，帮助学生获得了亲身实践的机会，使学生不仅接受了思想政治教育，而且也获得了专业的知识技能。[①] 林紫琛的研究说明了我国 20 世纪 90 年代初实践教育方面存在的不足之处。

中央教育科学研究所于慧颖认为，现代脑科学的发展给人们带来新的认识，即中小学劳动技术教育不仅应强调"动手操作"，还应强调"动脑思考"，把动手和动脑结合起来，而不能将二者分离出来。她指出，当前不少中小学校却违背这一点，把劳技课、综合实践活动等课程当作动手操作课，使之于"动脑课"分开；还有的学校表面上称要"培养学生的实践能力、动手能力""做中学"，实际上是让学生在模仿中学习、在机械操作训练中学习。[②] 于慧颖对人们对实践教育的误解及不正确的实施方法提出了批评。她启示我们，不能仅强调动手操作的学习，应该把它与动脑思考紧密结合起来。

朱高峰认为，当前的实践教育存在几个明显的问题：一是实践教育的资源不够丰富。二是人们没有全面认识、了解实践教育的意义。三是在实践教育的研究上缺乏系统性。四是缺乏足够的师资以开展实践教育。[③] 应该说，他提出实践教育的这几个问题是比较常见的，应该引起我们的重视。这启示我们，应该加强对实践教育的理论研究，

---

① 林紫琛：《浅谈学校的实践教育》，《福建师大福清分校学报》1992 年第 1 期。
② 于慧颖：《劳技教育教学应引导学生从"动手做"到"动脑做"：兼论"动手能力"是大脑调控下手脑协调动作的创造性实践能力》，《中国教育学刊》2004 年第 12 期。
③ 朱高峰：《对实践教育问题的分析和认识》，《清华大学教育研究》2005 年第 2 期。

深入了解其特点、规律和方法，以推动学生的发展。深圳大学江潭瑜认为，我国思想政治教育长期以来偏重于理论灌输、说教式教学，缺乏对实践教育的重视，使思想政治教育的效果不佳。实际上，在思想政治教育中，实践教育起着更为重要的作用，它与理论教育都是知识传授中不可缺乏的两个方面。实践教育的价值具体体现在：加强了思想政治教育的效果；促进了学生的专业学习；有助于培养学生的多方面能力；有助于完善学生的个性，等等。① 该学者的研究说明了当前思想政治教育中忽视实践教育的问题，并具体阐明了实践教育对于思想政治教育的作用。

张庆守对我国实践教育的历史与现状进行了梳理与反思。他认为，我国实践教育的发展共经历了四个阶段：古代实践教育、近代实践教育、现代实践教育和新课程改革后的实践教育。其中每个阶段都有自己的特点。目前，我国实践教育中存在的主要问题为：对实践教育缺乏认识与重视，没有稳固地树立起实践教育的理念；对实践教育的理论研究不够重视，实践教育缺乏理论的指导；缺乏有效的策略指导实践教育，实践教育的针对性、有效性、科学性还不够；缺乏有效的实践教育激励机制，等等。针对这些问题，他提出了相应的措施，包括克服"应试教育"的不良倾向；探索有效的实践教育模式；优化实践教育实施机制，为学生开展实践活动提供便利条件；确立实践教育的观念等。② 该研究较全面地概括了我国实践教育的历史，对我国目前实践教育中存在的问题及其对策进行了总结，为我们研究实践教育提供了较为可行的思路。

2. 国内研究现状的分析及启示

从以上文献来看，目前我国对实践教育的研究体现出以下特点：

（1）基础教育中的实践教育研究还非常薄弱

自 20 世纪 80 年代以来，我国学者们对实践教育从理论和实践上

---

① 江潭瑜：《"实践教育"的意义与价值》，《学术界》2008 年第 3 期。
② 张庆守：《实践教育的历史反思与现行改革对策》，《闽江学院学报》2010 年第 7 期。

进行了不懈探索，这些研究主要集中在学生社会实践、思想政治教育、实习方面，而对基础教育领域中的实践教育探索还很不够，还处于初步探索阶段。

（2）现有的实践教育研究还处于浅层次、不够深入

大多数学者都认为，实践教育是中小学教育中不可或缺的重要组成部分，但人们对实践教育的研究还不够深入。我国教育界很早以来就认识到实践教育的重要性。但到目前为止，我国实践教育理论还比较模糊，缺乏系统性和规范性，例如，实践教育的概念、范畴、理念、机制、策略、组织、评价、师生关系的处理、知行关系的处理、实践教育与校园文化建设等，需要进一步探索和挖掘。很多学者认为，相对于理论知识教育，有大量的、丰富的研究成果，而在教育中占有同样重要作用和地位的实践教育，却缺乏必要的理论研究成果，这是非常不对称的现象。实践教育理论的缺失，被认为是实践教育活动不受重视的主要原因之一。

（3）现有的实践教育研究思路偏窄

早期以及目前不少实践教育研究一般倾向于探讨实践活动在思想政治教育方面的功能、意义和作用，对实践教育在促进中小学生的知识学习、个性培养、能力培养方面探讨较少。此外，它们一般仅把实践教育作为一种教育教学方法来研究，而很少把其作为一种教育教学理念来研究。要使实践教育走向深入，我们还应拓宽研究思路，不仅把实践教育作为一种教育途径，还应把它作为一种教育体系和规范，而且把它作为一种亟待挖掘的教育思想与理念。

（4）现有的实践教育研究方法较为单一

从研究方法来看，目前，我国对实践教育的研究绝大多数采用的是理论思辨方法，缺少采用访谈法、案例法、调查法等实证方法的研究，也很少进行国际比较的研究。这不利于实践教育研究的深入化、具体化、国际化。因而，对实践教育的研究还有很多工作需要做。

（二）国外研究现状

1. 国外研究现状

国外尤其是欧美国家的研究者从 19 世纪中期就开始研究实践教

育的问题。它们很早就认识到实践教育的重要性，非常注重引导学生培养解决实际问题的能力，引导学生进行动手实践。其研究主要集中在实施实践教育的途径、实践探索上、学科实践教育等方面。下面分别介绍美国、英国、澳大利亚、德国、日本等国实践教育的发展与研究状况。

（1）美国

1798 年，美国学者玛丽娅·艾吉沃斯（Maria Edheworth）和理查德·艾吉沃斯编写的《实践教育》，描述了玩具、谈话、阅读、地理探索等实践活动，学生通过实践操作活动得到了发展。[①] 该书说明，美国的教育学者很早就开始思考和探索实践教育问题。该书自诞生以来的两百多年，共发行了十数个版本，受到人们的普遍重视。实践教育之所以成为美国教育的一大传统和特色，是与美国很早对其开始探索分不开的。

自 20 世纪 90 年代以来，美国新课程标准运动获得广泛发展，诞生了许多全国性的学科课程标准。受新课程标准的积极影响，最佳课堂实践在各学校流行起来。美国知名教育学者史迪文·泽梅尔曼（Steven Zemelmann）、哈维·丹尼尔斯（Harvey Daniels）、阿瑟·海德（Arthur Hyde）和马利林·比扎（Marilyn Bizar）等通过多年走访学校、课堂观察等调查研究后，归纳出 6 种最佳实践课堂的结构：内容统整的教学单元、小组学习活动、表现性学习、课堂工作室、真实体验和发展性评价。[②] 这些最佳实践课程结构大多数与实践教育密切相关。美国大、中、小学还倡导"基于设计的学习"[③][④] "实践设计活

---

① Maria Edgeworth and Richard Lovell Edgeworth, *Practical Education*, New York & London: Garland Publishing, Inc., 1974.

② 胡庆芳、程可拉：《美国新课程标准推动下最佳实践的课堂建构》，《比较教育研究》2004 年第 6 期。

③ Deborah Diffily and Charlotte Sassman, *Project – based learning with young children*, Portsmouth, NH: Heinemann, 2002.

④ Violet H. Harada, Carolyn H. Kirio and Sandra H. Yamamoto, *Collaborating for project – based learning in grades 9 – 12*, Columbus, Ohio: Linworth Pub., 2008.

动"① 和"以问题为中心的学习"，目的在于培养学生自主学习的兴趣与技能，包括学会规划、合作与协调、收集与处理信息、解决实际问题、操作等技能，从而促进学生的全面发展。

自20世纪90年代以来，随着"冷战"的结束，全球的竞争转向经济领域，然而美国的经济霸主地位在激烈的竞争中变得岌岌可危。美国政府在经过调查分析后认为，其新增的劳动力人口缺乏基本职业技能，国家对于培养年轻一代的动手能力重视还不够。于是，美国推出了《由学校到就业法案》，强调加强学校的职业教育，并在此基础上，开展企业培训，从而使学生具备较为广泛的、扎实的职业技能。麻省理工学院构建了较为系统的实践教育制度，开展包括本科生科研活动、课外学术探讨活动、本科生独立科研活动等一系列实践活动，使学生把知识学习、能力培养、个性养成等结合起来。② 从美国对实践教育的重视来，我们以前对西方国家教育体制的认识是片面的。西方国家不仅仅只注重学术探讨，他们也非常重视对学生进行实践教育。

河北师范大学于玲君教授在对美国教育进行整体考察后认为，美国从基础教育开始非常注重培养学生的能力，并形成了美国特有的能力本位的教育模式。其根本目的是开发学生的最大潜能，培养学生的能力。其基本教育内容组成部分分别为活动课程、选修课程、课外活动等。其实施方式为：注重提高教师的能力；充分挖掘知识的实践教育功能；为学生提供充分的实践学习的机会；灵活运用多种教学方式，等等。它为我国教育改革提供了很多启示，例如，应构建完善的能力本位课程体系；为学生提供充分的开展实践活动的便利条件；加强学校与社会的密切联系；培养综合素质较高的教师队伍。③ 该研究

---

① Mike Berkeihiser, *Practical design activities for your technology education classes*, The Technoledge Teacher, 2006（2），pp. 22 – 24.

② 刘钰、许亮等：《大学实践教育的文献综述》，《清华大学教育研究》2006年增1期。

③ 于玲君：《美国能力本位教育的现状、特征与启示》，《社会科学论坛》2006年第8期（下）。

揭示了美国教育体系的显著特点——能力本位教育，较全面介绍了美国能力本位教育的内容构成和实施方式，对我国开展实践教育具有很高的参考价值和借鉴意义。

目前，在美国的中小学课堂教学环节中，一般要求包括这样两个环节：教师引导下的实践和学生自主实践。在"教师引导下的实践"这个环节中，教师带领学生通过必要的步骤完成课堂的目标，教师对学生的支持仅限于当学生运用课堂所学知识需要帮助的时候。在"学生自主实践"这个环节中，教师对于学生的支持更进一步减少了。学生被要求自主地运用课堂中所学的知识。自主实践不意味着学生必须单独地实践，他们可以结对子或者在小组中进行实践。教师可以在教室中走动，必要时可以重新教学以使学生精通有关知识。① 另外，美国有些中小学校通过给学生布置一定的社会实践作业，要求他们每年必须完成一定时数的社会服务实践，才能取得相应的学分，以使学生培养较强的实践能力。这些说明，无论在课内外，美国中小学都非常注意对学生进行实践教育，给他们自主实践、自主探索的机会和空间。

马明辉对目前美国科学课程的发展状况进行了研究。他认为，近年来，美国科学课程研究发展很快，以往美国科学教育把科学课程当作理论知识学科，然后现在已转向于把科学课程当作探究实践的学科，学生在科学课程中从事的实践探究活动包括以下种类：自己设计并开展探究活动、提出问题、设计并利用模型、运用各种技术完成某项任务、交流与评价信息等。② 美国当代科学教育的发展变化表明，实践教育越来越成为世界教育体系的突出特征和发展趋势，应在各种课程教学中加强实践教育，才能培养学生具备与时代发展相适应的技能。

---

① Carol Rothenberg and Douglas Fisher, *Teaching English Language Learners：A Differentiated Approach*, Upper Saddle River：Pearson Education, Inc., 2007, pp. 68 – 69.

② 马明辉：《美国科学教育发展的新阶段：作为实践的科学》，《外国教育研究》2012年第 7 期。

（2）英国

1914 年英国学者里格的著作《会思考的手》（又名《小学中的实践教育》）记录了英国的小学中通过广泛的实践活动培养学生的实践操作能力和创新精神。① 作者没有贬低实践教育的重要性；相反，作者认为，通过实践教育可以使孩子们的手"会思考"，从而促进孩子们的全面发展。

1983 年，英国学校理事会（The Schools Council）通过对著名教育学者和课程论学者赫斯特（P. H. Hirst）、皮特斯（R. S. Peters）、劳顿（D. Lawton）等的教育学及课程论著作的分析后认为，课程应作为"知识与经验的领域"，但这些学者的著作过于强调知识的传授方面，忽视学生对技术的理解，忽视学生的经验和能力的培养。该理事会提出，我们不能仅从成人的角度看待课程，还应从儿童的角度看待课程，因为"儿童眼里的课程"与成人眼里的课程是不一样的。现有的课程理论是为成人而写的，它们是为了帮助成人决定怎样构建课程以及课程应包括什么内容。但这些理论对于儿童来说没有任何意义。儿童只是把学校作为一个有东西学习，可以动手制作，有东西可以玩，有东西可以看、可以触摸、可以嗅，还可能可以品尝，有东西可以听，有人陪他们说话、陪他们玩的地方。对于大多数儿童而言，他们在学校中获得了比在家里更加丰富的、多种多样的经验。他们需要获得支持和引导，以帮助他们更加进一步地拓展经验和技能。例如，培养观察植物、岩石、建筑物或者地域。儿童的实践问题既从手工和地理学科中产生，也从科学和数学学科中产生。这些问题与学生日常真实生活息息相关。② 该理事会列举了学校中大量的实践教育案例，反映了实践教育对于学生发展的极其重要的意义。

（3）澳大利亚

1938 年，澳大利亚出版的一本书《公立学校中的实践教育》就

---

① J. G. Legge, *The Thinking Hand or Practical Education in the Elementary School*, London: Macmillan and Co., Limited, 1914.

② The Schools Council, *Primary practice: a sequel to "The practical curriculum"*, London: Methuen Educational, 1983, pp. 30 – 34.

图文并茂地记载了新南威尔士的学校实施实践教育的详细情况。例如，这本书对比了现代幼儿园与传统幼儿园的巨大区别，传统幼儿园的课堂用奖惩来逼迫幼儿听从教师的管教，幼儿被迫端坐在硬板凳上，手要交叉地放在身体的前面或后面，教学的内容很少突破"三基"，即读、写、算。而现代幼儿园是由经过特殊训练的教师通过善意的和鼓励的方式进行教学，孩子们可以通过精心规划而又自由的手工制作、讲故事、戏剧表演、摆弄各种模型等各种活动得到发展，他们的兴趣爱好和自主活动被得到尊重。在新南威尔士的学校，学生们可以广泛地发展自己的实践操作能力，他们可以参与绘画、制作工艺品、制陶、厨艺、制作食品、到医院学习护理、缝纫、打字、课堂实验、印刷、编织、工厂产品制造、制作飞机模型等实践操作活动。①该书说明，正是因为人们转变了教育观念，让孩子们可以自主探索、主动实践，才迎来传统教育向现代教育的转型。反观我国的基础教育，还没有彻底地从传统教育中走出来，仍然要求学生死读书本，死扣分数，学生没有主动实践的自由，也缺乏自主实践的空间。这值得我们深刻反思。

（4）德国

刘春生等认为，在国外，特别能体现实践教育特色的职业教育。以德国为例，它有较为健全完善的职业技术培训及劳动力使用机制，职业教育对于德国人们非常具有吸引力，该教育的目标就是使学生的实践能力得到培养。②王磊认为，德国在经济上所取得的成功原因在于其教育重视与实践相结合，既帮助学生获得了专业知识，又发展了实践能力。这使德国能够生产出世界一流的产品。同时，德国的实践教育也产生了一个问题，即学生掌握了较为专业的技能，但他们掌握的知识面不够宽广。③这说明，由于重视对学生实施实践教育，德国的经济得到振兴和发展。同时，也应该注意到，在实施教育过程中，

① Department of Education of New South Wales, *Practical Education in Public Schools.* Sydney：Bloxham & Chambers PTY. LTD. ，1938.

② 刘春生、徐长发主编：《职业教育学》，教育科学出版社2002年版。

③ 王磊：《德国"实践教育"有待提高》，《中国报道》2011年第3期，第72页。

必须处理好理论学习与实践学习的关系，否则不能促进学生的全面
发展。

（5）日本

日本也特别重视对中小学生进行实践教育。它的中小学教育非常
扎实，注重培养学生的实践能力，它培养了很多高素质、掌握技术的
人才。其做法是：从学前教育开始，设计了许多实践活动，让学生在
实践中"领悟"科学知识。在家庭教育、社会教育中，注重引导学生
会思考、会动手。例如，在每年的"农业节"来临时，让学生自己制
作农具，培养学生对农业的兴趣。在农校，学生在教师的帮助下，种
植了不少农产品，并拿出这些产品到市场上进行展销。在学校的教学
以及实习中，学生经常自己动手操作。学校的种植基地由学生自己经
营。① 此外，在德育方面，日本中小学校特别重视让学生参加各种实
践活动，走出校园，探索自然和社会，以培养学生坚强的毅力、劳动
观念、协作能力、动手能力、创造能力和生存能力。自20世纪80年
代以来，日本强调通过"体验学习"为特色的各种道德实践活动，该
活动在自然、家庭、学校、社区等进行，以发展中小学生的个性，养
成良好的道德习惯。其道德实践教育由多方面的内容组成：生产劳
动、吃苦教育、自然体验、传统文体活动、志愿者服务、郊游等。②
日本实践教育的情况说明，实践教育具有广泛的实施空间，也对我国
德育教育具有重要启示，即中小学德育教育要重视学生的实践体验，
减小"道德说教"方法在德育中的比重，才能收到道德教育的实效。

2. 国外研究现状的分析及启示

从以上文献来看，西方发达国家在实践教育的研究上呈现出以下
特点。

（1）研究的历史较长

西方发达国家很早就开始研究、探索实践教育。如果从1798年

---

① 李水山：《日本的实践教育》，《世界农业》1991年第7期，封二。

② 付兵儿：《日本中小学的道德实践教育与思考》，《内蒙古师范大学学报》（教育科学版）2004年第4期。

美国学者玛丽娅·艾吉沃斯和理查德·艾吉沃斯出版《实践教育》这本书开始算起，西方发达国家在研究实践教育至少已有两百多年的历史。直到今天，它们仍然非常重视对中小学生加强实践教育。经过长时期的积累，以美国为代表的西方发达国家形成了不仅重视中小学生学习知识，同时还重视培养学生实践能力的社会氛围。

（2）研究的范围较为广泛

西方发达国家的实践教育研究涉及实践对于中小学生的意义、课程的设置、课堂的结构与环节、德育、实践教育立法、实践教育的途径、学科中的实践教育等。这些研究的范围是非常广泛的。

（3）对实践教育非常重视

以美国为代表的西方发达国家都非常重视对中小学生进行实践教育，注重实践教育与幼儿教育、高等教育的衔接，以使他们认识社会，持续培养他们的兴趣爱好、动手操作能力和生活生存技能。对比我国实践教育的现状，西方发达国家确实走在我们的前面。

西方发达国家关于实践教育的研究启示我们，实践教育具有非常重要的价值和地位，而且有多种途径和方法来推动实践教育。这些值得我们进行借鉴，我们应结合我国中小学自身的特点对之进行创新。

三　本书的研究意义

"知行统一""学思行结合"是教育的永恒主题。我国有句古训："纸上得来终觉浅，绝知此事要躬行。"瑞士著名认知心理学家皮亚杰认为，儿童的认识起源于"主体与客体的东西之间唯一一个可能的联结点——活动"[①]。苏联著名教育家苏霍姆林斯基认为，"我们力求使孩子们的思想不光在头脑里，而且形象地说，也在指尖上"，"手脑并用的教育，对于了解劳动的复杂过程、弄清种种情况和现象间相互关

[①]　［瑞士］让·皮亚杰：《发生认识论原理》，王宪钿等译，商务印书馆1981年版，第23页。

系的那种能力的培养特别重要"。① 因而，实践教育对于中小学生发展的意义无疑是重大的。实践教育通过构建具有实践性的教学实践活动，激发中小学生参与实践的兴趣，引导学生主动探索，主动创造，以实践促发展；它着眼于学生的能力培养和个性发展，以学生为中心，尊重学生的个性爱好，师生关系平等，以实践活动为环节。其核心是注重实践，强调让学生亲口"说"，亲手"做"，亲身"经历"，学生在这一过程中掌握知识，增长能力，激发创造精神，塑造健康人格，着眼于学生的全面发展与长远发展，真正实现"知行合一"及"教学做合一"。实践教育课题研究的重大意义可以从理论意义和实际意义两个层面来看。

（一）理论意义

1. 有助于更全面地认识中小学生的发展机制

学校教育的一切工作最终都是为了学生的全面发展。然而，中小学生需要发展哪些方面的能力、素质？他们是怎样实现发展的？学校教育怎样才能更好地帮助学生实现发展？这些问题归根结底来说，就是要弄清中小学生的发展机制问题。我们对此做出的努力还不够。目前，我国的基础教育过于急功近利，追求分数，追求升学率，漠视学生的成长规律，忽视学生内在的兴趣、愿望和需求，造成学生的畸形发展或单向度发展。因而，这并不是学生正确的发展机制。古人很早就提出，人应"博学之，审问之，慎思之，明辨之，笃行之"。② 他们把"行"（实践）放在最重要的位置，而我们今人把"学"（学习知识）放在最重要的位置，完全颠倒了知行的关系，违背了"知行合一"的教育原理。对于实践教育的探讨，有助于我们深入分析学习、实践、发展之间的复杂关系，从而探讨出更加合理、更加科学、更有利于中小学生发展的机制。但到目前为止，我们对此研究得还不够深入。正如有学者所指出，实践教育有着自身特有的特点和规律，它不

---

① ［苏联］B. A. 苏霍姆林斯基：《帕夫雷什中学》，赵玮等译，教育科学出版社 1983 年版，第 398、423 页。

② 《礼记·中庸》第十九章。

同于书本理论知识的教学规律和方法。然而，在较长时间的历史中，我国教育理论界对实践教育的规律、特点、方法、理论模型、模式等重要问题缺乏系统、深入的探讨，导致许多中小学教师缺乏成熟理论的指导。① 因此，我们必须加强这方面的研究，弥补不足。探讨中小学生的发展机制，我们要全面考查学生发展过程中的各种因素，包括学生自身、教师、家长、其他社会群体、课程、教学、评价制度等，分析它们各自的地位和功能，尤其应重点探讨实践活动在学生发展中的作用。厘清中小学生的发展机制，是一个非常重要的理论问题与现实问题，通过对实践教育的探讨，能够弥补以往仅从知识教育角度分析中小学生发展机制的缺陷，使我们对该问题获得更加全面的认识。

2. 有助于深入阐明"知行合一""学思行结合"等原理

我们经常谈论"知行合一""学思行结合"等话题，也经常试图这样做，然而我们发现现实的情况是：我们的学校让学生学习了，接受了知识，结果往往却是以下两方面的情况：一方面，大多数学生在实践中不会应用这些知识，因为这些知识仅仅是为了应付考试，为了考高分，这些知识在生活中处于什么位置，生活中是如何应用这些知识的，学校并不关心这些重要的问题；另一方面，学生很快就忘光这些知识，因为考完了，不用再去记忆这些知识，而且还因为这些知识没有经过学生的动手实践，学生根本不知道这些知识是怎么来的，他们要做的只是把这些知识背下来，储存起来，这些知识根本不能在学生的头脑中留下深刻的印象，所以"很快就忘光了"。笔者认为，这两种结果都应该不是我们的教育工作者们真正想要的结果，我们不希望学生只成为善于应付"考试的机器"，而是希望他们具备扎实的理论知识素养，同时也具备出色的实践才能、创造才能和强烈的社会责任感。我们不希望中小学生整天被关在"象牙塔"里，不了解社会，不了解国情，不了解世界日新月异的变化，而是希望他们能自主地探索世界的奥秘，真正成为自己的主人，而不是"知识的奴仆""知识

---

① 张庆守：《实践教育的历史反思与现行改革对策》，《闽江学院学报》2010 年第 7 期，第 94 页。

的容器"。因而，"知行合一""学思行结合""教学做合一"是我们必然要走的道路。怎样才是真正的"知行合一"？怎样做到"知行合一"？以往的研究对于这些重要的问题只是笼统地作了一些表述，不够系统和清晰。这需要我们在新的时代背景下进一步加以探讨，使其系统化和清晰化。

3. 有助于从社会生活的实践本质属性角度认识实践教育的价值①

实践性是人类社会生活的本质属性。人类在不断的实践中维系自身的生存和发展，离开实践活动，人类的生活将难以为继。因此，实践是人类的根本生存方式。真理知识是人们从实践中获得的，但它只有被应用到实践中去，才能显出其价值，验证其真伪，并使真理知识不断得到发展和完善。马克思把实践观点当作其哲学的首要的、基本的观点，认为人在实践活动中不仅创造着自己的历史，而且创造着自身，促进人本身的发展。实质上，人在教育中的成长过程是学生的能动的、自主的、作为生存方式的实践过程，是学生个体实践与社会实践的辩证统一。② 通过实践教育，使中小学生懂得学习和实践是密不可分、融为一体的，学习是不能脱离实践的。在实践中学习，在学习中实践，在实践中学习、总结理论知识，积极地把理论知识运用到实践中去，从而改造世界，发展自身，创造人类的美好生活。创造美好的生活、更好地生活应是教育的最终目的，但是，在学习与美好的生活之间是通过人的实践这个环节联系起来的。离开实践，学习将成为无根之木，美好的生活也无从谈起。因而，中小学实践教育研究具有重大的意义和价值。

4. 有助于使人们从生存论角度认识实践教育的必然性

教育的最终目的是帮助学生更好地生活。教育、生活之间本来是融为一体、不可分离的。然而，目前的中小学教育却在较大程度上脱离生活，脱离实践。获取知识以及获取更多的知识成为中小学教育的

---

① 江潭瑜：《"实践教育"的意义与价值》，《学术界》2008 年第 3 期，第 163 页。

② 郑家成：《实践·教育·人的发展——马克思实践哲学视野下的教育中人的发展》，《赤峰学院学报》（哲学社会科学版）2008 年第 12 期。

最终目的。教育的目标由"为了更好地生活"被置换为"为了获得更高的分数"。学生成为"容器","知识"可以装进学生的头脑中，教学的过程充满重复训练、机械背诵，学校沦落为培训机构，而不是真正育人的场所。杜威对此进行了猛烈抨击。他认为，传统教育本质上是来自上面的和来自外部的灌输，把知识作为已有的、静止的、已经完成的产品来传授，而几乎不考虑它原来是怎样产生的，或者将来会发生什么变化，这非常不利于学生的发展。① 为此，他提出了"学校即社会""教育即生活"等重要命题，并身体力行地推动美国中小学迅速从传统教育变革为现代教育。知识是未完成的，每个人也是未完成的，知识只有在实践中才能得到不断更新和发展，每个人只有在实践中才能不断完善自己。离开实践，知识将成为死的知识，人们将无法把生活维持下去，将不知道该怎样生活，从而不能生存发展。因而，人们从教育的本性是教人懂得生活的生存论出发，认识到实践教育具有必然性。②

（二）现实意义

1. 推进我国素质教育和基础教育课程改革的需要

实施素质教育是我国教育改革发展的根本方向。1999 年，中共中央、国务院《关于深化教育改革，全面推进素质教育的决定》指出，教育要"以培养学生的创新精神和实践能力为重点"。③ 自全面推进素质教育以来，我国中小学教育的面貌发生了一定的积极变化，但"应试教育"的影子仍然随处可见，学校仍然以学生的学习成绩、以提高升学率为中心，"素质教育喊得震天动地，应试教育抓得扎扎实实"是目前情况的真实写照。学校并没有把学生引导到主动实践、知行统一的道路上来，学生缺乏必要的是批判能力、动手实践能力和创造能力。这距离素质教育的理想还很遥远。2001 年，以《基础教育

---

① ［美］约翰·杜威：《我们怎样思维·经验与教育》，姜文闵译，人民教育出版社 1991 年版，第 253 页。

② 江潭瑜：《"实践教育"的意义与价值》，《学术界》2008 年第 3 期，第 164 页。

③ 中共中央、国务院：《关于深化教育改革，全面推进素质教育的决定》，《人民日报》1999 年 6 月 17 日第 1 版。

课程改革纲要（试行）》的颁布为标志，我国掀起来了一场轰轰烈烈的新一轮课程改革，期望通过"调整和改革基础教育的课程体系、结构、内容，构建符合素质教育要求的新的基础教育课程体系"。它提出要"加强课程内容与学生生活及现代科技发展的联系""改变课程实施过于强调接受学习、死记硬背、机械训练的现状，倡导学生主动参与、乐于探究、勤于动手，培养学生收集和处理信息的能力、获取新知识的能力、分析和解决问题的能力以及交流合作的能力"，并从小学至高中设置综合实践活动并作为必修课程，强调学生通过实践，增强深究和创新意识，学习科学研究的方法，发展综合运用知识的能力，增进学校与社会的密切联系，培养学生的社会责任感。[①] 这些表述均把重视学生的实践活动、提高学生的实践能力提高到非常重要的地位，尤其是综合实践活动课程的开设，成为本次课程改革中的亮点之一。本次课程改革的十多年来，我国中小学在探索发展学生的实践能力上付出了巨大的努力。然而，学校只重视理论知识学习、忽视引导学生主动实践的面貌仍然存在，例如，很多学校不开设或者打折扣开设综合实践活动课程，综合实践活动课程常常被所谓"主科课程"如数理化英等占用。这说明我国中小学仍然忽视实践教育的价值，缺乏开展实践教育的理论和方法。因此，研究实践教育是深入推进素质教育和新课程改革的必然需要。

2. 贯彻《教育规划纲要》以及落实立德树人根本任务的需要

2010 年 7 月 29 日公布的《国家中长期教育改革和发展规划纲要（2010—2020 年）》，是 21 世纪我国第一个中长期教育改革和发展规划，是今后一个时期指导全国教育改革和发展的纲领性文件。它谋划描绘了未来 10 年中国教育事业改革发展的宏伟蓝图和壮丽前景，是在新的历史起点上推动我国教育改革发展的行动纲领和工作指南。据统计，在该规划纲要里，共 11 处不惜笔墨地提到要加强学生的实践学习，培养学生的实践能力，反复强调实践的重要性。例如，在"战略主题"这节中，提到"核心是解决好培养什么人、怎样培养人的重

① 《基础教育课程改革纲要（试行）》，《中国教育报》2001 年 7 月 27 日第 2 版。

大问题，重点是面向全体学生、促进学生全面发展，着力提高学生服务国家服务人民的社会责任感、勇于探索的创新精神和善于解决问题的实践能力"，"坚持能力为重。优化知识结构，丰富社会实践，强化能力培养。着力提高学生的学习能力、实践能力、创新能力，教育学生学会知识技能，学会动手动脑，学会生存生活，学会做人做事，促进学生主动适应社会，开创美好未来"，"坚持全面发展。全面加强和改进德育、智育、体育、美育。坚持文化知识学习与思想品德修养的统一、理论学习与社会实践的统一、全面发展与个性发展的统一"。又如，在"减轻中小学生课业负担"这节中，提出"加强校外活动场所建设和管理，丰富学生课外及校外活动。学校要把减负落实到教育教学各个环节，给学生留下了解社会、深入思考、动手实践、健身娱乐的时间"。再如，在"创新人才培养模式"这节中，提出"注重知行统一。坚持教育教学与生产劳动、社会实践相结合。开发实践课程和活动课程，增强学生科学实验、生产实习和技能实训的成效。充分利用社会教育资源，开展各种课外及校外活动。加强中小学校外活动场所建设。加强学生社团组织指导，鼓励学生积极参与志愿服务和公益事业。"① 这些表述，反映了《国家中长期教育改革和发展规划纲要（2010—2020 年）》对中小学生进行实践教育、发展学生实践能力的强烈愿望，它勾画出了美好蓝图。但仅有强烈愿望和美好蓝图是不够的，它呼唤我们正视实践教育、研究并投身实践教育，否则美好的愿望和蓝图不会自动变成现实。因而，对实践教育进行深入探讨是贯彻《国家中长期教育改革和发展规划纲要（2010—2020 年）》的现实需要。

教育部在《关于全面深化课程改革落实立德树人根本任务的意见》（教基二〔2014〕4 号）中指出："立德树人是发展中国特色社会主义教育事业的核心所在，是培养德智体美全面发展的社会主义建设者和接班人的本质要求"，"坚持知行统一原则，加强职业体验、社

① 中共中央、国务院：《国家中长期教育改革和发展规划纲要（2010—2020 年）》，2010 年。

会实践等方面的课程"，"强化教学的实践育人功能，确保实践活动占有一定课时或学分"。这些意见体现了对中小学生开展实践教育的高度重视，并把实践教育作为落实立德树人根本任务的重要途径和方法。

3. 推动学术教育与职业技术教育接轨的需要

自 20 世纪 80 年代以来，大规模的职业预备教育运动在欧美国家中等学校兴起。"中学学术课程的教师们开始感觉到，他们的地位正在被新一轮职业预备教育项目的浪潮所不断侵蚀。"① 直到今天，欧美国家的中学也非常注重对学生进行职业指导，以使学生能够在中学毕业后顺利就业。所以，即使从现实性的角度来说，发展中小学实践教育也是非常必要的。因为从现实情况来看，并非所有的学生都喜爱学术性知识；相反，有的学生喜爱实践操作活动、应对实际问题；并非所有学生毕业后都上大学深造；相反，有的学生愿意中学后就业，拥有实践性知识和能力对他们同样是十分重要的。1996 年，国际 21 世纪教育委员会向联合国教科文组织提交的报告曾忧心忡忡地指出："中等教育阶段传授的理论课程往往主要是为青年接受高等教育做准备，而那些学业失败者、辍学者或在高等教育中找不到位子的人则被丢在一边，这些人又都缺乏工作和生活的本领。"报告建议：应"使课程结构多样化，进一步重视教学内容和为职业生活做准备，这些都应是任何改革追求的目标"。② 我们现在的基础教育过于注重对学生进行学术教育，过于注重学术课程的教学，忽视对学生进行职业技术教育。这不利于我国中小学生在毕业后适应社会、融入社会。我国课程论专家吕达先生曾指出：在普通中学，劳动技术教育（包括职业技术教育）到底处于什么地位、功能，这是一个在过去没有得到很好解决、今天还必须进一步努力解决的问题。我们必须足够重视如何完善

---

① Michael F. D. Young, *The Curriculum of the Future*：*From the "New Sociology of Education" to a Critical Theory of Learning*, London：Falmer Press, 1998, p. 1.

② 联合国教科文组织国际 21 世纪教育委员会：《教育——财富蕴藏其中》，教育科学出版社 1996 年版，第 119 页。

普通中学课程这个问题。① 联合国教科文组织国际教育发展委员会在分析当前普遍教育只注重科学知识的学习后呼吁："懂得技术，在现代世界上是十分重要的，而且必须成为基本教育的一部分。"② 实践教育的实施，有助于改变基础教育中过于强调学术教育的不良倾向，加强基础教育中学术教育和职业技术教育的连接，推动中小学生的全面发展。

综上所述，实践教育无论从理论上还是从实践上都具有非常重大的意义。我们有充分的理由和动力去研究实践教育的理论，从而改变我们教育的现状，造福我们的学生，创造我们光明的未来。

四　本书的研究方法与内容框架

（一）研究方法

1. 文献法

通过收集、分类并分析中外尤其是最新的实践教育方面的文献，了解其研究现状、特点及不足，从而确定自己的研究思路和方向。

2. 问卷调查法

编制调查问卷，调查对象为我国中小学的师生。调查问卷分为教师问卷与学生问卷两种（见附录二）。调查的目的是了解我国实践教育的现状以及中小学师生对实践教育的意见或建议，为改进我国实践教育提供一手资料。调查的维度和内容包括师生对实践活动、实践学习的态度、观念；我国学生的实践能力、创新精神情况；课堂教学的实践学习情况；课外活动的情况，尤其是社会实践的情况；综合实践活动课程的实施情况、其他实践课程与活动课程的情况；师生对于实践教育的建议、意见。调查问卷的题型分为封闭性（确定问题型、单

---

① 吕达：《普通中学课程结构：完整性、基础性、多样性》，载课程教材研究所主编《课程改革整体论》，人民教育出版社 2003 年版，第 373—386 页。

② 联合国教科文组织国际教育发展委员会：《学会生存——教育世界的今天和明天》，教育科学出版社 1996 年版，第 89、95 页。

项或多项选择题、程度性或等差性问题）和开放性题型两种。调查题量控制在 20 题左右（时间控制在 20 分钟以内）。在正式调查前进行了小范围的测试，对问卷进行修改后主要在湖北、江西、广东、浙江、河北等省的中小学校正式发放问卷。调查问卷的发放采取随机的方式。

3. 访谈法

为了深入了解中外实践教育的现状，设计中英文两种访谈提纲（见附录三）。分别对我国中小学校管理者、综合实践活动课程任课教师、县（区）综合实践活动课程教研员、中小学生及其家长进行访谈。还对国外若干所中小学校的管理者、实践课程任课教师进行访谈。

4. 个案研究法

为了深入了解实践教育的现状及问题，笔者在美国伊利诺伊大学香槟分校从事国家公派联合培养博士生学习期间（2011 年 8 月至 2013 年 2 月），主要选取了美国伊利诺伊州厄巴纳市厄巴纳中学（Urbana Middle School）作为案例进行分析。该校在实践教育方面较有特色，其培养方式以及其学生受到当地社区的好评。笔者经常访问该校，参加听课，与该校教师积极交流，收集了相关的材料。

5. 观察法

通过观察中小学校的实践课程的教学活动，运用的观察工具包括笔者设计的《实践课程的教学观察记录表》（见附录三）、相机等，了解和分析教师对实践教育、实践课程的理解与实际处理，观察师生在实践课程及实践活动中的表现。

（二）研究思路与框架

笔者充分利用在美国伊利诺伊大学香槟分校学习的机会，认真了解美国及其他国家在实践教育方面的情况，努力收集它们在这方面的研究文献，走访了美国多所中小学，进行听课，与美国师生对实践教育进行探讨和交流。因此，本书力图通过一定的国际比较的方式展开论述，以扩展本书的研究视野，丰富研究的资料，本着"洋为中用"的原则，对国外实践教育的方法、策略扬长避短，发展我国实践教育，促进我国中小学生的全面发展。另外，本书从历史与现状两条线对我国实践教育进行反思，尤其是对我国实施综合实践活动课程十二年的状况进行反思，对存在的问题提出改进措施。

本书的核心概念为：实践教育及其体系、实践课程、实践能力及其标准等。以实践教育、实践课程（实践活动）、实践能力（标准及评价量表）为研究主线，努力解决三个主要问题：一是怎样理解中小学生的实践能力及其形成机制？二是我国实践教育的现状是怎样的？三是实践教育的机制是怎样的？

本书将试图围绕"实践教育是什么""为什么要研究实践教育""怎么推动实践教育"的研究思路来设计。导论部分主要阐述本书的研究目的、中外研究现状、研究意义以及本书的研究方法。第一章为实践教育概述，主要论述实践、实践教育的概念、特征、意义及实践能力的表现标准。第二章为我国实践教育的历史与现状探析。第三章阐述实践教育的理论基础。即生活教育理论、主体教育理论、实践哲学理论及活动教育理论。鉴于课程在教育中的核心地位，本书第四章至第六章从课程的角度阐述实践教育的课程开发、实施与评价机制。第四章为实践教育的课程开发。第五章为实践教育的课程实施。第六章为实践教育的课程评价。最后为本书的结语部分。主要描述研究结论、展望或建议，突出本书的创新点。

第一章　实践教育与实践能力的界定

要了解实践教育，首先要做的一件事，就是弄清楚其含义、特征与意义，区分其与知识教育的关系，对实践教育中的核心概念即实践能力的含义、表现标准及发展机制进行深入探讨。

一　实践及实践学习

（一）实践及实践学习的含义

1. 实践的含义与特征

（1）实践的含义

实践是我们日常生活中最平易不过的事情。但要弄明白实践的确切含义不是一件容易的事情。例如，法国社会学家皮埃尔·布迪厄认为："谈论实践不是一件容易的事，除非从反面谈论它；特别是谈论实践之看似最机械、最违背思维及话语逻辑的东西。"① 要弄清楚一个概念，无非是从其外延和内涵两方面进行辨析。另外，站在不同的角度来看，实践也具有不同的含义。例如，从哲学或者从教育学角度上看，实践的含义有所区别。因此，我们还应选择必要的角度，才能更清晰地了解实践的含义。

第一，哲学角度上的实践含义。从实践的外延上看，实践是泛指人类的整个生活。例如，有学者认为，实践的外延是非常广泛的，最

---

① ［法］皮埃尔·布迪厄：《实践感》，蒋梓骅译，译林出版社 2003 年版，第 124 页。

广义的实践可以是指人的社会生活或者人的活动。① 从实践的内涵上说，有的学者从哲学的角度解释，认为"在马克思主义看来，所谓实践，就是人类有目的地进行的能动地改造和探索现实世界的一切社会性的客观物质活动。"② 还有的学者认为，实践就是指具体的、历史的和现实的社会情境。③ 一般来说，人们把实践的内涵理解为人类有意识地改造世界的活动，即"主观见之于客观的活动"。它是人类最一般的活动。其结构一般主要由三个要素组成：实践主体、实践客体、实践工具或中介。总体来说，哲学上对实践的理解，成为我们对其的一般认识和印象，即它是一般性实践、普遍性实践。

第二，教育学角度上的实践含义。从教育学的角度来看，实践是指教师和学生制订的有意识、有计划的活动，以促进学生的全面发展。从这点来看，教育学意义上的实践不同于哲学意义上的实践，即它是一种教育性实践。前者的根本目的是促进学生的全面发展，后者的根本目的在于使人能探索和改造客观世界，促进人类自身的进步和发展。区分教育性实践与哲学性实践具有重要的意义，它能使我们认识到教育性实践的特殊性，从而使两者不直接等同起来，防止以普遍性实践直接代替教育性实践的现象。教育性实践要求教育者精心选择实践活动的内容、类型，重视学生参与实践活动的过程，并及时反馈、评价学生在实践活动中的表现。

（2）实践的特征

实践的特征主要包括如下几点：

第一，实践是人的有意识的活动。实践是人类独有的活动。人是有意识的能动主体，他能根据自己的目的和要求，主动适应世界和改造世界，满足自己的需要。在实践活动中，人主动地提出活动的目的和方法，主动通过实践的中介物实现对实践对象的改造，同时也实现了对自身的改造。因此，应尊重学生在实践活动中主动性和创新性，

---

① 沈晓珊：《实践形态的多样性》，《浙江学刊》2003 年第 3 期，第 164 页。
② 肖前主编：《马克思主义哲学原理》，中国人民大学出版社 2004 年版，第 517 页。
③ 张莉萍：《人类学视野中的实践理性》，《岭南学刊》2004 年第 6 期，第 50 页。

发挥学生的主体作用，而不应包办代替学生的实践活动，剥夺学生主动实践、亲身体验的权利。

第二，实践受社会历史条件的限制。人的实践活动不是随心所欲的，它受实践活动当时的社会历史条件的限制，并随着社会历史条件的变化而变化。在古代，由于缺乏先进的科学研究设备、技术以及丰富的信息文献资料，人们的实践活动往往较为简单，不够深入，不能有效地解决实际问题。在现代，随着科技的迅猛发展，人们的实践活动逐渐走向深入，越来越有效地解决问题，并且能够解决越来越复杂的问题。因此，我们应让学生充分运用现代科技成果，广泛探索社会、自然以及人自身的问题，从而使学生获得成长和发展。

2. 实践学习的含义

人的学习活动有许多种方式。如符号学习（通过对文字、数字等符号的理解来学习，如阅读书籍、报纸、杂志等）、体验学习（通过亲身经历、获得体悟的方式来学习，如角色扮演、职业体验等活动）、操作学习（通过使用一定的工具、器械以获得知识与技能的学习，如化学实验、制作航模、科技小发明等）、观察学习（通过观察某一现象或行为来学习，如观察植物生长、观察社区的变化）等。实践学习是指通过实践活动进行学习，以解决实际问题为主要目的的一种学习方式。它是一种综合性的学习方式，它一般包括符号学习、体验学习、操作学习、观察学习等要素。它对于中小学生的发展具有非常重要的意义。通过实践学习，可以获得一种"实践感"。法国著名的社会学家布迪厄认为，"实践感和经过客观化的意义的一致所产生的一个基本效果，是生成一个常识世界，该世界具有直接明证性，同时还具有客观性。"[①] "实践感是世界的准身体意图，但它绝不意味着身体和世界的表象，更不是身体与世界的关系；它是世界的内在性，世界由此出发，将其紧迫性强加于我们。" "实践感，作为对一个场的要求的预先适应，其最具示范性的样式是体育语言所说的'游戏意识'

---

① ［法］皮埃尔·布迪厄：《实践感》，蒋梓骅译，译林出版社2003年版，第88页。

（诸如'投资意识''超前想象艺术'等）。"① 从这些表述来看，布迪厄说的"实践感"是人们对实践的总体把握和认识。一般而言，人们从事的实践活动越多越丰富，所获得的"实践感"就越真实，越贴近于客观事物面貌本身，从而减少对现实的误判和误解。从目前，我国中小学校忽视实践学习的作用，过于重视学生学习书本符号知识，这不利于帮助中小学生形成良好的"实践感"。

（二）实践的种类

实践的多样性、多层次性体现在其类型上。根据不同的分类标准，可以把实践分为以下类型。

第一，根据受外界影响的大小，可以分为指导下的实践、合作实践和独立实践。② 指导下的实践是指学生在教师的指导下开展实践活动。合作实践是指学生之间合作开展实践活动，从同伴那里获得必要的帮助。独立实践是指学生自己独立面对不熟悉的情境，自由运用各种信息和资源解决现实问题的活动。

第二，以场所划分，可分为课内实践与课外实践、校内实践与校外实践。课内实践是指在课堂教学中开展的实践活动，课外实践是指在课堂教学之外开展的实践活动。校内实践是指在校园里开展的实践活动，校外实践是指在校园之外开展的实践活动。

第三，以参与人数划分为独立实践与合作实践，或个人实践与小组实践、集体实践。个人实践是指学生个体开展实践活动，小组实践是指学生以小组的形式开展实践活动，集体实践是指全班学生集体共同开展实践活动。

第四，以实践的形式或方式划分为现实性实践、模拟性实践和虚拟性实践。现实性实践就是指在现实社会和现实生活中开展的实践活动，比如，社会考察、社区服务、暑假挂职锻炼、西部支教活动等。模拟性实践是指通过演示现实生活情景而开展的实践性教学活动，如

---

① ［法］皮埃尔·布迪厄：《实践感》，蒋梓骅译，译林出版社2003年版，第101页。

② Mary Lee Bass and Deborah Gee Woo, *Comprehension Windows Strategy: A Comprehension Strategy and Prop for Reading and Writing Informational Text*, The Reading Teacher, Vol. 61, No. 7, 2008, p. 574.

编演道德小品、生存训练等。虚拟性实践是指利用网络虚拟空间开展的实践性教学活动，例如，开展"网上重走长征路"、设置网络模拟法庭等。①

第五，以实践的目的划分为认知性实践、体验性实践、考察性实践和综合性实践等。认知性实践是指以获取知识为主要目的的实践活动，体验性实践是指以获得体悟和感受为主要目的的实践活动，考察性实践是指以考察、调查某项社会事务或某种自然事物、现象为主要目的的实践活动，综合性实践是指包含多种目的和任务如认知、体验、考察、操作等的实践活动。

第六，以实践的内容划分为政治实践、经济实践、文化实践、教育实践、宗教实践等。政治实践是指政治领域内的实践活动，经济实践是指以经济事务为主的实践活动，文化实践是指以文化事务为主的实践活动，教育实践是指教育教学领域方面的实践活动，宗教实践是指与宗教事务相关的实践活动。

第七，以实践的形态划分为操作型实践和知识型实践。有学者认为，从人类的社会生活来看，有两种较为典型的实践活动：一种可以被称为"操作型实践"，该实践主要通过运用体能和动手操作技能，但它不一定要求掌握系统性的知识。这类实践活动包括做饭、洗衣等一般生活活动以及使用机械设备等。另一种可以被称为"知识型实践"，它主要要求掌握和运用系统的知识，例如，教师依据自己所学习条件性知识（包括教育学知识和心理学知识等）来指导学生的学习、律师依据自己所掌握的法律专业知识来为他人辩护等。与两者相对应，人的实践能力主要可分为"操作型实践能力"和"知识型实践能力"。②

第八，按实践能力来划分，劳动实践可分为体力实践与智力实践两类。人类的一项基本活动是生产劳动，它也是一种基本实践形态。

————————————

① 王荣发等主编：《实践性教学：理论与探索》，华东理工大学出版社 2007 年版，第78—79 页。

② 张琼、陈佑清：《"知识型实践能力"及其教育意蕴和培养策略》，《教育发展研究》2010 年第 24 期。

劳动能力就是实践能力。根据实践能力来看，劳动实践可以分为两种，即体力实践和智力实践（或者成为脑力劳动）。体力劳动就是体力实践活动，智力劳动就是智力实践活动。①

第九，按实践对象的性质来划分，还可以把实践分为信息实践与物质实践两种。获取、处理和创造信息的各种活动是信息实践，变革客观物质的各种活动是物质实践。换句话说，信息生产活动可以看作为信息实践，物质生产活动可以看作为物质实践。②

从以上实践的分类情况来看，人类的实践活动可以是多种多样、丰富多彩的。中小学校应结合本校的实际情况以及学生的特点开设多样的实践课程，开展多种多样的实践活动，培养学生的实践能力和创新精神。

二 实践教育的界定

（一）实践教育的含义及特征

1. 实践教育的含义

（1）实践教育的内涵

实践教育是全球范围内正在蓬勃兴起的教育思潮之一。很多学者对实践教育的含义进行过探讨。至少有如下五种观点。

第一，实践教育是一种思想政治教育方法。例如，杨伟才认为，实践教育法是指在学生思想政治教育工作中打破"闭门自教"的状况，组织引导学生主动、积极参加多种多样的社会实践活动，通过广阔的社会生活，充分利用各个群体的智慧和力量，对学生开展形象生动、具体的思想教育的方法。③ 这种定义即把实践教育当作一种对学生进行思想政治教育的方法与途径。但它仅从单一方法的角度来看

① 沈晓珊：《实践形态的多样性》，《浙江学刊》2003 年第 3 期，第 164 页。
② 同上书，第 165 页。
③ 杨伟才：《实践教育法在学生思想工作中的应用》，《教育评论》1988 年第 4 期。

的，没有把实践教育当作复杂性的、多层次的、综合性的教育方法，更没有上升到教育理念的高度。

第二，实践教育是一种综合性教育方法。例如，刘克礼等认为，实践教育是依据相关的培养目标和培养规格，在教师的指导下，学生掌握和运用所学的理论知识，从事生产和社会实践的方法与技能训练的总称，它主要是指课堂、实验室以外的教学实践、社会实践在内的实践教育活动。① 又如，张庆守认为，实践教育（学习）是指围绕教育培养目的而开展的，以直接实践活动为基础，以学生亲身体验为特征的教育（学习）活动。② 这种定义就是把实践教育看作是一种综合性的、多层次、多类型的教育方法与途径。

第三，实践教育即实践活动。例如，潘家耕认为，实践教育是指为了实现教育的目标和目的，围绕教学而开展的实践活动。实践教育相对于理论和知识教学而言。③ 又如，李骁认为，实践教育是指在教育教学中构建具有实践性的教学活动，激发学生参与实践的兴趣，让学生在实践中主动探讨、主动思考、主动创造，树立以实践促进发展的新型教育思想和教育理念，关注学生的能力培养和个性发展，构建以学生为中心，以老师为先导、学生为主体，以实践活动为基础的开放性教学模式，营造和谐的教学氛围，建立真正意义上的平等师生关系。④ 再如，石河子大学宋朝晖、翟桂红认为："实践教育是指围绕教学活动目的而开展的、学生亲身体验的实践活动。它既包括为认识、探索自然规律、掌握技术知识而开展的科学实验、生产实习等必要的验证性实验，也包括为解决实际的生产和社会问题，提高创新能力而开展的研究性、探索性、设计性、综合性实践，还包括以了解社会和

① 刘克礼等：《对实践教育的基本认识与做法》，《高等农业教育》1991 年第 2 期，第 30 页。
② 张庆守：《实践教育的历史反思与现行改革对策》，《闽江学院学报》2010 年第 7 期，第 91 页。
③ 潘家耕：《实践教育是素质教育的根本实现途径》，《成都中医药大学学报》（教育科学版）2003 年第 2 期，第 37 页。
④ 李骁：《"实践教育"评价机制初探》，《成才》2006 年第 6 期，第 38 页。

国情、提高全面素质为宗旨的社会实践。"① 这种定义把实践教育直接理解为实践活动，比较直观和简洁，但在一定程度上窄化了实践教育应有的丰富内涵。实际上，实践教育不仅仅包括实践活动，还包括实践课程、教学过程中的实践环节等。

第四，实践教育即探索性活动。清华大学史静寰认为，"实践教育"是指将实践的基本要素运用于教育教学，围绕特定教育教学目的而开展的、学生亲身体验的、应用知识于实际的探索性活动（应用知识、解决实际问题）。实践教育对于学习者来说具有多重的意义：从技术层面，实践教育可以增强学生对知识的掌握，提高学生的实际动手能力；从社会层面，实践教育可以使学生加强对社会的了解，提高其社会性能力和社会责任感；在道德层面，实践教育可以增强学生的道德意识，提高学生的思想品质。② 这个定义侧重于突出学生的主动性和多方面发展。

第五，实践教育即通过实践进行教育。例如，华中师范大学郭元祥教授认为，"实践教育，就是通过实践进行教育，在实践中进行教育"。与此相对的是认知学习或知识教育。③ 该定义注重实践学习与认知学习的区别。

以上学者分别从思想政治教育方法、综合性教育方法、实践活动、探索性实践、实践学习等角度对实践教育得出不同的理解，都有一定的合理之处，但还不够全面。综合所述，笔者认为，实践教育至少有以下三层含义。

从狭义上说，实践教育是指一种教育措施、方法与手段，它往往与实践活动联系在一起。即应在现有的教育教学中加强实践的因素，让中小学生广泛参与各种实践活动，以提高学生的实践素养、创新精神和综合素质。

---

① 宋朝晖、翟桂红：《加强实践教学考核增强学生动手能力》，《陕西师范大学学报》（哲学社会科学版）2007 年第 7（专辑）期，第 157 页。

② 史静寰：《加强实践教育：研究型大学培养创新人才的必由之路》，《清华大学教育研究》2005 年第 2 期，第 8 页。

③ 郭元祥：《论实践教育》，《课程·教材·教法》2012 年第 1 期，第 19 页。

从中义上说，实践教育是指一种课程体系及教育体系，即与理论教育、学术教育相区别的、促使学生运用所学知识解决实际问题、以培养学生实践能力与创新精神为主要目的的课程体系及教育体系。目前，在美国等国家的基础教育课程体系中，学术课程与实践课程是并行不悖的。

从广义上说，实践教育是指一种"实践育人""知行统一""教学做合一"的教育理念，即指以学生为主体，尊重学生的兴趣爱好与独立人格，以面向生活实践为导向，通过系统的实践活动来提高学生的实践能力、综合素质的教育思想与理念。它倡导学生主动参与实践活动，引导学生主动探索，主动创造，以实践促发展。它着眼于学生的能力培养和个性发展。它的核心是注重实践和培养解决实际问题的能力，强调让学生亲口"说"，亲手"做"，亲身"经历"，在实践中学习，在学习中实践，学生在实践过程中掌握知识，增长能力，激发创造精神，塑造健康人格，促进学生的全面发展与长远发展，真正实现"知行合一"及"教学做合一"。

实践教育的这三层含义是层次递进、紧密相连的。即实践教育首先是一种教育方法，然后是一种课程体系、教育体系，最后上升到一种教育思想与理念；反之亦然（见图1－1）。它们从具体到抽象，从方法到理念，从简单到复杂，体现了人们对实践教育的认识发展及实践探索进程。

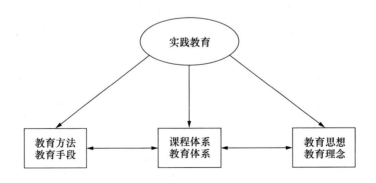

图1－1　实践教育的含义及其结构

（2）实践教育的外延

从以上实践教育的含义来看，它并不是一个狭隘的概念，它具有极其丰富的内涵和外延。

它不仅指中小学生从事课外的实践活动，而且包括课内的实践活动。因而，实践教育是一种整体的、制度化的教育理念。很多人认为，实践教育只是在课外进行的，是"课外活动"，是课堂教学的补充，偶尔组织学生开展一些活动就是实践教育。这是对实践教育的误解和片面看法。实际上，无论在课内还是课外，都具有实践教育的功能，不能只偏重课外实践活动而忽视课内实践活动。课外的实践活动为学生提供了探索自然、研究社会、验证理论知识的平台，课内的知识教学也可以通过实践活动的形式开展，让学生主动探索、亲身经验，从而获得更加理想的教学效果，促进学生的全面发展。因此，我们"应超越'作为事实'课程观的局限，倡导基于课程理解和课程研究中的价值思维和过程思维，主张'作为实践'的课程观。""'作为实践的课程'的根本意蕴在于确立了课程的生命立场、主体立场和价值立场。"[1] 目前，不少中小学校仅在课外或者集中在每学期的一两周内组织开展一些实践活动，而没有对现有的课堂教学目标、内容、方法、评价体系进行根本的革新，导致培养学生实践能力的效果不够理想。因此，中小学校应该更新教育观念，从整体上对实践教育作系统设计，从课内与课外的协调衔接上着手，综合推动学生实践能力与创新精神的培养。

2. 实践教育的特征

（1）以学生为主体

在实践教育中，中小学生处于主体的地位。这可以体现在两个方面。一方面，从学生的角度来说，在实践教育中，学生自身是实践活动的组织者、参与者和实施者。学生可以根据自己的兴趣爱好，自主选择相应的实践课题、实践活动及其实践方式。这与新课程改革中倡

---

① 郭元祥：《课程理解的转向从"作为事实"到"作为实践"》，《课程·教材·教法》2008 年第 1 期。

导的研究型学习是一致的。两者都要求发挥学生的自主性、积极性，并强调学生之间的合作。另一方面，从教师的角度来说，教师应积极引导学生的实践活动，但应注意发挥学生的自主性、参与性，不能牵着学生的鼻子走，更不能包办代替学生的亲身实践。教师的实践不能代替学生的实践。目前，在实践活动中，学生的主体地位还没有完全体现出来，教师对学生的实践活动包办代替太多。"不仅将人视为社会历史的主体，更将人看作是实践的主体，并在教育活动中将教师和学生（或儿童）都看成是不可重复的独立的主体。"[1] 因此，只有以学生为实践主体，放手让学生主动探索、积极实践，实践教育才能真正促进中小学生的全面发展，提高中小学生的实践能力和综合素质。

（2）以实践与解决实际问题为导向

不同于知识教育，实践教育是以面向实践、面向生活、面向解决实际问题为导向的。通过实践教育，引导中小学生注意学习、生活、实践之间的密切联系，为了实践、为了生活而学习，为了解决实践中、生活中的实际问题而学习，不是单纯为了通过考试，或者为了取得高分而学习，从而使中小学生端正学习的态度，掌握真才实学。陶行知先生曾提出："事怎样做就怎样学，怎样学就怎样教；教的法子要根据学的法子，学的法子要根据做的法子。""教学做是一件事，不是三件事。"[2] 这是非常有见地的。这启示我们，学习应根据实践的需要、生活的需要，在实践中学习是非常必要的，不能把学习、实践、教学割裂开来。"实践出真知"，"行是知之始"。知识只能来源于社会实践，那么就得以"做"为基础，教学做合一为最有效之生活法，亦即最有效之教育法，"做"就是生活，就是实践，就是斗争。[3] 中小学生对于实践中、生活中的实际问题往往非常感兴趣，愿意全身心

---

① 王坤庆：《教育哲学：一种哲学价值论视角的研究》，华中师范大学出版社 2006 年版，第 156 页。

② 中央教育科学研究所主编：《陶行知教育文选》，教育科学出版社 1981 年版，第 77 页。

③ 张华新：《论陶行知的实践教育思想》，《武汉理工大学学报》（社会科学版）2002 年第 6 期。

地投入，也往往最能取得教学的成功，促进教育目标的实现。

这里所说的实际问题不同于书本中、学科中的问题，它是人们现实生活中形成、隐性或显性存在的问题。因而，从是否经过人工加工来看，存在着两类问题：一类为书本问题、理论问题或者学术问题，这类问题经过人工的选择与加工；另一类为实际问题、实践问题或现实问题，这类问题处于原始状态，还没有经过人工的选择与加工。熊川武教授等认为，书本问题与实际问题的主要区别在于：书本问题是经过人们加工过的问题（如进行过抽象与概括等），剔除了许多感性成分，在一定程度上可以说它是理性问题。而实际问题是现实生活中客观存在着的问题，其本质往往为现象掩盖，外显的感性成分容易造成人们认识上的不深刻性与不精确性，这类问题可以称为感性问题。面对这两种问题，学生往往长于前者。因为长期接受解决理性问题的训练，学生已形成了分析和解决书面问题的特定技能与策略。而相反，他们对实际问题有陌生感，对解决此类问题有困难。[①] 斯腾伯格（R. J. Sternberg）区分为两种类型的问题：学业问题或认知问题和实际问题。[②] 张琼认为，学业问题是指个体运用符号在头脑中进行思维操作和解决的问题。在课堂学习中，学生所要应对解决的各类学业上的问题，就属于这类问题。实际问题一般指个体在专业实践领域或者现实生活中遇到的问题。这类问题仅依靠符号和认知操作往往难以得到圆满解决。例如，医生为患者诊断与治疗疾病，教师如何调动学生的学习兴趣等，就属于这类问题。相应地，两者有着不同的解决方法。[③] 对这两类问题的区分在理论和实践上具有非常重要的意义，使我们不至于仅重视其中一个而忽略另外一个。

以上两种问题对学生的发展各有其重要作用。但在现实学校教育中，人们往往重视引导学生解决学术问题，而忽视引导学生解决实际

---

① 熊川武等主编：《实践教育学》，上海教育出版社 2001 年版，第 15—16 页。

② ［美］R. J. 斯腾伯格：《成功智力》，吴国宏等译，华东师范大学出版社 1999 年版，第 26—28 页。

③ 张琼：《以实践能力培养为取向的知识教学变革研究》，博士学位论文，华中师范大学，2011 年，第 63—64 页。

问题。这导致了学校教育与学生的生活逐渐脱节，导致了书本教育、应试教育、"灌输"教育的出现，中小学生把大多数的时间放在钻研书本知识上，不关心社会现实及其变化，这极不利于学生的全面发展和身心健康。学习书本知识、解决学术问题的根本目的是解决我们生活中的现实问题。通过现实问题的发现、分析和解决，有助于激发学生深刻理解学业问题和书本知识，并激发他们关心现实、关注自身的兴趣，培养实践能力和创新精神。因此，实践教育是实践与解决实际问题为导向的。

（3）以实践活动为载体

实践活动是人的主体性得以产生和发展的载体和基础，它既是教育教学实施的原点，又是教育教学实施的归宿点。实践教育的实施，主要应以系列的、主题性的实践活动为载体。这些实践活动主要是由学科课程中的实践活动、实践课程中的实践活动和课外实践活动等组成。由于各门课程的学习对象的不同，因而它们各自的实践活动是不一样的。语文、数学、外语等各科都有自己特点的实践活动。语文的实践活动构成语文实践教育，数学的实践活动构成数学实践教育……另外还有综合实践活动课程构成综合实践教育。各科课程实践活动的总和构成基础教育阶段实践教育的主体部分。因而，各门课程应该设计具有自身特点的实践活动，让中小学生在各种实践活动中带着兴趣获得新知识、取得新的进步。实践活动往往由实践的研究课题、实践的研究目标、实践的组织、实践的方式方法等组成。其活动的基本方式包括动手操作、实验学习、游戏劳作、演讲辩论、艺术创作、调研考察、论文撰写、毕业设计、观察学习、角色表演等。① 实践活动不应该被孤立地、随机性地组织，应组织系列化的、主题性的实践活动，从而整体地、系统地提高学生的实践能力。教师应学会如何组织学生的实践活动，通过组织系列的、高质量的实践活动，实现教育教学的目标。

---

① 李定仁、徐继存主编：《教学论研究二十年》，人民教育出版社 2001 年版，第412—413 页。

（4）以培养学生的实践能力与综合素质为目标

实践教育的目标是提高中小学生的实践能力和综合素质，解决我国中小学生实践能力较弱、学习兴趣缺失、创新精神不足等实际问题，促进我国中小学生在德智体美诸方面全面发展。实践能力是指保证个体顺利运用已有知识、技能去解决实际问题所必须具备的那些生理和心理特征。依据各种能力因素在实践活动中的作用领域，可以将实践能力划分为四个基本构成要素：实践动机、一般实践能力因素、专项实践能力因素和情境实践能力因素。[1] 它指向的是解决社会生活实践的真实性问题、应对现实世界的挑战。中小学生实践能力的提高是当前世界各国基础教育面临的共同课题，它对于当今社会的每个人都是非常重要的，它是我们探索世界、改变世界、改变自身所不可或缺的素质。通过实施实践教育，使每个中小学生具备较强的实践能力和综合素质，增强中小学生探索自然、探索社会、探索自身的能力，手脑并用，推动学生的全面发展。[2]

（二）实践教育的意义

实践教育具有非常重要的意义。《教育规划纲要》提出："坚持能力为重。优化知识结构，丰富社会实践，强化能力培养。着力提高学生的学习能力、实践能力、创新能力"，"注重知行统一。坚持教育教学与生产劳动、社会实践相结合"。这为我们勾画了实践教育的广阔前景。把理论教育与实践教育有机结合起来，实践教育具有以下的意义。

1. 引导由强调"知识"转向强调"能力"

这是一个巨大的转变。中小学生的发展应是全面发展，知行统一，而不仅仅是发展学生的认知能力，还应发展学生的情感态度价值观、解决实际问题的能力、与人合作的能力等。当前世界教育的趋势之一是在强调中小学生在掌握知识的同时，更应全面发展能力，即人

---

① 刘磊、傅维利：《实践能力：含义、结构及培养对策》，《教育科学》2005年第4期。

② 曾素林：《实践教育：含义、问题及对策》，《中国人民大学教育学刊》2012年第1期。

们常说的"授之以鱼，不如授之以渔"。实践教育能培养学生的各种能力，包括知识运用、团队协调、领导、策划组织、言语表达、沟通等能力。它提倡中小学生动手实践、亲身经历、手脑并用，这与学生全面发展的理念是一致的。换另一个视角来看，中小学生的全面发展不能脱离实践教育，否则他们的发展是一种片面发展。而目前，我国基础教育在应试教育的不良氛围下，过于重视对中小学生进行知识教育，忽视对他们进行实践教育，造成他们的片面发展，即善于考试、善于解决书面问题，但动手实践能力差、不了解社会实际。事实上，正如有学者指出，"理论教育与实践教育是知识传授的同一过程"。① 古人认为，人既要"读万卷书"，同时也要"行万里路"。从终极意义来看，所谓"育人"，除了教会人们知道更多知识，掌握诸多道理，还要教会学生懂得如何更好地"生活"。知识、道理从来就是为解决生活问题而来的，是人类生活的衍生物，也是从社会生活中来，又回归到社会生活自身中去的过程。② 实践教育是实现这一教育目标的最佳途径。它是沟通社会和学校的桥梁，是全面提高中小学生综合素质、培养学生创新能力与实践动手能力的有效途径。③ 英国学校理事会（The Schools Council）认为，中小学生现在以及他们在未来的成人生活中应具备如下素质和技能。

第一，交流技能，即通过各种适当的媒介向目标听众（观众）传达信息，如语言、数学、象征物、图表、动作、声音等。

第二，学习技能，即独立工作和学习的能力、通过主题、公式或者概念来组织信息的能力。

第三，定义问题并发现该问题解决办法的能力、计划和决策的能力。

第四，实践和操作的技能。

第五，个人和社会的素养，包括竞争能力和适应能力、与别人合

---

① 江潭瑜：《"实践教育"的意义与价值》，《学术界》2008 年第 3 期，第 163 页。
② 同上书，第 164 页。
③ 张庆守：《实践教育的历史反思与现行改革对策》，《闽江学院学报》2010 年第 7 期，第 91 页。

作的能力、敏感性、想象力和创造性、自尊和道德价值感等。①

综合来说，这些素质和技能的核心即强调中小学生应具备较强的实践能力。它在很大程度上脱离了仅仅以掌握知识为核心要素的教育模式。

2. 倡导让中小学生参与实践活动，是让学生回到教育的原点，体现对他们的生命的尊重和关怀

"教育是促进人的生命发展的一种独特的实践活动，即生命实践活动。"② 让中小学生参加社会实践活动，培养解决实际问题的实践能力，是让他们回归到生活世界中。生活世界是教育的原点，是中小学生学习的出发点。这是对他们生命的尊重和关怀。正如苏联心理学家阿·尼·列昂节夫（1930—1979 年）所指出："外部的感性——实践活动，从发生上来说，是人类活动的原始的和基本的形式，这种情况对于心理学具有特殊的意义。"③ 而现有的基础教育以知识为教育的原点，把学生当作知识的容器，缺乏对学生的生命的尊重和关怀。18 世纪法国著名思想家卢梭倡导自然教育，自然教育的手段是让儿童亲身实践体验各种事物，主张儿童应回归大自然，让他们在精心设计的各种实践活动中发展和成长，通过自己的各种感官获得所需要的知识。他说："不要对你的学生进行任何种类的口头教训，应该使他们从经验中取得教训""我们只主张我们的学生从实践中去学习""不要教他这样或那样的学问，而又要他们自己去发现那些学问""教育应该是行动多于口训"。④ 卢梭的这些观点启示我们，教育应遵循儿童身心发展的自身特点与规律，应让学生在自身的生命活动中获得发展。

---

① The Schools Council, *Primary Practice：A Sequel to "The Practical Curriculum"*, London：Methuen Educational, 1983, p. 29.

② 阮成武：《"生命·实践"教育学派的课程篇章：评叶澜教授主编的〈教育学原理〉》，《教育研究》2008 年第 11 期，第 111 页。

③ ［苏联］阿·尼·列昂节夫：《活动·意识·个性》，上海译文出版社 1980 年版，第 51 页。

④ ［法］卢梭：《爱弥儿》上卷，李平沤译，商务印书馆 1991 年版，第 94、107、111、217 页。

3. 把实践教育作为推进和深化素质教育的重要环节和突破口，实现我国人才培养体系和培养模式的创新

加强实践教育，是我国基础教育在新的历史背景下的重要任务与使命，真正使我国教育从应试教育走上素质教育的轨道。一线的中小学教师们认为，"劳动和社会实践教育是当前素质教育的薄弱环节，只有采取切实的措施，才能落到实处"。① "人的发展才是教育活动的根本目标。""教育中人的发展的过程是学习实践的过程，更是人之为人的体现，因此，教育中人的发展不能简单地被看作是人的一种认知过程，也不能被看作的一种学习过程，而应看作是人的一种生存方式。"② 然而，"传统教育学主要是围绕如何做好学科课程的教育教学而建构起来的一套理论体系。实践教育理论在这套理论体系中处于被边缘化的位置"。③ 因此，我们应更新观念，重新树立实践教育在我国教育体系中地位，加强实践教育及其理论研究，促进我国人才培养体系和培养模式的创新。

4. 培养中小学生的社会责任感，树立正确的人生观和价值观，增强德育的实效性

武汉大学政治与公共管理学院杨欢欢探讨了社会实践教育的个体价值。他认为，社会实践教育个体价值体现在实践教育活动满足对参与实践教育活动的主体，也就是学生的个体发展需要的关系当中。它的内容包括社会实践教育可以促进学生深入了解我国国情；可以促进学生的全面发展，包括知识、技能、情感、态度、价值观等发展价值；使学生在社会实践活动中，不断通过"问题—解决问题—新问题产生—解决新问题"的循环往复过程，使主体不断提高解决现实问题

---

① 何长青：《加强劳动和社会实践教育全面提高中小学生素质》，《中国农村教育》2009 年第 6 期，第 29 页。

② 郑家成：《实践·教育·人的发展——马克思实践哲学视野下的教育中人的发展》，《赤峰学院学报》（哲学社会科学版）2008 年第 12 期。

③ 张庆守：《实践教育的历史反思与现行改革对策》，《闽江学院学报》2010 年第 7 期，第 94 页。

的能力。① 这一研究比较全面地说明了实践教育的德育功能。通过实践学习活动，能加深中小学生对社会现实的认识与了解，促使他们深入思考各种社会现象和社会问题，尝试提出并实施相应的对策。在这一过程中，增强了中小学生的社会责任感，提升了德育的实效性。

三　实践教育中几种重要关系的探讨

在实践教育中，我们需要处理好几种重要的关系，才能有效地推动实践教育的实施，有效培养学生的实践能力和综合素质。这几种重要的关系分别是认识与实践的关系、实践教育与知识教育的关系、校内实践与校外实践的关系等。②

（一）认识与实践的关系

1. 两者关系的考察

认识与实践的关系实质上是"知行关系"。自古以来，众多的学者对该关系进行了探讨。有的学者认为，认识更为重要，有的学者认为实践更为重要，还有的学者认为，两者都非常重要，应把两者结合起来，即"知行合一"。因而，对该关系的考察主要可以从两个方面来进行探讨。

（1）认识与实践的割裂关系

在历史上，有不少学者认为，认识是重要的，实践是次要的，或者说认识高于实践。其理由主要为：首先，人的主要任务是认识自己，认识世界。例如，捷克著名教育家夸美纽斯通过长期的研究，提出"泛智"教育思想。所谓"泛智教育"，就是使所有的人通过接受教育而获得广泛、全面的知识。他认为，应该研究并总结出一个包罗万象的知识体系，而且要求人人都应掌握这种对于现世生活有益的、

---

① 杨欢欢：《社会实践教育的个体价值初探》，《学校党建与思想教育》2009 年第 1 期（中）。

② 曾素林、彭冬萍：《实践教育的三种关系论析》，《当代教育科学》2016 年第 12 期。

有用的知识。① 他提出《大教学论》是阐明"把一切事物教给一切人们的全部艺术。"② "我们希望，把一切知识领域中精粹的总和灌输给他们的头脑。也就是说，要使在天空中、在地上、在水中、在地层深处，一切存在过的事物，无论是在人的身上和精神中、在圣经里、在手艺方面、在经济方面、在政治生活方面、在教会方面，最后对生和死以及永恒本身，没有什么是年轻的智慧接班人所不能确实地理解的。"③ 因此，各种知识门类如语言、数学、哲学等都包括在夸美纽斯所设计的"百科全书式"分科课程体系中。其次，人通过认识世界所获得的真理性知识是有永恒价值的，而实践是不断变化、难以把握的。最后，认识是高层次的活动，而实践是低层次的活动。很多人不愿从事实践活动，认为"万般皆下品，唯有读书高"。因而，有些学者根据认识是对实践的归纳、总结、升华，从而认为认识高于实践。实际上，这是一种错误的认识。法国社会学家皮埃尔·布迪厄（Pierre Bourdieu）对此进行过犀利的批判，他认为这是一种"理论谬误"，因为从"实践图式"到"理论图解"甚至"理论模型"，忽略了产生正在形成的实践之时间实在性的东西。实践在时间中展开，具有会被同化所破坏的全部关联性特征，比如不可逆转性；实践的时间结构，亦即节奏、速度，尤其是方向，构成了它的意义：比如音乐，对这一结构的任何使用，哪怕只是改变一下速度，加速或减速，都会使其受到破坏，而这一破坏不能简约为基准轴的简单改变所产生的效应。总之，实践完全有内在与持续的时间，故与时间联结在一起，这不仅因为它在时间中展开，还因为它在策略上利用时间，特别是利用速度。科学的时间不是实践的时间。实践"本质上是个线性系列"。④ 从布迪厄的论述来看，理论知识的抽象化可能破坏实践本身所具有的"线性系列"，导致束缚实践的顺利开展。因而，德国伟大诗人、剧作

① 王天一等主编：《外国教育史》，北京师范大学出版社 1993 年版，第 123 页。

② ［捷］夸美纽斯：《大教学论》，傅任敢译，教育科学出版社 1999 年版，第 1 页。

③ 张焕庭主编：《西方资产阶级教育论著选》，人民教育出版社 1964 年版，第 43 页。

④ ［法］皮埃尔·布迪厄：《实践感》，蒋梓骅译，译林出版社 2003 年版，第 125—129 页。

家和思想家歌德（1749—1832 年）在其著名诗剧《浮士德》中提出：
"亲爱的朋友，一切理论都是灰色的，只有生活之树常青。"此外，杜
威、施瓦布等也曾对认识高于实践的观点提出过尖锐的批评。因此，
认识不高于实践。

也有些学者持相反的观点，认为实践是重要的，认识是次要的。
其理由主要为：首先，人只有通过实践活动才能改变世界，改变人类
自身。他们推崇实践的力量，把社会看作实践的产物，认为人类如果
离开实践活动就不再发展，也不再存在。其次，通过认识所获得的理
论知识只是暂时性的，人类在不断变化的实践活动中将持续更新所获
得的知识，而且很多知识是过时的，它们对人的发展不仅没有起到促
进作用，反而起到阻碍作用。最后，对知识的过度崇拜造成很多不良
后果，例如使人缺乏创新意识等。因此，他们更为重视实践活动在儿
童发展过程中的积极作用。杜威批评传统的学校是"静听的学校"，
脱离了广阔的社会生活。他主张在学校开展各种实践活动，"在做中
学"，从而加强学校、学生与社会生活的密切联系。他说："学校课程
中相关的真正中心，不是科学，不是文学，不是历史，不是地理，而
是儿童本身的社会活动。"① 通过这些社会实践活动，儿童将掌握各种
有益的经验，获得发展。

这两种看法实际上是把认识与实践割裂开来了。它造成了非常消
极的后果。例如，在我国古代封建社会时期，大多数知识分子沉浸于
书本知识的学习，忽视对社会生产实践知识的学习，甚至以从事劳动
实践、科学发明创造活动为耻，认为这些活动"不入流"，只是"雕
虫小技"而已。也有的人为实践而实践，忽视对客观世界的科学探索
和对系统理论知识的掌握，陷入实践的"灌木丛"而不能自拔。

（2）认识与实践的融合关系

人们对认识与实践的关系的认识，除以上看法之外，还有不少学
者认为，两者实际上是一种融合的关系，即认识与实践是密不可分

① ［美］杜威：《杜威教育论著选》，赵祥麟、王承绪译，华中师范大学出版社 1981
年版，第 6 页。

的，不存在脱离认识的实践，也不存在脱离实践的认识。实践是人作为社会生命主体的根本存在方式，人们在实践中构建起与生活世界的关系，不断深化对世界万事万物的认识，获得真理性知识。同时，知识具有"实践价值"，即"主要是指知识对社会实践的指导价值，对社会实践的有用性或有效性"。① 借助已有的认识成果，人们获得了关于生活世界的"对象性理解"，改进了实践的方法和工具，拓展了实践的领域和深度，取得了更丰富的实践成果。两者的融合，促进了彼此的进步和发展。

笔者认同认识与实践之间的融合关系，反对把两者割裂甚至对立起来。② 中小学生需要在教师的帮助下掌握系统的学科理论知识，丰富和深化对世界及自身的认识。但他们不能仅仅通过书本知识来认识世界，他们还需要通过自己的亲身实践、亲身经历来探索世界。在实践中，他们发展了实践能力、自主意识和创新精神，并综合运用所学习的理论知识，从而推动他们走向全面发展。"在教育过程中，要反对忽视和贬低知识、降低教育教学质量的倾向，同时要克服教育脱离生活的弊端。"③ 目前，在注重考试分数和升学率的现实背景下，人们过于强调中小学生对系统的学科理论知识的掌握，中小学生缺乏实践学习、亲身体验的机会和平台，无法建立起与自然世界、社会世界及自我世界的内在关系，导致了很多学生实践能力偏低、缺乏创新意识等。

2. 学生作为认识主体与实践主体

作为两种不同的活动，认识与实践之间存在显著的差异。因此，学生是两种不同活动的主体，即认识主体与实践主体。"从主体活动的目的来看，活动主体有两种形态，即认识活动的主体和实践活动的主体。"④ 认识活动主要是实现对事物或者现象的观念性把握，它一般

---

① 王道俊、郭文安主编：《主体教育论》，人民教育出版社 2005 年版，第 49 页。
② 曾素林等：《哲学思维方式变革视域下知识与经验的关系新探》，《教育学术月刊》2015 年第 10 期。
③ 王道俊、郭文安主编：《主体教育论》，人民教育出版社 2005 年版，第 49 页。
④ 同上书，第 169 页。

指向"理论知识";实践活动主要是实现对客观世界的改造,它一般指向"客观事物"和实际问题。受我国教育传统以及目前应试教育氛围的影响,我们只把学生看作"认识主体",而没有把学生看作"实践主体",过于重视学生的认识活动,忽视学生的实践活动。这造成很多学生学习了理论知识,却不会把它们运用到生活实践中去,学生的实践能力、创新能力、批判能力等严重不足,成为"书呆子"。因此,我们的中小学教育不能仅把学生培养成为认识的主体,还需要将学生培养成为实践的主体。

(二) 实践教育与知识教育的关系

实践教育的目的是密切学生与生活世界的联系,培养学生勇于实践、敢于创新的精神,为提供学生亲身经历和体验的机会,促进学生在实践中综合运用所学的理论知识,提高学生在现实生活中提出问题、分析问题、解决实际问题的能力,从而推动学生的全面发展和进步。知识教育或者理论教育的目的是让学生掌握系统的学科理论知识,使学生掌握现代社会必备的知识文化。知识教育并非是毫无益处的。相反,它对于学生的发展起着非常重要的作用。如果学生没有通过知识教育获得一定的理论知识,那么他将在实践中缺乏了理解、解决实际问题的有力工具和凭借。目前知识教育之所以受到广泛批评,并非说知识教育是一无用处的,而是目前知识教育陷入了为知识而学习、为考试和结果而学习的尴尬境地。湖北大学靖国平教授指出:"长期以来,人们习惯于将知识教育过程理解为一种'认识过程',而不是一种'活动过程'。"[①] 这导致知识成为教育的最终目的,学生成为要被填满的容器,知识成为被填塞、灌输的原料,教育成为"填鸭"的教育、"灌输"的教育、"应试"的教育、"升学"的教育。学生失去了学习的热情、主动性,成为教育的客体,而不是教育的主体。它剥夺了学生进行探索、体验、经历、观察、反思的机会和途径,抑制了学生的积极性和创造性,也磨灭了学生的个性。它带给学

---

① 靖国平:《教育的智慧性格——兼论当代知识教育的变革》,湖北教育出版社 2004 年版,第 253 页。

生的仅仅是片面的发展，使学生成为"单向度的人"，而不是全面发展的人。学生的全面发展目标落空了。杜威对此进行过犀利的批判，并大力倡导进步主义教育。

当代社会的发展要求中小学生不仅具备丰富的理论知识，还要求他们具备解决实际问题的能力，具备"转识成智"的能力。所谓"转识成智"，主要是指人在认识和实践过程之中所达成的主体与客体、主观与客观之间的高度交汇或"主体间性"，尤其是指主体将客观的、外在的知识转化为个体自身的理性智慧、价值智慧和实践智慧的过程。① 而实践是"转识成智"的重要途径和方法。当代人们普遍认为，人的能力比知识更为重要。在当代社会，随着获取知识的渠道越来越多，学校和教师不再是学生获取知识的唯一渠道或者主要渠道，学生可以通过多种途径来获取知识。能力却不是能够从学校和教师那里学来的，能力是不能被直接传递、灌输的，它需要主体在实践中进行培养、锻炼。因而，实践教育成为一种越来越重要、越来越明显的趋势，人们普遍加强了对实践教育的研究。

即便如此，知识教育并非可以就此摒弃了。实践教育倡导学生综合运用所学的知识技能方法来解决实际问题，这为实践教育和知识教育的联系提供了契机。实践教育并非不要理论知识；相反，它非常强调中小学生对理论知识的学习。与知识教育不同的是，实践教育要求结合生活实际问题来学习、运用理论知识。理论知识的功能重点在于"用"，而不仅仅在于"学"。这是实践教育与知识教育最大的不同之处。通过实践教育，学生在知识教育中所学习到的"这些技能就不会仅仅只是运用于单一课程的孤立行为，而逐渐成为学生全部能力的一部分，以便运用于日常生活的各种不同情境中。相应地，学生在学习社会学科中的一些概念是，重要的是这些概念如何能与其他学科领域正在开展的工作联系起来，从而使学生的观点、技能和态度等逐渐统

---

① 靖国平：《教育的智慧性格——兼论当代知识教育的变革》，湖北教育出版社 2004年版，第 131 页。

一起来。"①

我们不能一味地排斥知识教育；相反，我们要看到实践教育自身也具有不少的局限性。首先，单纯强调实践教育，可能导致学生的理论知识学习不够系统。这已经为历史上有些国家的教育实践所证明。例如，在20世纪二三十年代，美国各中小学校在进步主义教育思想的影响下，纷纷改革旧的教育制度和教学方法，过于注重让学生在活动中学习，结果导致不少中小学生的理论知识学习不够系统，教学质量下滑，这遭到很多社会人士的批评。"在进步教育的实践中，一般都把学的活动局限于学生的直接经验，轻视学生对间接经验的学习；片面强调学的活动和学生的主体地位，忽视教的活动和教师的主导作用，从而使教育活动走向了一个极端。"② 其次，实践教育需要更多的资源和条件，如资金、场地、人员、设备等，这对于偏远地区、落后地区的学校来说是很难获得的。最后，实践教育在组织上有一定的难度。它需要精心地开发实践课程，组织实践学习活动，并进行科学的评价学生在实践学习中的表现。这对于不少中小学教师来说是有较大难度的。实践教育组织得不好可能将流于形式，不能起到促进学生发展的作用，反而浪费了教师和学生的时间、精力。因此，实践教育的这些局限有待于通过知识教育来弥补，使之与知识教育密切结合起来，相互配合，共同促进学生的发展。

（三）校内实践与校外实践的关系

从实践的场所来看，中小学生的实践主要划分为校内实践与校外实践。当然，也可把两者分别称为校内实践教育和校外实践教育。

1. 校内实践与校外实践的区别

校内实践是指中小学生在教师的组织下，在学校里开展各种实践活动，以培养实践能力和创新精神。与校外实践活动相比较，校内实践活动具有许多优势。首先，校内实践活动是丰富多彩的。它们包括

---

① ［美］拉尔夫·泰勒：《课程与教学的基本原理》，罗康、张阅译，中国轻工业出版社2008年版，第76页。

② 涂艳国：《教育活动论》，《教育研究与实验》1997年第4期，第12页。

实验、观察、表演、竞赛、展示、制作等。通过这些活动，中小学生可以较好地培养实践能力以及合作协调能力等。其次，校内实践活动具有便利的场所、可以就地取材等优势。学生不必花费交通等费用，也在一定程度上避免了学生人身安全事故的发生。最后，校内实践活动容易得到学校各学科教师及其他教职工的指导和支持。因此，鉴于目前不少学校由于经费不足、强调学生人身安全、校外实践活动平台缺乏等因素，校内实践活动成为大多数学校的主要选择甚至是唯一选择。尽管校内实践活动有这些优势和便利条件，学校也不能以种种理由把学生仅限制在校园之中，不让他们接触和了解社会。否则学生难免要成为"温室里的花朵"，经受不住狂风暴雨的打击。尤其是目前推进研学旅行的背景下，中小学校应克服各种不利因素，积极创造各种机会，开展各种校外实践活动，让学生走出校园，深入社会，了解和探索世界。

校外实践是指中小学生在教师的组织下，走出校园，开展各种社会实践、社会服务、实践探索等活动。与校内实践相比较，它具有独特的价值和优势。首先，校外实践的范围和深度是校内实践所不可比拟的。校外实践活动的范围是整个社会，而不再限于狭小的校园。其活动所涉及的类型、对象是非常广泛、丰富的，例如工厂、政府机关、企事业单位等。"校外实践活动不受教学大纲的限制，没有升学压力，内容广泛，组织形式多种多样且学生又都是自愿学习。"[1] 其次，校外实践更能充分发挥学生的主体作用，有利于培养学生的自主精神。在校外实践活动中，学生需要自己实施活动计划，解决在实践中遇到的问题。在这一过程中，能够培养学生独立自主解决问题的能力。当然，校外实践具有一定的不利之处。例如，校外实践活动需要一定的经费作保障，学生可能发生人身安全事件，活动的组织难度较大，等等。

2. 校内实践与校外实践的联系

校内实践与校外实践并非是完全割裂的，两者有着非常紧密的联

---

① 耿庆堂：《校外实践活动与创新教育》，《现代教育》2011 年第 3 期。

系，主要表现在：首先，两者的目的都是培养学生的实践能力和创新精神，它们对学生的发展具有不同的价值和作用。并非校外实践才是实践教育、素质教育、创新教育。校内实践教育也是实践教育的重要组成部分。其次，校内实践的内容可以延伸至校外实践；反之亦然。不少学校能注意把两者结合起来，使之形成一个有机的整体。目前，人们存在一个认识上、观念上的误区，即认为学生参加校外实践活动才是实践教育，因而对于校内实践活动的探索还不够。这不利于全方位地提高学生的实践能力。

鉴于校内实践与校外实践的紧密联系，我们不能仅强调其中的一个而忽视另一个，而应把两者结合起来，整体规划中小学生的校内实践活动和校外实践活动，从而全面培养学生的实践能力和创新精神。

四　中小学生实践能力的含义、表现标准及发展机制

（一）实践能力的含义与结构

鉴于实践能力是本书的核心概念之一。因此，有必要对中小学生的实践能力的含义及其表现标准、发展机制进行深入梳理与探讨。

1. 实践能力的含义

自从推行素质教育以来，"实践能力"成为我们耳熟能详的词汇。但是对于什么是实践能力，大家恐怕很难回答上来。有不少学者对实践能力的含义进行了探讨。比较典型的观点有如下：

陈树文、陈金美认为，主体实践能力是主体由理性认识向实践过渡的中间环节，是主体能力的重要组成部分，是认识论的一个重要的理论问题。"主体实践能力与认识能力是主体能力巨系统中的两大系统，实践能力揭示主体改造客体的能力，而认识能力则揭示主体反映

客体的能力。"① 这实际上是从哲学意义上来定义实践能力的。

刘磊、傅维利认为，实践能力是"保证个体顺利运用已有知识、技能去解决实际问题所必须具备的那些生理和心理特征。实践能力就是对个体解决问题的进程及方式上直接起稳定的调节控制作用的个体生理和心理特征的总和。"② 这主要是从心理学的角度来说。

辽宁师范大学吴志华教授认为，实践能力是指"个体在生活和工作中解决实际问题的能力，是人的基本生活能力"。③ 该定义主要从生活的角度来定义实践能力。

张琼等认为，应培养学生的"知识型实践能力"。它是指个体运用知识解决实际问题的能力，具体而言，是指个体依据对系统的符号知识以及他人经验的理解与把握，将个体化的内在知识与观念作用于外在环境以解决实际问题时，所表现出来的思维品质与行动能力。其内涵主要包括两个方面：其一，它强调个体解决问题时主要依靠对系统知识的灵活运用，而不仅仅是个体的感性经验或动手操作技能；其二，它强调个体运用知识去解决和应对实际生活问题，而不是学业问题或认知性问题。知识的实际运用能力可看作是"知识型实践能力"的核心内涵。④ 这主要是从知识与实践的关系角度来定义实践能力，强调知识在实践中的作用。

黄志华认为，实践能力是指一切实践活动中所需的能力（包括观察能力、收集信息的能力、表达能力、交往能力、动手能力、实验能力等），不仅仅是动手能力或操作能力。⑤ 这是从综合性角度来定义实践能力，即它是一种综合能力、多元能力、结构化能力。

---

① 陈树文、陈金美：《主体实践能力系统结构初探》，《探索》1992 年第 2 期，第 42 页。

② 刘磊、傅维利：《实践能力：含义、结构及培养对策》，《教育科学》2005 年第 4 期，第 2 页。

③ 吴志华：《个体实践能力的发展及对教育的启示》，《教育科学研究》2006 年第 6 期，第 50 页。

④ 张琼、陈佑清：《"知识型实践能力"及其教育意蕴和培养策略》，《教育发展研究》2010 年第 24 期，第 42 页。

⑤ 黄志华：《培养学生实践能力的哲学思考》，《教学与管理》2011 年第 8 期，第 118 页。

根据以上定义，可以发现人们对实践能力的理解体现出以下特点：

第一，人们常常从哲学、心理学等角度来理解实践能力的含义。即实践能力是人作为实践主体独有的能力；实践能力是个体的生理与心理特征。

第二，实践能力不是单一的能力，而是一种综合能力、结构化能力。实践能力不仅仅指人的动手操作能力，而且还包括交往能力、组织能力等多方面的能力。

第三，实践能力一般与人的认识能力、知识运用联系在一起。实践能力不是与知识、认识无关的东西；相反，知识、认识因素是实践能力的关键因素之一。

第四，实践能力与实际问题的解决相关联。实践能力的大小体现在能否解决人类社会生活中的实际问题上。一般来说，人们往往把实践能力理解为解决实际问题的能力、做事的能力。

第五，实践能力有广义与狭义之分。

笔者认为，我们对实践能力可以理解为：从广义上说，实践能力是相对于人的认识能力而言的，它包括人的操作能力、观察能力、组织能力、管理能力、沟通能力、表达能力等多方面的能力；从狭义上说，实践能力是指人在实践活动中解决实际问题的生理与心理特征。实践能力指向的是解决社会生活实践的真实性问题、应对现实世界的挑战。提高中小学生的实践能力是当前世界各国教育面临的共同课题。实践能力对于当今社会的每个人都是非常重要的，它是我们探索世界、改变世界、改变自身所不可或缺的素质。通过实施实践教育，使每个学生具备较强的实践能力和综合素质，增强学生探索自然、探索社会、探索自身的能力，手脑并用，推动中小学生的全面发展。①

2. 实践能力的结构

从以上对实践能力的含义的分析中，我们知道，实践能力是一种

---

① 曾素林：《实践教育：含义、问题及对策》，《中国人民大学教育学刊》2012 年第 1 期。

综合的能力，它具有一定的结构或系统。不少学者对实践能力的结构进行了探讨。

陈树文、陈金美认为，实践能力系统可以划分为生产能力、生活能力、交往能力、管理能力、传授能力、探索能力六个基本层次。实践能力系统的这六个层次，既相互独立，又相互联系，从生产能力到生活能力、交往能力、管理能力、传授能力再到探索能力。其中，生产能力是最基本的层次，是实践能力系统其他层次的基础，没有它主体就谈不上发展和完善主体的实践能力。正是实践能力系统的六个层次紧密相关、依次递进，才构成了实践能力系统的整体结构。① 这一研究说明，实践能力所包含的各种能力之间不是并列的关系，而是层次递进的关系，它们之间存在密切的联系；同时，在它们之中，有一种能力在实践能力中起基础性的、关键性的作用。

刘磊、傅维利认为，根据各种能力因素在实践活动中的作用领域，可以将实践能力划分为四个基本构成要素：实践动机、一般实践能力因素、专项实践能力因素和情境实践能力因素。② 他们把实践能力细分为若干基本要素，是非常有价值的思路。

辽宁师范大学吴志华教授认为，实践能力构成有四个要素：一般实践能力是个体在实践中的基本生理和心理机能，主要指机体的协调能力、感知觉能力；专项实践能力指个体在解决实际问题中所表现出来的专项技能；分析性实践能力是指在实际问题解决过程中，根据现实情境，有效分析问题、提出解决策略并指导个体的行动，同时对问题解决过程加以监控和评价的能力；实践动机是激发、维持个体实践活动的内在动力，影响个体实践活动的选择和努力程度。③

孟成伟认为，广义的实践能力除动手能力、实际操作能力之外，还应当包括：从实践中获得知识的能力，进行科学实验的能力，与人

① 陈树文、陈金美：《主体实践能力系统结构初探》，《探索》1992 年第 2 期。
② 刘磊、傅维利：《实践能力：含义、结构及培养对策》，《教育科学》2005 年第 4 期，第 3 页。
③ 吴志华：《个体实践能力的发展及对教育的启示》，《教育科学研究》2006 年第 6 期，第 52 页。

合作共事的能力，运用已有知识解决重大理论和实践问题的能力，其核心是发现问题、提出问题、分析问题和解决问题的能力。[①]

从以上研究来看，实践能力主要由一般实践能力和专项实践能力构成。前者指人在实践活动的解决实际问题过程中表现出来的基本生理与心理特征。例如，交往能力、协调能力、观察能力、操作能力等。后者是指人在解决某个特定领域内实际问题的过程中表现出来的生理与心理特征。以地理实践能力为例。地理实践能力是一种专项实践能力，它至少应当包括以下技能和能力：地理观察能力、动手绘制地理图表的能力、操作使用地理仪器测试的能力，进行地理实地观测、野外考察、环境调查、社会访问的能力，地理信息的收集与诠释能力，地理环境条件的分析与预测能力，在地理实践活动中获取地理知识的能力，进行地理科学研究的能力，动用所学地理知识分析问题、解决实际问题的能力等。[②]

（二）中小学生实践能力的表现标准研制及测评

1. 中小学生实践能力的表现标准研制

培养中小学生的实践能力是我国素质教育和基础教育课程改革的核心目标之一。但多年来，这个目标仅仅停留在倡议层面，没有具体化，缺乏可操作性、可行性及可评估性。我们不能明确地衡量中小学生的实践能力是提高了还是降低了，以及该采取什么措施、策略来提高中小学生的实践能力，导致教育改革的成效非常有限。原因在于我们没有把培养实践能力的目标具体化、明确化。因此，我们必须探讨中小学生实践能力的表现标准。该标准可以为课程的编制、实施、评估提供参考，从而为衡量学生的实践能力状况以及采取有效的措施、策略、方法提高学生的实践能力奠定坚实的基础。因而，研制实践能力的表现标准具有非常重要的意义。辽宁师范大学教育学院傅维利教授早在 2005 年就提出倡议，要"编制我国青少年学生实践能力发展水平的评价标准体系"，"以此为基础，按年级制定清晰的分类目标和

---

① 孟成伟：《中学地理实践教育初探》，《新课程学习》2010 年第 2 期，第 71 页。
② 同上。

可供实际操作的评价标准，把培养学生的实践能力作为一种重要的教育目标，并将其落实到每一种教育活动和每一门课程之中。"[①] 但到目前为止，这项工作还没有大的进展。例如，在中国知网上无论以"篇名""主题"还是"关键词"搜索"实践能力标准"，最终只找到 1 篇文献。该文献探讨了目前工科大学生在实践能力方面存在的问题，提出了建立实践能力标准的必要性，叙述了实践能力标准的主要内容、实施途径、考核办法及保障措施。[②] 它研究的是高等教育领域工科大学生的实践能力标准。基础教育领域内实践能力标准的研究仍然没有取得明显的进展。

要研制实践能力的表现标准，首先，我们应了解标准的特点。标准的特点有三个：一是人为性，即标准是人们根据现实需要对某一事物作出的规定。二是可衡量性，即通过一定的途径和方法，该标准是可以测量的。三是可操作性，即该标准是可行的、可以被操作的，否则它是空想、虚构的。另外，由于能力是内隐的、看不见的，它只有在个体完成某项活动或任务、解决实际问题中才能显现出来。因此，实践能力的表现标准、观察指标必须是外显的、可以看见的。

根据实践能力的结构与特点，中小学生的实践能力表现标准可以分为总体表现标准与特定领域的表现标准（或专项实践能力的表现标准）。总体表现标准是指从总体上来说，衡量中小学生在实践能力方面所具备的标准或规格。特定领域的表现标准是指中小学生在语文、数学、科学、物理、地理、化学、外语、艺术、体育与健康等具体学科领域中的实践能力表现标准。

（1）中小学生实践能力总体表现标准研制

鉴于我国地域较广、各地经济、文化、教育等发展水平不均衡等特点，我们需制定不同地区甚至不同学校的中小学生实践能力总体表现标准或特定领域表现标准，不搞"一刀切"，增强中小学生实践能

---

① 傅维利：《培养学生的实践能力：推进素质教育的重点》，《中国教育学刊》2005 年第 12 期，第 4 页。

② 谢勇、胡学龙等：《建立电子信息类大学生实践能力的标准》，《实验室研究与探索》2009 年第 7 期。

力表现标准的科学性、可行性及可操作性。首先，我们可以制定国家层级的中小学生实践能力总体表现标准（和若干特定领域实践能力的表现标准），以起到引领性和示范性的作用。各地区、各学校可以参照该标准，拟定符合自己实际情况的中小学生实践能力总体表现标准。地级、校级的中小学生实践能力总体表现标准可以高于或低于国家级中小学生实践能力总体表现标准，以体现其灵活性和适应性。其次，在该标准所包含的内容上，可根据社会发展的需要、中小学生的身心发展水平拟定若干项要求，例如能否完成某项制作、参与过多长时间的社会服务活动等。最后，该标准应具有层级性、递进性。即不同年级水平的中小学生对应不同的实践能力总体表现标准。例如，可以按照1—6年段、7—9年段、10—12年段三个年段拟定相应的中小学生实践能力总体表现标准。

（2）中小学生特定领域实践能力表现标准研制

中小学生特定领域实践能力表现标准（或称专项实践能力表现标准）的研制应根据特定领域的特点、学生的身心发展特点来制定。下面以语文课程的信息阅读实践能力表现标准的研制为例，来探讨专项实践能力表现标准的研制。①

信息阅读实践能力是指学生在阅读实践中获取、分析、整理信息的个性心理特征。它是信息社会中每个成员必备的能力。根据信息阅读所要达到的目标来分析，由学生的信息阅读实践能力主要由在阅读实践中获取信息的准确性、快速性以及整理、甄别信息的能力、形成自己观点的能力等要素组成。因而，中小学生的信息阅读实践能力表现标准主要有如下几点：

第一，是否能够在阅读中准确、快速地获取信息。信息阅读的主要目的在于获取所需的信息。学生能否准确、快速地获取这些信息，即成为判断学生是否具备良好的信息阅读能力的标准。例如，学生阅读一篇文章，能够准确、迅速找出"谁""什么时间""什么地点"

① 曾素林、刘晶晶：《信息阅读能力：含义、表现标准及培养策略》，《教育研究与实验》2014年第1期。

"什么事件""事件的起因、经过、结果""产品制作的流程""事物的主要特点"等信息，说明该学生具备良好的信息阅读能力。反之，该学生的信息阅读能力较差。在信息社会，学生能够在阅读中准确、快速地获取信息，这具有重要意义。由于现代社会信息内容的丰富性、种类的多样性，它要求学生学会在阅读中准确、快速地获取相关信息，从而使学生掌握新的生存技能。

第二，是否善于对信息进行整理和分类。由于信息的丰富性、弥散性和模糊性，给学生的阅读带来诸多困难或困扰。例如，学生面对大量的信息有时手足无措，不知如何下手；有时收集的信息较为凌乱，缺乏条理；收集的信息不够全面，等等。因而，学生应学会在阅读中善于对信息进行整理和分类，使信息条理化、清晰化，为利用和创新信息提供便利条件。这要求学生掌握对信息进行整理和分类的各种方法。例如，按时间、地域、人物、自然、社会等类别对信息进行整理的方法，还可以按信息的逻辑或者来源等进行整理，等等。善于对信息进行整理和分类，是一项非常重要的技能。它可以帮助学生养成勤于动手、积极思考、思维严谨的良好习惯。

第三，是否善于甄别信息，拒斥虚假和不良信息。由于信息的产生渠道、传播方式多种多样、五花八门，因而，信息具有真伪、好坏之别。这决定了学生在信息阅读中应善于甄别信息，增强拒斥虚假和不良信息的能力。如果仅强调学生阅读和掌握大量的信息，而不强调增强其甄别信息的能力，无异于让学生置身于信息的汪洋大海，却不培养其掌舵、辨别方向的能力，这是非常危险的。"阅读内容的芜杂性使许多读者不能正确辨别和利用网络信息资源，以至于为垃圾信息所误。"[1] 现实中，有不少学生受虚假信息或者不良信息的误导，产生错误的思想和行为，这样的事例层出不穷。因此，我们应让学生掌握甄别信息的方法，增强学生善于甄别信息的能力，使学生走向健康阅读、有效阅读。

---

① 钟惠燕：《网络阅读与中学生信息素养的培养》，《现代教育科学》2009 年第 3 期，第 24 页。

第四，是否善于在信息阅读实践过程中形成自己的观点。在信息阅读实践过程中，面对大量的、多样的信息，要善于对这些信息进行分析，形成自己的观点和见解。否则，学生将在信息海洋中失去自主和自我。"很重要的是要让孩子们有想法，乐于并敢于表达自己的心中所想。而鼓励学生用自己的头脑和心灵去思考，用他们自己的语言去表达更是重中之重。重视每一个学生学习过程中得到的点滴思考与收获，鼓励他们把自己真实的想法和意见用自己的语言和表述方式进行表达。"[1] 让学生在信息阅读实践中形成自己的观点，关键在于学生能准确分析信息，教师能创造条件让学生相互交流在阅读中获得的知识、信息，加深对信息的认识。能在信息阅读实践中形成自己的观点，这孕育着学生对信息进行创新的力量，激发着学生学习的信心和乐趣，从而实现我们的教育目标。

值得注意的是，以上仅为中小学生信息阅读能力表现的基本标准，各学校在实践中根据自身的情况还应对其进行细化和深化，根据不同年级学生的身心发展状况提出不同的要求。

根据这个例子来看，专项实践能力表现标准的研制过程为：首先，应充分分析该专项实践能力的基本要素，每项实践能力是由若干基本要素组成的。其次，对该基本要素设定评判标准。最后，在实践中还应根据本校学生的实际情况对其进行细化和深化，针对不同班级的学生提出不同的要求。

2. 中小学生实践能力的测评

根据中小学生的实践能力的表现标准，我们可以制定更加具体、更加具备可操作性的实践能力测评表，以对学生的实践能力发展状况作出科学的、合理的评价。

（1）中小学生实践能力测评表的制作

中小学生实践能力测评表的制作是非常重要的，它是使中小学生实践能力走向可评估化、可操作化的最切实的一步。它的制作必须遵

---

① 付宜红：《时代呼唤怎样的语文能力：从日本 2005 年语文改革新思路谈起》，《语文教学通讯·小学刊》2006 年第 5 期，第 14 页。

循以下要求：

第一，它必须根据中小学生实践能力的表现标准来制定。因此，在制定中小学生实践能力测评表之前，首先应确定中小学生实践能力的表现标准。

第二，可以制定中小学的一般实践能力测评表与专项实践能力测评表两种。这是根据实践能力的结构来制定的。

第三，可以分年级制定不同的实践能力测评表，因为不同年级的学生具备的实践能力有所差异。

第四，测评表由具体的、可见的观察指标组成，因为实践能力是外显的，通过可见的观察指标才能测量中小学生的实践能力的具体发展水平。

第五，可以根据实际需要对各个观察指标合理赋值。这样可以对学生的实践能力进行打分、量化、评级。

（2）中小学生实践能力测评表的应用

在应用中小学生实践能力测评表时，应注意以下几点：

第一，在测评之前应对测评人员进行培训。通过培训，以使测评人员了解中小学生实践能力的含义、特点及意义，熟练掌握评价标准和测评要求。

第二，在测评过程中测评人员应认真观察、分析学生在实践活动中的表现，从而给学生合理的评价，并公正对待每个学生。

第三，在测评结束后测评人员应及时对测评结果进行分析，有错误的地方应及时更正，并把测评结果及时反馈给学生。

（三）中小学生实践能力的发展过程与机制

任何一种能力的发展都有其独特的过程。我们应厘清这一过程，并从中发现培养学生的实践能力的发展规律和机制，从而为提高学生的实践能力拟定科学的方法和举措。

1. 中小学生实践能力的发展过程

国内有些学者对中小学生实践能力的发展过程进行过探索。例如，辽宁师范大学基础教育课程研究中心吴志华教授认为，实践能力是一个由低到高、不断发展的过程。与认知能力相比，实践能力更难以界定和测量,也很难在现有技术层面上找到评价依据,但它可以通过主体活动的结果反映出来,即学生完成的实践活动越复杂,效率越高,说明他们的实践能力发展的水平越高。依据实践活动的特点和水平的高低,我们可以把实践能力发展分成四个时期:形成期(起点)、成长期、快速发展期和成熟期。[①] 笔者认为,结合该研究可知,一般来说,人的实践能力发展可以分为五个时期:形成期、成长期、快速发展期、成熟期和衰退期。中小学生实践能力的发展阶段一般处于前4个时期。从中小学生的实践能力发展过程来看,它体现出如下几个特点。

(1)实践能力的培养受学生的身心发展水平所制约

从实践能力的发展过程可知,中小学生的实践能力受其当时的身心发展水平所限制。因此,中小学生实践能力的表现标准的研制、评价应体现这一要求。不能随意修改、提高或降低中小学生实践能力的标准。否则只能是"揠苗助长"或者抑制学生实践能力的发展。

(2)任何能力的发展离不开理论知识的学习

随着中小学生掌握越来越多的理论知识,他们的实践能力会越来越强。因此,在强调培养中小学生的实践能力的同时,应注意让他们掌握相应的理论知识。那种离开理论知识来提高中小学生实践能力的做法或者想法是行不通的。

(3)任何能力的培养都是在活动中培养的

从实践能力的发展过程可知,随着中小学生参与实践活动越来越多,实践活动的范围越来越广泛,他们的实践能力也将越来越强。因此,应组织中小学生参加广泛的实践活动,使他们在不断的实践中提高实践能力。

2. 中小学生的实践能力的发展机制

任何事物的发展具有一定的机制。中小学生的实践能力的发展亦如此。所谓机制,原指物理学意义上机器的构造和运行原理,现在该

---

① 吴志华:《个体实践能力的发展及对教育的启示》,《教育科学研究》2006 年第 6 期,第 50 页。

概念被广泛运用于生物学、社会学等学科，是指事物各个组成部分之间的关系及其发展变化的规律。所谓发展机制，是指某事物或现象发展变化的原理或规律。

根据中小学生实践能力的内在结构可知，其发展机制可相应分为一般实践能力的发展机制以及专项实践能力的发展机制两个层次。下面对实践能力的这两个层次的发展机制作简要探讨。

（1）一般实践能力的发展机制

吴志华教授对中小学生一般实践能力的发展机制进行了研究。吴志华教授认为，实践能力是在人参加各种实践活动的过程中发展起来的，但应注意，不是任何的实践活动都能有效促进学生实践能力的发展，它取决于实践活动是否需要解决问题以及该问题的复杂程度。学生实践能力发展的机制可以概括为：当主体原有的实践能力水平不能承担该实践活动的内容和要求时，主体需要作出更高级的回应，并成功应对了该实践活动，这时主体的实践能力就实现了从现阶段向更高阶段的发展。因此，一般实践能力发展的前提是主体水平与实践活动的任务目标目前之间存在差距，并产生问题。解决该问题的过程就是主体不断消除差距、克服障碍的过程；没有"真实而恰当的问题"，就不能对主体的实践能力提出更高的要求，也就不能促进其实践能力的发展。吴志华教授还认为，维果茨基的"最近发展区"理论也可以说明学生实践能力的发展机制。[①] 从吴志华教授的研究可以看出，学生实践能力的发展主要受两个因素的制约：一是是否存在真实而恰当的问题，即没有问题即没有学生的发展，仅仅是原地踏步或者机械模仿、为活动而活动；二是该问题应处于学生的"最近发展区"。"教育经验想要引起的反应是在学生力所能及的范围之内。也就是说，这些经验应适合于学生目前的成就水平、心理倾向等。"[②] 问题的难度或水平低于学生的"最近发展区"的下位边界，对学生则没有挑战性，

---

① 吴志华：《"问题解决"的实践活动模式思考》，《中国教育学刊》2007 年第 9 期。

② ［美］拉尔夫·泰勒：《课程与教学的基本原理》，罗康、张阅译，中国轻工业出版社 2008 年版，第 58 页。

学生不能全身心参与，他们的实践能力得不到提高；问题的难度或水平高于学生的"最近发展区"的上位边界，则超出了学生的身心发展水平，学生无法理解或者解决该问题，他们的实践能力也不能得到提高。

笔者认为，吴志华教授的这一研究较为恰当地揭示了普遍意义的实践能力发展机制，但没有说明专项实践能力的发展机制。

（2）专项实践能力的发展机制

总体来说，一般实践能力的发展机制适用于专项实践能力的发展机制，但后者也有自己显著的特点。下面同样以语文课程的信息阅读实践能力的培养为例，来说明专项实践能力的发展机制。

综合各方面的因素，我们可以采取以下措施来提高信息阅读实践能力。①

第一，在教学中有意识地培养学生的信息阅读实践能力。学生不会自然而然地获得信息阅读实践能力。他们不容易习得信息阅读的相关技能，例如，自我监控、预测、质疑、概括、激活先前知识等。②我们身边遍布各种试图传递自然世界与社会世界信息的文本，这取决于我们是否有能力去理解它们。然而，许多人对此却存在困难。③ 因此，这需要教师的正确引导和培养。教师可以根据学校制定的信息阅读实践能力表现标准，积极探索信息阅读教学的方法，在语文教学中有意识地、有计划地、系统地培养学生的信息阅读能力。教师可以采取的方法措施有很多。例如，教师可以设置"课前五分钟信息播报"等活动，引导学生读书看报，关注新闻时事和社会动态，掌握大量信息。再如，教师在教学中设置必要的信息问题，引导学生准确、快速地获取信息，掌握整理、分析信息的方法，训练学生学会甄别信息，

---

① 曾素林、刘晶晶：《信息阅读能力：含义、表现标准及培养策略》，《教育研究与实验》2014 年第 1 期。

② Mary Lee Bass and Deborah Gee Woo, *Comprehension Windows Strategy：A Comprehension Strategy and Prop for Reading and Writing Informational Text*, The Reading Teacher, Vol. 61, No. 7, 2008, p. 571.

③ Nell K. Duke, *The Case for Informational Text*, Education Leadership, 2004（3）, p. 40.

鼓励他们在信息阅读中大胆表达自己的观点与见解。另外，教师应特别重视指导学生掌握网络阅读的方法。"网络阅读是一种基于网络的阅读方式，主要是以多媒体技术、网络技术为中介，以电脑上所传递的数字化信息为阅读对象，通过人机交互来交流并获取读者所需要的包括文本在内的多媒体信息的行为。"[①] 在学生通过互联网检索、分析、整理、利用、创新信息的实践活动中，培养学生的信息阅读实践能力。

第二，在语文教材中逐年级适当增加信息文本的比例。信息文本主要是指说明文、新闻消息、广告、科技论文、调查报告、应用文等文体。在我国现有的中小学语文教材中，信息文本所占的比例不高。这与我们的现实社会生活有些脱节。我们在日常实际生活中更多接触到的是信息文本。因此，语文教材应与我们的现实生活相适应，逐年级适当增加信息文本的比例，给学生提供大量接触信息文本的机会。目前，很多高中生升入大学或者就业后，遇到了较大的困难。因为他们在大学里或工作场所接触到的大多是信息文本，例如，学术文献、工作报告、各种分析等。他们在中学阶段却较少接触到这些信息文本。国际上，有不少国家已经认识到这一不足，并采取措施着手改变。例如，2008 年，美国国家评估管理委员会提出，从学前班至 4 年级，文学类阅读题材与信息类阅读题材各占 50%；从 5—8 年级，信息类阅读题材占 55%，文学类阅读题材下降为 45%；从 9—12 年级，信息类阅读题材占 70%，文学类题材下降至 30%。[②] 这给了我们很好的启示，即应在语文教学中给学生提供适当的信息类文本阅读的机会，提高学生的信息获取与分析能力，使学生在未来的国际竞争中立于不败之地。

第三，结合"语文综合性学习"开展信息阅读主题活动。"综合性学习"是语文学习的重要组成部分，是沟通语文课堂教学与课外活动的重要纽带。它为学生的语文学习提供了重要的平台。教师可

---

① 钟惠燕：《网络阅读与中学生信息素养的培养》，《现代教育科学》2009 年第 3 期，第 24 页。

② National Assessment Governing Board，*Reading framework for the* 2009 *National Assessment of Educational Progress*，Washington，DC：U. S. Government Printing Office，2008.

以结合"语文综合性学习",指导学生独立或者通过团队合作的方式,就某一主题收集、分析、整理有关信息。"所谓主题性语文教学活动设计,就是呈现一个需要学习探究的主题,让学生围绕这个主题内容展开各种必要的语文学习活动,它可使主题范围向一定深度和广度扩展,可以涉及多种语篇类型,充分展现语言的多种表达形式,培养多方面的语文能力。"① 学生在阅读和分析有关主题的信息后,"可以通过口头的或者书面的方式,作为某一方面的信息专家与他人创造和分享有关的信息。"② 在这一过程中,教师可以根据学生的信息阅读实践能力表现标准,对学生的信息阅读活动表现进行评价、总结。

第四,在考试评价中加强对信息阅读实践能力的考察。考试评价对语文教学能起到导向和引领作用。可以在语文的考试评价中,根据信息阅读实践能力的表现标准,加强对信息阅读实践能力的考察,巧妙地设计相关的信息问题,从而引导教师组织信息阅读教学,引导学生加强重视培养信息阅读实践能力。目前,考题的信息化、标准化是命题的主要趋向之一。例如,"在 PISA 的模拟试题中,我们也不难发现,用图表呈现的题目占绝大部分,无论是阅读、科学还是数学本身,都离不开这种最自然、直接又有效的表达方式","读懂数学图表信息是未来社会公民发展所不可或缺的主要能力之一"。③ 这启示我们,应促使学生多接触信息文本,掌握信息阅读、信息分析的方法,以提高学生的国际竞争力。此外,鉴于"文本的体裁对评价具有重要的影响"④,我们在考试评价中,还应注意考查学生对不同体裁的信息文本的掌握程度。

---

① 郑宇:《语文能力与语文教材》,《课程·教材·教法》2002 年第 5 期,第 33 页。

② Mary Lee Bass and Deborah Gee Woo, *Comprehension Windows Strategy: A Comprehension Strategy and Prop for Reading and Writing Informational Text*, The Reading Teacher, Vol. 61, No. 7, 2008, p. 575.

③ 唐瑞源、曲晶:《提高学生数学图表信息阅读能力的策略谈》,《上海教育科研》2012 年第 1 期,第 83 页。

④ Halliday, M. and Hasan, R., *Language, Context and Text: Aspects of Language in a Social-Semiotic Perspective*, New York: Oxford University Press, 1985.

　　从以上语文课程的信息阅读实践能力培养的例子来看，专项实践能力的发展或培养机制除了应遵循一般实践能力的发展机制，还应通过特定领域的理论知识教学、从事特定领域的实践活动、解决特定领域的实际问题和加强专项实践能力的评价考核等方面进行着手。

第二章　我国实践教育的历史
进展与现状调查

实践教育不是现在才产生的，而是自人类开展教育活动以来就已经存在。在我国教育史上，有许多教育家非常重视实践活动的教育价值，他们倡导通过实践活动促进人的发展。今天，我国教育界开始重新认识到实践教育的价值，中小学校开始实施综合实践活动等课程。本章将简要梳理我国实践教育的历史发展，并对目前我国中小学实践教育的现状进行分析，以较为全面了解我国中小学实践教育的总体面貌。

一　我国实践教育的历史进展

下面将从古代、近现代和当代三个历史阶段简要分析我国实践教育的历史发展状况。

（一）我国古代实践教育（1840 年以前）

我国古代有许多有识之士倡导实践教育，并探讨知行关系。例如，在春秋战国时期，孔子就提出"博学之、审问之、慎思之、明辨之、笃行之"的重要思想。该思想以"学"为始，以"行"为终，把"行"作为"学"的落脚点与归宿点。但孔子的思想基本上是重视"学"，对"行"重视还不够。例如《论语》中记载的"樊迟请学稼"的故事很能反映这一点。

樊迟请学稼，子曰："吾不如老农。"请学为圃，曰："吾不如老圃。"

　　樊迟出。子曰："小人哉，樊须也！上好礼，则民莫敢不敬；上好义，则民莫敢不服；上好信，则民莫敢不用情。夫如是，则四方之民襁负其子而至矣，焉用稼?"①

　　樊迟想向孔子学习如何种植庄稼和蔬菜，却被孔子骂为"小人"。孔子的思想中存在的轻视社会劳动的倾向给后世带来了深远的消极影响。该时代另一位重要的思想家墨翟出身卑贱，生活俭朴，他非常重视劳动实践，提出："食不可不务也，地不可不力也，用不可不节也"②，"士虽有学，而行为本焉"③，要求学生掌握生产、自然科学、军事科学技术等知识，目的是使他们具备"各从事其所能"的实际本领，反对"坐而论道""学而不用"。"墨家对行的理解与儒家有很大歧异，其内涵广泛得多，也有价值得多。"④ 因此，墨子的教育思想中有许多可取之处，例如对生产知识、自然知识的重视，对实践的强调等，都值得我们大力发扬。而以往我们对墨子重视实践的思想认识还不够深入。

　　汉代的扬雄，宋代的朱熹，明代的王守仁、王廷相，清代的黄宗羲、王夫之、颜元等也都积极倡导实践教育。汉代扬雄提出："学，行之，上也；言之，次也；教人，又其次也；咸无焉，为众人。"⑤ 扬雄非常重视实践的价值。在他看来，学习各种知识，并在实践中运用这些知识，这是非常好的做法。这说明，扬雄认为实践是非常重要的，离开实践，学习知识的价值将要降低。宋代朱熹强调"力行"，把行看成是认识的目的，提出"知行常相须，如目无足不行，足无目不见。论先后，知为先；论轻重，行为重"⑥，"夫学问岂以他求，不

---

① 《论语·子路》。
② 《墨子·七患》。
③ 《墨子·修身》。
④ 孙培青主编：《中国教育史》，华东师范大学出版社2000年版，第64—67页。
⑤ 扬雄：《学行》，转引自孟承宪主编《中国古代教育文选》，人民教育出版社1985年版，第171页。
⑥ 《朱子语类·卷九》。

过欲明此理，而力行之耳"，"故圣贤教人，必以穷理为先，而力行以终之"。① 所谓"力行"，即要求把所学习的知识转化为实际行动，解决实际问题。他反对知而不行，或者不知而行，认识到行对知的检验作用。朱熹的这些观点，在古代社会无疑是非常具有前瞻性和远见性的。此外，南宋著名爱国诗人陆游一生坚持文学创作，写下了许多著名的诗篇，他提出"纸上得来终觉浅，绝知此事要躬行"②，即陆游认为，从书本上学习来的知识终究是浅显的，只有通过自己的亲身实践探究活动才能了解事物的本质规律。他以此教育其子女不能仅仅只学习书本知识，而应注意通过实践、运用的方法获得真知。这给我们非常好的启示。

明代中叶，王守仁、王廷相等是当时著名的思想家、教育家。王守仁十分重视实践在人的发展中的重要作用，提出"知行之为合一并进""知之真切笃实处，即是行，行之明觉精察处，即是知，知行功夫，本不可离""真知即所以为性，不行不足谓之知"③ 等命题，给后世带来了深远的影响。他强调学习知识与行动实践可以相互促进；应把学习知识与在实践中运用知识有机统一起来，而不能把两者分离开来；如果不在实践中运用这些知识，就不能说我们已经掌握了它们。王廷相概括了人获得知识的过程，即由感知而获得对外界事物的初步认识，然后由人的思维加工这些初步认识，从而产生知识；强调实践出真知，"讲得一事即行一事，行得一事即知一事，所谓真知矣"。④ 他提倡人们通过"观物""察验"等方法获得真实的知识，这在我国教育史上具有非常积极的意义。

明末清初，黄宗羲是一位伟大的思想家，同时也是一位著名的教育家。他深刻批判了科举制度的危害，积极向学生传授数学、天文、地理等自然科学知识，主张通过躬身实践以获得知识，学习要与社会

---

① 《朱文公文集·卷五十四》。
② 参见南宋著名诗人陆游的教子诗《冬夜读书示子聿》。全诗为：古人学问无遗力，少壮功夫老始成。纸上得来终觉浅，绝知此事要躬行。"子聿"是陆游的小儿子。
③ 孟承宪主编：《中国古代教育文选》，人民教育出版社1985年版，第293页。
④ 《家藏集·与薛君采二首之二》。

现实生活的需要结合起来。针对当时的各种学者严重脱离实际的文风，他提出"道无定体，学贵适用"① 的观点，强调学以致用、联系生活实际。同时代另外一位著名教育家王夫之十分重视教育在人的发展中所起到的重要作用，强调力行，认为在学、问、思、辨、行五者之中，"行"是最重要的；"行"不仅有验证道德知识真假的功效，更为重要的是，"行"还是衡量道德心的标准，如果"知而不复行"，则非真有"大公之心"。因此，他极力主张应把道德知识转化为实际行动。清代初期，著名教育家颜元毕生从事教育活动。他严厉批判了脱离实际的传统教育及科举制度，主张学校应培养"实才实德之士"，提出"真学""实学"的教育观点，他开设了广泛的课程门类，这些课程除了经、史、礼、乐等知识之外，还包括诸多门类的自然科技知识、各种军事知识和技能等内容，实行分科教学，已初步具备近代课程制度的特点，在当时是非常先进的。他强调了"习行"的教学方法，强调在教学过程中要联系实际，坚持在实践中学习。他一生不脱离农业生产劳动，非常重视劳动在培育人才中的作用和向学生传授农业生产知识。颜元的这些教育主张及其实践，给当时脱离社会生活实际的传统教育吹进了一股清新之风。② 颜元积极吸收了我国以往实践教育思想的有益精华，并对近代实践教育的发展起到了重要的引领和开创作用。

在我国古代，体现实践教育思想的还包括如下一些例子。

不登高山，不知天之高也；不临深溪，不知地之厚也。③

不闻不若闻之，闻之不若见之，见之不若知之，知之不若行之，学至于行而止矣。④

从这些事例和言论来看，我国古代有不少学者和文人是非常重视

---

① 黄宗羲：《黄梨洲文集》，中华书局1959年版，第77页。
② 孙培青主编：《中国教育史》，华东师范大学出版社2000年版，第274—281页。
③ 《荀子·劝学》。
④ 《荀子·儒效》。

实践教育的。他们中有不少人能身体力行，以身示范，通过实践获得对社会、自然世界的认识，同时也锤炼了自己的意志，陶冶了情感，表现了对自然、对普通劳动人民的亲近之情。他们的观点对我们今天研究实践教育、实施实践教育提供了宝贵的启示，拓展了我们的思路，增强了我们把实践教育推向前进的信心和勇气。

但是，我国古代在长期的历史阶段中，总体上说走的是一条"书本至上""重知轻行"的道路。我国自汉代"独尊儒术"特别是隋唐时期实行"科举制"以后，儒生们基本上把课业、书本作为唯一的事务，推崇"万般皆下品，唯有读书高""书中自有黄金屋，书中自有颜如玉"等价值观。古代中国学校以培养"书生"为教育目的，以研读儒家经典"四书""五经"为课程，基本上忽视实践教育和实践课程，学生缺乏了解社会情况、培养实践能力和创新精神的途径，这造就了不计其数的"书呆子"。他们的显著特点是"手无缚鸡之力"，整天只会"摇头晃脑吟诗书""纸上谈兵""坐而论道"和"清谈"。这实际是我国古代教育的一种片面发展和畸形发展，是对学生的身心的摧残和折磨。这段历史至今还给我们留下严重的不良影响，"应试教育"的风气仍然非常浓厚，成为我们挥之不去的阴影，它以强大的惯性阻碍着我国当代教育改革的推进。

（二）我国近现代实践教育（1840—1949 年）

自鸦片战争以来，国家的积贫积弱、任人欺凌的落后状况引起了国人的深刻反省，我国的先行者认识到书本教育的巨大危害性，他们纷纷要求对我国学校教育进行改革，使教育联系现实、贴近生活，讲求实用性、实践性，以适应时代发展的需要，改变我国学校教育严重缺乏实践性的面貌。这给我国近代教育带来一股清新的空气，极大地冲击了旧教育制度，给人们的教育思想带来巨大的变革。

这一时期可以以 1919 年五四运动为界限分为两个阶段。

1. 1840—1919 年

在这一阶段，主要以洋务运动的开展为契机，引进和学习西方先进的科学技术，培养洋务人才，我国创办了许多新式学校，引进了实践教育制度和实践教学形式。京师同文馆和福建船政学堂是我国当时实施实践教育的典型代表。京师同文馆于 1862 年成立，它是我国近代洋务学堂的开端，最初它是作为外语学校设立的，后来逐渐扩大了课程范围，相继开设了化学、生理学、医学等课程。1876 年，京师同文馆设立了化学实验室及博物馆，1888 年又设立了天文台及物理实验室，实验课程在许多专业全面开设，它成为我国实验教学的先河和我国近代教育的开端。福建船政学堂亦称为"福州船政学堂"等，它由闽浙总督左宗棠于 1866 年奏请创办，是清代洋务学堂中开办时间最长的一所，是我国近代海军人才的摇篮。它的课程包括外语、数学、化学等基础课程以及各专业相关的科学技术课程，完全不同于传统教育中的经史等教学内容。其学校每一任负责人都非常重视理论联系实际，对学生开展实践教育，实践教育课程在其整个课程体系中占优势地位。它每年都安排出 2—6 个月让学生参加见习、游历等各种实践活动。在校学习三年后，有两年或两年以上时间安排学生在工厂实习或在船上练船。[①] 作为一种教育改革的大胆尝试，这些新式学校的实践教育成为我国教育走向近代化的标志之一，最大限度地革除了我国传统教育中过于注重书本知识、不关心社会现实等弊端，给后世带来了深远的影响。

2. 1919—1949 年

五四运动之后，更多的中小学校引入了实践教育的措施，例如，建立实验室，设立手工、家政等课程。这进一步促进了实践教育在我国的发展。1919 年，杜威来我国讲学，在胡适等的大力宣传下，我国一些学校引进并实验了"设计教学法""道尔顿制"。

许多提倡实践教育的教育运动或实验在这段时期内产生。例如，陶行知倡导"生活教育"，提出"生活即教育""社会即学校"及"教学做合一"的生活教育理论。他从批判旧教育入手，希望创造中国的新教育。他要求中小学生在生活实践中获得教育，反对把学生培养成为无用的"书呆子"，提倡学生积极参加社会实践，"教学做合

---

① 张庆守：《实践教育的历史反思与现行改革对策》，《闽江学院学报》2010 年第 7 期，第 92 页。

一"，提出"我们要解放小孩子的空间，让他们去接触大自然中的花草、树木、青山、绿水、日月、星辰以及大社会中之士、农、工、商、三教九流，自由地对社会发问，与万物为友，并且向中外古今三百六十行学习。"① 陶行知的这些教育思想及实践为我国教育带了持续不断的影响，启示我们应使教育密切联系社会现实生活，而不能脱离生活实践。

再如，陈鹤琴倡导"活教育"，认为当时的学校已成了"知识的牢狱"，把人困在六寸高、八寸阔的书本世界中，以学校、书本知识和课堂为中心，忽视儿童生活和主体性，提倡应到大自然、大社会中去寻找"活教材"，即让儿童在与自然、社会的直接接触中，在亲身观察中获取经验与知识。如给孩子讲鱼，就要让他看到真正的鱼，观察鱼的呼吸、游动，甚至解剖鱼体，研究鱼的各部。"活教育"的课程打破惯常按学科组织的体系，采取活动中心和活动单元的形式——"五指活动"，即儿童健康活动（包括卫生、体育、营养等）、儿童社会活动（包括史地、公民、时事等）、儿童科学活动（包括生、数、理、化、地等）、儿童艺术活动（包括音、美、工等）和儿童文学活动（包括读、写、说、译等）。按"五指活动"的设想，儿童活动代替课程教学成为学校教育的基本形式，它追求的是儿童的完整生活。② 可以说，从今天的观点来看，陈鹤琴的教育理论及实践蕴含着丰富的实践教育理念，非常值得我们进行深入研究。

又如，以黄炎培为代表的职业教育思潮及其实践。作为我国近代职业教育实践及理论的创始人，黄炎培致力于改革我国脱离社会生活和生产的传统教育，倡导和创办能够改变我国普通民众生活境遇的职业教育。他提倡建立一种融教育与职业为一体的新教育形式，以解决当时中国人严重的生计和失业问题。他说："用教育方法，使人人依其个性，获得生活的供给，发展其能力，同时尽其对群之义务，此种

---

① 中央教育科学研究所主编：《陶行知教育文选》，教育科学出版社 1981 年版，第 308 页。

② 孙培青主编：《中国教育史》，华东师范大学出版社 2000 年版，第 462—467 页。

教育名曰职业教育。"① 他根据职业教育的实际特点并借鉴以往教育的经验，非常重视实践学习的价值，提出"手脑并用""做学合一""理论与实际并行""知识与技能并重"等主张，把它们作为职业教育教学工作必须坚持的原则，要求在教学工作的每一个环节上都努力联系实际。② 黄炎培的这些主张虽然是针对职业教育而提出的，但说明他在当时已经认识到我国教育中存在的理论与实践相脱节的问题。同时，他的这些主张对于我们今天培养学生的实践能力以及发展职业教育具有很高的参考价值。

另外，还有晏阳初倡导的平民教育运动和梁漱溟倡导的乡村教育运动等。他们均提倡学生应融入生活实践之中，提倡学生动手实践，解决实际问题。当时的全国教育联合会曾制定了《民治教育设施标准案》，对学生的活动进行了规定。如注重自学；练习公民自治；发展生活知能；练习服务社会；注重体育；研究学术，扩充创造力。③ 这些教育运动均要求学校教育应关注学生的生活，应让学生广泛参加实践活动，发展学生的实践能力。

在此期间，在中国共产党领导下的苏维埃根据地、抗日根据地、解放区各中小学校鉴于当时的实际条件以及培养目标，大都采用"手脑并用"的教育方式，非常重视生产劳动教育，让学生把脑力劳动与体力劳动结合起来；教学内容上注意紧密联系当时当地的生活和生产实际，把劳动列入课程计划，以培养学生的劳动观念和劳动技能。这为新中国成立后我国实施实践教育积累了宝贵的经验。

（三）我国当代实践教育（1949 年至今）

这一时期可以分为四个阶段。

1. 1949—1966 年

新中国成立后，在"教育与生产劳动相结合"的教育方针的指导下，劳动课、劳技课被正式列入我国中小学的课程。从今天观点来

---

① 黄炎培：《河车记·断肠集》，生活书店 1936 年版，第 46 页。
② 孙培青：《中国教育史》，华东师范大学出版社 2000 年版，第 457—462 页。
③ 吴惠青、周晓燕：《我国活动教育的回顾与展望》，《浙江师范大学学报》（社会科学版）2002 年第 6 期，第 96 页。

看，劳动课或劳技课是一种实践课程，它的目的是让学生掌握生产劳动的知识和技能，培养学生勤于动手、勤于劳动的习惯。我国中小学的各项课外活动还被列为学校的教学计划中的有机组成部分。教育行政部门以教育法规的形式，确定了开展课外活动的目的、地位、内容和方法。

例如，1955 年 9 月，教育部下达《"关于小学课外活动的规定"的通知》，对小学开展课外活动的内容、形式、方法乃至时间都作了具体规定。通知中明确指出："开展课外活动是为了'配合'小学教学计划……以使课堂教学的成果巩固和扩大，并使智育、德育、体育、美育和基本生产技术教育充分地获得全面发展。"

由于教育行政部门的重视，广大中小学对开展丰富多彩的课外活动意义认识的逐步提高，使我国"文化大革命"前中小学的课外活动实践一直向着平稳、健康的方向发展。[①] 因此，在这一阶段，中小学实践教育首次在全国范围内开始得到实施，这具有重大的意义。但在这一阶段中，人们普遍把实践教育偏重于理解为让学生参加生产劳动、体力劳动或者革命斗争实践，忽视其他方面的内容，为后来"文化大革命"中知识青年"上山下乡"、取消学校教育、以生产劳动代替学校教育的极端现象的出现埋下了隐患。

2. 1966—1976 年

"文化大革命"期间，在广大知识分子被打倒、知识青年"上山下乡"的背景下，社会上充斥着轻视知识、轻视教育的不良风气，生产劳动、阶级斗争备受推崇，当时的实践教育走向了极端。实践教育完全被生产劳动、阶级斗争取代，学校教育遭到严重干扰和破坏。学生的实践活动脱离了正确的轨道，偏离了正确的方向，破坏了人才培养的基本规律，给国家和社会造成巨大的损失。这给了我们极大的教训，即在处理知识与实践的关系、知识教育与实践教育的关系过程中，一定要注意二者的平衡，绝不能强调其中一个而忽视另外一个。

---

① 吴惠青、周晓燕：《我国活动教育的回顾与展望》，《浙江师范大学学报》（社会科学版）2002 年第 6 期。

我们应谨记这一教训。

　　3. 1976—1999 年

　　随着"文化大革命"的结束、党的十一届三中全会的召开，我国开始拨乱反正，推行改革开放，发展经济，基础教育重新回到应有的轨道。在"尊重知识、尊重科学"等氛围下，为迅速恢复生产、发展经济，我国恢复了高考制度，并设立了重点学校制度，"高考""考试"成为教育的"指挥棒"，学习成绩被提到无以复加的地位。"学好数理化，走遍天下都不怕。"考试科目、学科课程在学校课程体系处于中心地位，实践课程、活动课程处于可有可无的地位。因此，在这一时期，"应试教育"的风气开始滋长并蔓延，实践教育受到严重忽视。中小学校过于强调学生的成绩排名以及升学率，中小学生的学业负担过重，他们的实践能力较弱，缺乏创新精神和社会责任感。"我们的青少年一代劳动观念的淡薄，尤其不愿意做一名普通劳动者。而且，今天的家庭与学校也往往忽视劳动教育。"① 这给我国社会经济的发展带来非常严重的不良影响。

　　此外，班级教学的弊端日益暴露，学生学习的主动性和独立性受到限制，难以适应学生的个别差异，也难以培养学生的创造能力和实际操作能力。课堂教学的单一化、程式化、划一性和滞后性成为人们所严厉批判的对象，改革班级教学的呼声日益高涨。人们在改革班级教学的同时，也寄希望通过课外活动（又称"第二课堂""第二渠道"）来弥补课堂教学的缺陷。② 人们希望改变这一状况，以推动中小学生的全面发展。

　　在此背景下，1992 年，国家教委在《九年义务教育全日制小学、初级中学课程方案（试行）》中正式把"活动"列入中小学课程计划中。该"活动"包括晨会（夕会）、班团队活动、体育活动、科技文体活动、社会实践活动和校传统活动等，并要求各项活动都要结合其

---

　　① 王道俊、郭文安主编：《教育学》，人民教育出版社 2009 年版，第 102 页。
　　② 李定仁、徐继存主编：《教学论研究二十年》，人民教育出版社 2001 年版，第 408页。

特点，发挥学生的主动性和创造性，使学生受到政治、思想、道德教育，开阔视野，动手动脑，增长才干，发展志趣和特长，丰富精神生活，增进身心健康。它为当时受应试教育氛围所笼罩的基础教育带来一股新鲜的空气，也为 2001 年我国新一轮基础教育课程改革中在小学至高中设置综合实践活动课程打下了一定的基础。

4. 1999 年至今

为了对我国的教育体制进行改革，消除"应试教育"的不良影响，促进中小学生的全面发展，培养学生的综合素质，自 1999 年开始，我国公布了一系列的重大教育政策文件。它们普遍要求加强中小学生的实践教育，培养学生的实践能力和创新精神。

1999 年，中共中央、国务院出台了《全面深化教育改革，全面推进素质教育的决定》（中发〔1999〕9 号）。它为我国推进素质教育进行了全面的规划，要求大力培养学生的实践能力和创新精神，提高中小学生的综合素质，为我国中小学实践教育的全面实施提供了良好的制度条件。2001 年 5 月，国务院出台了《关于基础教育改革与发展的决定》（国发〔2001〕21 号），它提出：丰富多彩的教育活动和社会实践活动是我国中小学德育的重要载体。小学阶段应以生动活泼的课内外教育教学活动为主，中学阶段要加强社会实践的环节。中小学校要设置多种服务岗位，使学生获得实践锻炼的机会。要将青少年校外活动场所建设纳入社区建设规划。各地要多渠道筹集资金，建设一批青少年学生活动场所和社会实践基地；中小学增设信息技术教育课和综合实践活动，中学设置选修课；加强劳动教育，积极组织中小学生参加力所能及的社会公益劳动，培养学生热爱劳动、热爱劳动人民的情感，掌握一定的劳动技能。这些表述均体现了我国在培养学生的实践能力、提高中小学生的综合素质的迫切愿望，为我国开展中小学实践教育提供了明确、清晰的思路。

2001 年 6 月，教育部颁布了《基础教育课程改革纲要（试行）》（教基〔2001〕17 号），提出要使学生"具有初步的创新精神、实践能力"，"改变课程实施过于强调接受学习、死记硬背、机械训练的现状，倡导学生主动参与、乐于探究、勤于动手，培养学生收集和处理信息的能力、获取新知识的能力、分析和解决问题的能力以及交流与合作的能力。""从小学至高中设置综合实践活动并作为必修课程，其内容主要包括：信息技术教育、研究型学习、社区服务与社会实践以及劳动与技术教育。强调学生通过实践，增强探究和创新意识，学习科学研究的方法，发展综合运用知识的能力。增进学校与社会的密切联系，培养学生的社会责任感。在课程的实施过程中，加强信息技术教育，培养学生利用信息技术的意识和能力。了解必要的通用技术和职业分工，形成初步技术能力。"该纲要的颁布，标志着我国新一轮的课程改革拉开了序幕；中小学生能力的培养，成为本次基础教育课程改革的重点；作为综合实践活动课程的实施，成为本次基础教育课程改革的一大亮点。

2010 年 7 月 8 日，中共中央、国务院印发了《国家中长期教育改革和发展规划纲要（2010—2020 年）》（中发〔2010〕12 号），它是我国面向 21 世纪的首个中长期国家层面的教育发展纲领性文件，它对我国 21 世纪初期的教育发展起着非常重要的指导意义。它多次要求加强学生的实践学习，培养学生的实践能力，反复强调实践的重要性。例如，在"战略主题"这节中，提到要"面向全体学生、促进学生全面发展，着力提高学生服务国家服务人民的社会责任感、勇于探索的创新精神和善于解决问题的实践能力"，"坚持能力为重。优化知识结构，丰富社会实践，强化能力培养。着力提高学生的学习能力、实践能力、创新能力，教育学生学会知识技能，学会动手动脑，学会生存生活，学会做人做事，促进学生主动适应社会，开创美好未来"，"坚持理论学习与社会实践的统一"，"加强校外活动场所建设和管理，丰富学生课外及校外活动。学校要把减负落实到教育教学各个环节，给学生留下了解社会、深入思考、动手实践、健身娱乐的时间。""注重知行统一。坚持教育教学与生产劳动、社会实践相结合。开发实践课程和活动课程，增强学生科学实验、生产实习和技能实训的成效。充分利用社会教育资源，开展各种课外及校外活动。加强中小学校外活动场所建设。加强学生社团组织指导，鼓励学生积极参与志愿服务和公益事业。"这些表述反映了《教育规划纲要》对学生进行实践教育、发展学生实践能力的强烈愿望，也为我国中小学实践教育的开展，指出了明确的方向，提供了具体的思路。

2016 年 11 月 30 日，教育部等 11 部委发布《关于推进中小学生研学旅行的意见》（教基一〔2016〕8 号），提出："开展研学旅行，有利于促进学生培育和践行社会主义核心价值观，激发学生对党、对国家、对人民的热爱之情；有利于推动全面实施素质教育，创新人才培养模式，引导学生主动适应社会，促进书本知识和生活经验的深度融合；有利于加快提高人民生活质量，满足学生日益增长的旅游需求，从小培养学生文明旅游意识，养成文明旅游行为习惯。"中小学研学旅行坚持实践性原则，即"研学旅行要因地制宜，呈现地域特色，引导学生走出校园，在与日常生活不同的环境中拓展视野、丰富知识、了解社会、亲近自然、参与体验。""根据小学、初中、高中不同学段的研学旅行目标，有针对性地开发自然类、历史类、地理类、科技类、人文类、体验类等多种类型的活动课程。"开展研学旅行，将是推动中小学实践教育的一个重要环节，对于引导中小学校开展实践活动、培养中小学生的实践能力将起到重要作用。

因此，在这一阶段，实践教育开始在我国中小学校得到一定程度的重视和改善，不少中小学校开设了综合实践活动课程，积极组织学生参加各种实践活动，加强培养中小学生解决实际问题的能力，密切学生与社会生活的联系，取得了一定的成效，但也存在不少问题。例如，开设综合实践活动课程以来，仍然有不少学校对该课程缺乏重视，不开设、少开设该课程的现象十分普遍。这说明，一方面，我国对于实践教育、实践课程的作用认识还很不够；另一方面，也说明了我国中小学校教师对于怎么实施实践教育、实践课程缺乏理论和技术。下面将结合笔者的问卷调查、访谈和教学观察等，对我国中小学实践教育的现状作相关介绍。

二　我国中小学实践教育现状调查分析

(一) 调查背景及目的

在前面的文献综述部分我们了解到,目前我国大多数学者对中小学实践教育、综合实践活动课程仅作质性描述,很少进行调查研究,这不利于我们了解中小学实践教育的现状。应该说,自从 2001 年新一轮基础教育课程改革以来,我国不少中小学校积极实施实践教育,采取了多种措施,取得了一定的成效,同时也存在不少问题。但是,目前我国中小学实践教育究竟取得了哪些具体的成效?还存在哪些问题?中小学校管理者、师生、家长、综合实践活动课程教研员等对中小学实践教育有哪些看法及意见?这些问题需要我们通过深入的调查研究才能找到确切的答案。同时,也只有在深入调查的基础上,我们才能提出相应的对策和措施,进一步改进我国中小学实践教育。

因此,本次调查的目的是:了解进入 21 世纪以来,尤其是我国中小学设置综合实践活动课程以来,我国中小学实施实践教育的现状、存在的问题以及中小学管理者、师生、家长、综合实践活动课程教研员对中小学实践教育的意见或建议,为改进我国中小学实践教育提供第一手的资料。

(二) 调查内容、过程与方法

1. 调查内容

调查的内容主要包括五个方面:①中小学管理者、师生、家长、综合实践活动课程教研员对实践活动、实践学习的态度、观念;②我国中小学生的实践能力、创新精神的情况;③课堂教学的实践学习情况及课外活动的情况,尤其是社会实践的情况;④综合实践活动课程的实施情况、其他实践课程与活动课程的情况;⑤中小学管理者、师生、家长、综合实践活动课程教研员对于实践教育的建议、意见。

2. 调查对象

主要调查对象为小学、初中、高中的教师和四年级至高三的学生

（见表2-1和表2-2）。其他的调查对象为中小学管理者、家长、综合实践活动课程任课教师及教研员。

表2-1　　　　　　　调查问卷样本的人口统计学特征（教师卷）

调查类别	调查分项目	数量	比重（%）
性别	男	138	44.1
	女	165	52.7
	未填写	10	3.2
	总计	313	100
教龄	1—5 年	48	15.3
	6—10 年	47	15.0
	11—15 年	71	22.7
	15—20 年	59	18.9
	20—25 年	53	16.9
	25 年以上	27	8.6
	未填写	8	2.6
	总计	313	100
任教学科	语文	90	28.8
	数学	72	23.0
	外语	58	18.5
	品德与社会类	5	1.6
	生物	5	1.6
	化学	11	3.5
	地理	8	2.6
	物理	19	5.9
	科学	14	4.5
	历史	14	4.5
	艺术（美术）	6	1.9
	艺术（音乐）	4	1.3
	体育与健康	3	1.0
	综合实践活动	4	1.3
	总计	313	100

续表

调查类别	调查分项目	数量	比重（%）
任教年级	1—6 年级	118	37.7
	7—9 年级	79	25.2
	10—12 年级	109	34.9
	未填写	7	2.2
	总计	313	100

表 2 - 2　　　　调查问卷样本的人口统计学特征（学生卷）

调查类别	调查项目	数量	比重（%）
性别	男	163	40.2
	女	200	49.4
	未填写	42	10.4
	总计	405	100
年级	1—6 年级	106	26.1
	7—9 年级	117	28.9
	10—12 年级	174	43.0
	未填写	8	2.0
	总计	405	100

从表 2 - 1 可以看出，本次调查中的中小学教师在性别、教龄、任教学科、任教年级上分布较为均衡，这在一定程度上保证了调查结果的客观性和可行性。

从表 2 - 2 来看，本次调查的中小学生在性别、年级上分布较均衡，这也在一定程度上保证了调查结果的客观性和广泛的代表性。

3. 测量工具的编制

（1）调查问卷（见附录二）

该测量工具的编制程序为：第一步，在阅读大量文献的基础上，确定本次调查的内容和范围。第二步，调查问卷的题型分为封闭性（为确定问题型、单项或多项选择题、程度性或等差性问题）和开放性题型两种。第三步，设计出各维度的具体调查项目，初步设计出教师问卷21个调查项目、学生问卷20个项目。第四步，在正式调查前先进行了小范围的试测，然后跟试测的结果对问卷进行了修改，最终确定教师问卷和学生问卷的总题量各为21题（完成问卷填写的时间控制在15—20分钟以内）。

（2）访谈提纲（见附录三）

由于调查问卷不利于深入反映被调查者的想法和意见，为了弥补调查问卷的不足，以深入了解被调查者对我国实践教育的意见，本书还设计了访谈提纲，访谈对象为中小学校长、综合实践活动课程任课教师、学生、学生家长、县（市、区）综合实践活动课程教研员等。访谈的项目分别为7—15个。访谈的主要内容为学生实践能力培养的现状、实施综合实践活动课程的情况、存在的困难与问题、对中小学实践教育的建议等。

（3）实践教育的教学观察记录表（见附录四）

该教学观察记录表的目的是：了解中小学实践课程的教学情况、教师和学生在实践课程中的表现，发现当前实践教育实施中的优点和不足，为改进实践教育的教学提出建议。其观察项目主要包括教学目标、教学内容、教学方法、教学组织形式、课前准备情况、教学过程、教学中师生的表现、教学效果、课后情况、观察反思等。

4. 调查过程及方法

本次调查采取的方法主要是问卷调查法，辅之以访谈法、教学现场观察法等。主要在湖北、江西、广东、浙江、河北等省采用随机发放调查问卷的形式，共回收有效教师问卷313份、有效学生问卷405份。样本具有广泛性和任意性，具有一定的可信度。访谈法则主要通过电子邮箱、QQ等即时通信工具、电话、面谈等形式进行，并根据访谈实际情况灵活调整访谈内容。教学观察法则采用直接深入教学现场观察、课后与教师讨论等形式了解相关情况。

5. 数据处理

对问卷调查的结果主要采用软件Excel、SPSS等完成数据统计。

（三）调查结果

调查结果1： 大多数师生、家长对实践活动、实践学习持积极的态度，但对培养学生的实践能力还很不够重视（见表2－3）。

表2－3　　　　　师生、家长等对实践活动、实践学习的态度

问卷类别	调查项目	选项											未填写	
		非常同意		同意		不同意		非常不同意		不清楚				
		人数	比重(%)	人数	比重(%)	人数	比重(%)	人数	比重(%)	人数	比重(%)		人数	比重(%)
教师卷	1. 培养中小学生的实践能力是十分重要的	234	74.8	77	24.6	1	0.3	0	0	0	0		1	0.3
	2. 目前我国十分重视培养中小学生的实践能力	52	16.6	98	31.3	121	38.7	28	8.9	12	3.8		2	0.6
学生卷	1. 培养实践能力是十分重要的	246	60.7	143	35.3	2	0.5	0	0	14	3.5		0	0
	2. 你所在的学校十分重视培养你的实践能力	51	12.6	110	27.2	138	34.1	57	14.1	49	12.1		0	0
	3. 你喜爱动手实践的学习方式	188	46.4	168	41.5	24	5.9	8	2.0	17	4.2		0	0
	4. 你的父母十分支持你参加各种实践活动	135	33.3	161	39.8	63	15.6	8	2.0	38	9.4		0	0

从表2－3可知，绝大多数的教师和学生都认为，培养实践能力是十分重要的；73.1%的学生认为，其家长十分支持他们参加各种实践活动。但47.6%的教师认为，目前我国对培养中小学生的实践能力不够重视；48.2%的学生认为，他们所在的学校对培养学生的实践能力不够重视，另外有17.6%的学生认为，他们的家长不支持其参加各

种实践活动。从调查结果来看，自从实施素质教育及新课程改革以来，在教育部门的大力宣传和推动下，广大师生、家长已经确立起对实践活动、实践学习的正面认识。但与此形成强烈反差的是，接近一半的教师认为，目前我国对培养中小学生的实践能力缺乏重视，也有接近一半的学生认为，其所在学校不重视培养他们的实践能力。这需要我们认真反思这一反差的原因。

调查结果**2**：我国中小学生缺乏充足的实践学习的机会，他们的实践能力还需要大力提高（见表2-4）。

表2-4　　　我国中小学生实践能力、实践学习方面的现状

问卷类别	调查项目	选项										未填写	
		非常同意		同意		不同意		非常不同意		不清楚			
		人数	比重（%）	人数	比重（%）	人数	比重（%）	人数	比重（%）	人数	比重（%）	人数	比重（%）
教师卷	1. 目前我国中小学生具备良好的实践能力	21	6.7	56	17.9	190	60.7	39	12.5	5	1.6	2	0.6
	2. 中小学生喜欢动手实践的学习方式	116	37.1	153	48.9	38	12.1	3	1.0	3	1.0	0	0
学生卷	1. 你具备良好的实践能力	53	13.1	154	38.0	131	32.3	6	1.5	61	15.1	0	0
	2. 你所在的学校经常给你提供进行实践学习的机会	45	11.1	87	21.5	173	42.7	69	17.0	30	7.4	1	0.2
	3. 你经常与同学合作开展实践活动	43	10.6	104	25.7	203	50.1	38	9.4	17	4.2	0	0

续表

问卷类别	调查项目	选项										未填写	
		非常同意		同意		不同意		非常不同意		不清楚			
		人数	比重（%）	人数	比重（%）	人数	比重（%）	人数	比重（%）	人数	比重（%）	人数	比重（%）
学生卷	4. 你会使用调查法、实验法、访谈法、观察法等方法收集所需要的资料	42	10.4	135	33.3	155	38.3	38	9.4	34	8.4	1	0.2
	5. 你会写调查报告、研究报告、实验报告、访谈提纲等	31	7.7	90	22.2	191	47.2	55	13.6	37	9.1	1	0.2

从表 2-4 中可知，73.2% 的教师认为，目前我国中小学生不具备良好的实践能力；33.8% 的学生认为，自己不具备良好的实践能力；86% 的教师认为，中小学生喜欢动手实践的学习方式，但 59.7% 的学生认为，他们所在的学校缺乏给学生提供实践学习的机会；59.5% 的学生认为，自己较少与同学合作开展实践学习活动，47.7% 的学生认为，自己不会使用调查法、实验法、访谈法、观察法等方法收集所需要的资料；60.8% 的学生认为，自己不会撰写调查报告、研究报告、实验报告、访谈提纲等。从这一调查结果来看，我国中小学生在实践学习、实践能力培养方面的现状着实令人担忧，我国在推进中小学实践教育上还有很长的路要走。

调查结果 3：大多数教师在课程教学中能积极引导学生进行实践学习，但仍有不少教师。对此不够积极（见表 2-5）。

表2-5   课堂教学中的实践教育现状

问卷类别	调查项目	选项										未填写	
		非常同意		同意		不同意		非常不同意		不清楚			
		人数	比重（%）	人数	比重（%）	人数	比重（%）	人数	比重（%）	人数	比重（%）	人数	比重（%）
教师卷	1. 您在教学中经常引导和鼓励学生动手实践	80	25.6	206	60.8	26	8.3	0	0	1	0.3	0	0
	2. 您在教学中能结合所教学科的特点来培养学生的实践能力	77	21.7	208	66.5	28	8.9	3	1.0	3	1.0	0	0
学生卷	教师在教学中经常引导和鼓励你动手实践	68	16.8	180	44.4	100	24.7	39	9.6	18	4.4	0	0

从表2-5可知，86.4%的教师认为，他们能在教学中积极引导和鼓励学生进行动手实践；88.2%的教师认为，他们能结合所教学科的特点来培养学生的实践能力，但有34.3%的学生认为，教师在教学中没有经常引导和鼓励他们动手实践。这说明，新课程改革以来，大多数教师在很大程度上加强了培养学生实践能力的意识，但还有不少教师仍然没有转变观念，教学方法还较为陈旧。

调查结果4：学生的课外活动仍不够丰富，并较少参与实践活动（见表2-6）。

从表2-6可知，38%的教师认为，其所在学校没有给学生提供丰富多彩的课外活动；36.4%的教师认为，其所在学校没有经常组织学生参加各种实践活动；54.9%的教师认为，其所在学校的大多数同学不能经常参加实践活动；47.6%的教师认为，其所在学校没有系统地规划学生的实践活动项目。55.6%的学生认为，其所在学校缺乏丰富多彩的课外活动；61%的学生认为，其没有经常参加社会实践活动。从调查结果来看，我国很多中小学校缺乏丰富多彩的课外活动，也没有系统地规划学生的实践活动项目，学生比较少参与社会实践活动。也可以看出，中小学生对于学校组织开展丰富多彩的课外活动及实践活动充满期待。

表2-6　　　　　　　学生的课外活动以及实践活动的现状

问卷类别	调查项目	选项												未填写	
		非常同意		同意		不同意		非常不同意		不清楚					
		人数	比重(%)	人数	比重(%)	人数	比重(%)	人数	比重(%)	人数	比重(%)			人数	比重(%)
教师卷	1. 您所在的学校给学生提供了丰富多彩的课外活动	60	19.2	149	41.2	99	31.6	20	6.4	3	1.0			2	0.6
	2. 您所在的学校经常组织学生参加各种实践活动	49	15.7	121	38.7	99	31.6	15	4.8	7	2.2			0	0
	3. 您所在学校的绝大多数同学都能经常参加实践活动	45	14.4	91	29.1	144	46	28	8.9	4	1.3			1	0.3
	4. 您所在的学校能系统地规划学生的实践活动	40	12.8	108	34.5	120	38.3	29	9.3	16	5.1			0	0
学生卷	1. 你所在的学校给你提供了丰富多彩的课外活动	65	16.0	96	23.7	145	35.8	80	19.8	18	4.4			1	0.2
	2. 你经常参加社会实践活动	35	8.6	93	23.0	187	46.2	60	14.8	23	5.7			7	1.7

　　调查结果5：自从开设综合实践活动课程以来，中小学的实践能力和创新能力有了一定的提高，但综合实践活动课程以及其他实践课程的总体开发和实施状况不容乐观（见表2-7、表2-8及图2-1）。

表 2-7　　　综合实践活动课程以及其他实践课程的实施现状

问卷类别	调查项目	选项											未填写	
		非常同意		同意		不同意		非常不同意		不清楚				
		人数	比重（%）	人数	比重（%）	人数	比重（%）	人数	比重（%）	人数	比重（%）		人数	比重（%）
教师卷	1. 您对综合实践活动课程的课程性质、内容等有所了解	45	14.4	175	55.9	65	20.8	6	1.9	22	7.0		0	0
	2. 您所在学校重视综合实践活动课程的实施	42	13.4	118	37.7	117	37.4	21	6.7	15	4.8		0	0
	3. 您所在学校开足了综合实践活动的课时，并保证它不被别的课程占用	52	16.6	92	29.4	108	34.5	48	15.3	13	42		0	0
	4. 您所在学校有较强的综合实践活动课程或实践课程的师资队伍	33	10.5	110	35.1	131	41.9	22	7.0	17	5.4		0	0
	5. 开设综合实践活动课程以来，学生的实践能力和创新能力有了提高	71	22.7	145	46.3	61	19.5	10	3.2	26	8.3		0	0
学生卷	1. 你所在学校开设了综合实践活动课程这门课	33	8.1	106	26.2	143	35.3	72	17.8	44	10.9		7	1.7
	2. 你所在学校很重视综合实践活动课程	32	7.9	76	18.8	129	31.9	102	25.2	59	14.6		7	1.7

续表

问卷类别	调查项目	选项										未填写	
		非常同意		同意		不同意		非常不同意		不清楚			
		人数	比重（%）	人数	比重（%）	人数	比重（%）	人数	比重（%）	人数	比重（%）	人数	比重（%）
学生卷	3. 你每周都有综合实践活动课，这门课程很少被别的课程占用	33	8.1	60	14.8	99	24.4	175	43.2	30	7.4	8	1.9
	4. 通过上综合实践活动课，你的实践能力和创新能力得到了提高	57	14.1	164	40.5	76	18.8	40	9.9	55	13.6	13	3.2

表 2－8　　　　　　　　学生每学期参加社区服务活动的现状

问卷类别	调查项目	选项										未填写	
		A. 0 小时		B. 1—5 小时		C. 6—10 小时		D. 10—15 小时		E. 15 小时以上			
		人数	比重（%）	人数	比重（%）	人数	比重（%）	人数	比重（%）	人数	比重（%）	人数	比重（%）
学生卷	你每学期参加社区服务的总时数	222	54.8	114	28.1	25	6.2	15	3.7	22	5.4	7	1.7

本部分内容是此次调查的重点。根据表 2－7、表 2－8 及图 2－1 可知，有 22.7% 的教师不了解综合实践活动课程的性质、内容；44.1% 的教师认为，自己所在学校不重视综合实践活动课程的实施；49.8% 的教师认为，自己所在学校的综合实践活动课程的课时经常被别的课程所占用；48.9% 的教师认为，自己所在学校缺乏较强的综合实践活动课程或实践课程的师资队伍；69% 的教师认为，开设综合实践活动课程以来，学生的实践能力和创新能力有了提高。53.1% 的学

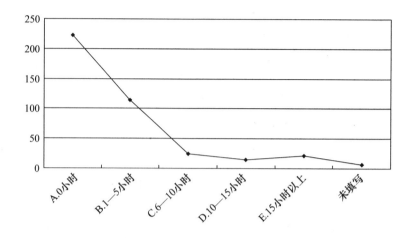

图2-1 学生每学期参加社区服务的总时数

生认为，自己所在学校没有开设综合实践活动课程；57.1%的学生认为，自己所在学校不重视综合实践活动课程；67.6%的学生认为，自己所在学校的综合实践活动课程经常被别的课程所占用；54.6%的学生认为，通过上综合实践活动课，他们的实践能力和创新能力有了提高；54.8%的学生认为，他们从来没有参加过社会服务活动。从这些调查结果来看，有相当一部分教师还不了解什么是综合实践活动课程，有一半左右的师生认为，其学校不重视该课程的实施，或者该课程经常被别的课程所占用，也有一半的学生从未参加社会服务活动。可喜的是，多数师生认为，开设综合实践活动课程以来，学生的实践能力和创新能力有了提高。这说明，我国中小学实践教育取得了一定的成效，但我国中小学实践课程、综合实践活动课程的总体实施现状还非常不容乐观。

调查结果6：教师认为，影响提高我国中小学生实践能力的主要原因（调查总样本数量为313人）依次为：A. 沉重的升学考试压力（291人次）；D. 学生家长的教育观念不端正（177人次）；I. 缺乏实践基地或场所（173人次）；H. 教育经费投入力度不够（159人次）；C. 学校管理制度不合理（143人次）；E. 课程结构不合理（136人次）；B. 教师的知识与能力结构不合理（120人次）；J. 上级教育部门不够重视（106 人次）；F. 教学方法单一（76 人次）；G. 社会用人观念不合理（61 人次）；K. 学校管理者不够重视（57 人次）；L. 其他（12 人次），具体分布情况见图 2-2。

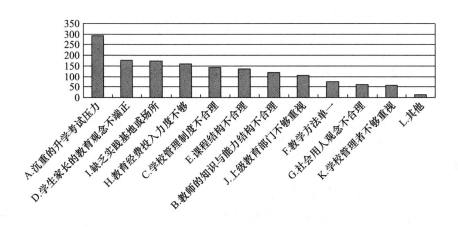

图 2-2　影响提高我国中小学生实践能力的主要原因

从教师认为影响提高我国中小学生实践能力的主要原因排列来看，首先，是改革我国教育评价机制，以引导中小学实践教育的顺利推进。其次，要进一步引导家长更新教育观念，为中小学生提供稳定的实践基地或场所，加大对中小学生实践教育活动的经费投入，改革中小学校对师生的评价管理制度。最后，还应进一步调整中小学课程结构，提高教师的知识与技能水平，上级教育部门应加强对培养中小学生实践能力的重视等。

而且，笔者在对多位校长、学校管理者、综合实践活动课程任课教师的访谈中，了解到当前他们在实施综合实践活动课程过程中存在诸多的困难，主要是升学率、学生成绩排名对他们实施综合实践活动课程有非常大的干扰，此外还有师资、经费、场地、评价等方面的困难。以下从笔者对三位校长及一位综合实践活动课程任课教师的采访片段可以看出，我国中小学实践教育取得了一定的进步，但也反映出我国当前中小学实践教育中存在不少具体的现实问题。

a. 对校长 A 的采访片段

笔　　者：您学校开设了综合实践活动课程吗？

校长 A：综合实践活动课程设计得很不错，很有意义！从表面上看，好像大家都在开设这门课程，但实际进展都非常缓慢，非常多的学校甚至连行动都没有，只是把它开设在课程表上。

笔　　者：为什么会这样？

校长 A：这很好理解，这门课程没有列入考试科目，因为我们中小学教育实质上是应试教育。因为这门课程不考试，所以大家都不重视它。如果要使这门课程得到大家的重视，首先我们要对考试评价制度进行改革……这是目前我国教育的现实状况。

b. 对校长 B 的采访片段

笔　　者：贵校的培养目标是什么？

校长 B：全面发展，体艺见长。

笔　　者：您怎样看待培养学生的实践能力与升学考试的关系？

校长 B：学生综合实践能力的提高会促进学生学业成绩的提高，但是升学考试的压力会影响学生综合实践能力的培养。

笔　　者：您怎样看待综合实践活动课程的地位和作用？

校长 B：在初中作为一门课程，基本上按课程计划在实施。高中，虽然课程计划中规定是必修课，但是，我省今年刚刚实现新课程改革，所以只是在课程表里体现，还没有付诸实际行动。

笔　　者：贵校共有多少名综合实践活动课的教师？共有多少学生？

学校现有学生 2800 名左右，没有专职的实践活动课教师。

笔　　者：你学校怎样安排实践课程的课时？怎样保证这些课时不被别的课程占用？

校长 B：初中是按照教育局规定，每个年级每个学生每学期有三四天时间专门到市里的青少年活动中心进行活动。高中每周有一节课安排为综合实践课程时间，但是实际上没有上，基本上作为学生自习课了。

笔　者：贵校是否有具备学生开展实践活动的场所和设备（如实验室、活动室或者实践基地）？

校长 B：有实验室，但主要是物理、化学、生物、通用技术课程的实验室。

笔　者：学校学生的实践能力处于一个什么样的状况？

校长 B：比较差。

笔　者：贵校采取了哪些措施来提高学生的实践能力？是否有一个长远的、整体的规划？

校长 B：没有什么专门的计划和措施，可能在学校政教工作计划、团委工作计划有一些体现。

笔　者：贵校在培养学生的实践能力方面存在哪些困难？原因是什么？

校长 B：不重视。

笔　者：贵校怎样考核评价综合实践活动课程的任课教师？

校长 B：没有评价。

c. 对校长 C 的采访片段

笔　者：您怎样看待培养学生的实践能力与升学考试的关系？

校长 C：学生的实践能力与升学的关系不是背离的，而是统一的，书本的知识只有在实践中运用，才能真正化为学生自身的素质和能力，也只有在实践中才能使手、眼、脑三者得到统一和协作，才能真正理解知识内涵。

笔　者：您怎样看待综合实践活动课程的地位和作用？

校长 C：综合实践课是实施素质教育的有效途径，以实践课为载体将"教"与"学"的知识传授模式进行变革，通过这个平台向"死教、死学"变为"活教、活学"，综合实践课应该是学生感兴趣的课程，不是以往概念中的"副科"。

笔　者：贵校共有多少名综合实践活动课的教师？共有多少学生？

校长 C：两个本校教师，其他都是在指定的实践活动基地有指定的教师。2500 名学生。

笔　者：贵校怎样安排实践课程的课时？怎样保证这些课时不被别的课程占用？

校长 C：每学期安排三天实践课，有指定的实践活动基地和活动内容。这些实践活动每个学期都会正常开设。

笔　者：贵校是否有具备学生开展实践活动的场所和设备（如实验室、活动室或者实践基地）？

校长 C：我市的青少年的实践活动主要在校外有一个专门的学生实践活动基地——北海市青少年活动中心。我校也有物理、化学、生物实验室，计算机室，通用技术实验室。

笔　者：贵校学生的实践能力处于一个什么样的状况？

校长 C：学生的实践能力处于一般水平，生活的阅历不足，极少承担家庭生活责任，学校所入地区非工业区，接触各类企业机会很少，动手实践机会很少，导致实践能力层次较低。

笔　者：贵校采取了哪些措施来提高学生的实践能力？是否有一个长远的、整体的规划？

校长 C：目前，学校在这个方面只能保证每学期正常开课。缺乏长远、整体的规划。

笔　者：贵校在培养学生的实践能力方面存在哪些困难？原因是什么？

校长 C：学校领导班子在这方面的认识和重视还不够。

笔　者：贵校怎样考核评价综合实践活动课程的任课教师？

校长 C：评价教师（指综合实践活动课程的任课教师，笔者注）把握以下几个方面。

1. 教师是否培养了学生动手、动脑的习惯。

2. 教师是否培养了学生规范严谨的科学态度。

3. 教师是否培养了学生的想象力和创造力。

从以上对三位校长的访谈情况来看，目前我国不少校长已经认识到培养学生实践能力的重要性，对综合实践活动课程的地位和作用有着较为积极的认识，并对培养学生实践能力与升学考试之间的关系有较为客观的判断，即不认为两者是矛盾的。但他们对目前应试教育的巨大压力表现出忧虑的情绪，认为巨大的升学考试压力妨碍了对学生实践能力的培养，这使综合实践活动只存在于课程表上，但实际中不实施，被别的课程所占用。此外，他们还提出了目前实施实践教育存在的几个明显的不足。首先，学生多与综合实践活动课程任课教师少。我们还需要进一步加大综合实践活动课程教师培养的力度，以满足学生参加实践活动的需要。其次，学生参与综合实践活动的时间过短，存在走过场的嫌疑。不少学校采取每学期专门拿出三天或者一周来组织学生参加综合实践活动，而不是对综合实践活动课程进行常态化实施，这违背了教育部对此的规定。再次，中小学生缺乏开展综合实践活动的多样化场所和设备。这需要我们加大综合实践活动课程方面的经费投入，并呼吁社会各团体的积极配合和支持。最后，目前大多数中小学校对于实施综合实践活动课程还不够重视，缺乏实践教育的整体规划和安排，大多采取应付式、突击式的综合实践活动实施方式，同时也对于综合实践活动课程的教学缺乏科学有效的评价。这些是我们下一步推动实践教育中需要重点研究并加以解决的问题。

d. 对一位综合实践活动课程任课教师 A 的采访片段

笔　者：你们学校现在开展综合实践课的情况怎样了？能请您介绍一下吗？

教师 A：我觉得基本和以前是一样的，没有发生全面的变化。主要是缺乏专家的指导，另外是大家缺乏对该课程的重视。

笔　者：您是专职负责综合实践课吗？

教师 A：不是的，我们并没有专职的综合实践活动课程的教师，我是兼职做该课程的教师，我还教了其他的科目。

笔　者：如果评教师职称的时候，您往哪边靠？

教师 A：我想应该没有教师评综合实践活动课程的职称，原因是没有这门课程的专职教师。

如果有这个课程的专职教师，这门课程很容易上，学校不希望招聘这方面的老师。

......

从对综合实践活动课程任课教师 A 的访谈来看，该课程缺乏专业的指导，教师对该课程的开发、实施、评价处于自发状态，这让教师觉得自己处于被忽视、被遗忘的状态；缺乏综合实践活动课程的专任教师，主要是音、体、美学科的教师兼任综合实践活动课程的教师；教育管理部门缺乏对综合实践活动课程职称评定方面的设计和引导；等等。这些问题导致了综合实践活动课程的任课教师对自己所任课程缺乏自我实现感和价值感，影响了他们的工作热情、教学自觉性和创造性。这值得我们深思。

在问卷调查中，有一位家长给笔者留下了深刻的印象。她在问卷中写道：

博士你好！首先坦白这张问卷是我这个做妈妈替儿子填的，因为孩子没时间做这个问卷，很快要期末考试了，每天午饭后就写作业或复习，晚上的家庭作业（包括书写的作业加上要背的作业）做到晚上十点多，孩子的睡眠都不够，哪有时间做这些。在中国目前的教育体制下，你这个问卷应该发给教育部的人去做，问我们这些百姓，等于是白问。孩子本该天真快乐的童年，现在却每天在作业堆里度过。我想问问，这样的应试教育教出来的孩子还有自己的特点吗？都像一个模子里刻出来的，只会死读书！只会考试！不是我们做家长的不让孩子搞实践活动，而是根本没有时间，周末也没有时间！因为周末除了写作业，还有参加辅导班，不去？当然可以，因为本身就是家长自愿在校外的辅导机构报名的，跟学校无关，但问题是，班里其他同学都去辅导班了，你的孩子不去，中考高考统考的时候，人家比你扎实，你不是吃亏了吗？不要怪我们这些平民百姓，辅导机构有市场、孩子们那么累不是我们普通百姓能改变的，而是教育体制的那些决策者们！他们搞什么重点中学重点大学呢？在中国国内，考试能得高分的孩子就进重点高中，以后考上好的大学能找个好工作，会洗衣服、会做饭、会帮父母做事、会参加社区活动的孩子但考试考不好，没人会看得起这样的孩子。博士你若有空，帮忙发表几篇为中国孩子尤其我们沿海东部地区受教育压力大的孩子们叫累的文章吧！谢谢！孩子的童年只有一次，但我们这一代人的孩子，我想当他们成年后回忆童年的时候，骑车去公园玩的几次就能算是很奢侈的回忆了……

——一个希望孩子能多参加实践活动、多有点时间玩的母亲

当笔者看到这些文字的时候，感到非常刺痛和沉重！一方面是因为没想到孩子们的负担竟然到了如此无以复加的地步，他们成为一群没有童年的一代。另一方面是因为感慨综合实践活动课程、实践教育在中小学的地位岌岌可危。我们不要责怪家长做出如此扭曲的选择，而应该切实、深入地反思我们的教育体系、教育思想、课程政策和评价体系，对它们不断进行改革和调整，使之真正促进学生的全面发展，而不是片面发展。

（四）结论与讨论

1. 我国中小学校应转变观念，加强对培养学生实践能力的重视

从调查和访谈的结果来看，有接近一半人数的教师和学生都认为，自己所在学校对培养学生的实践能力不够重视，大多数的学校管理者也认为，自己所在学校不重视培养学生的实践能力。这反映出我国不少中小学校仍然没有转变观念，过于强调考试分数和升学率。也正因为如此，教师们把"沉重的升学考试压力"列为阻碍提高我国中小学生实践能力的首要原因（见图3-2）。这说明，我国中小学校只有真正转变观念，加强对培养学生实践能力的重视，摒弃"重学轻能""唯分数至上"的思路，才能促进学生的全面发展，提高学生的实践能力。在调查、访谈中，许多中小学校管理者、教师等指出，他们非常乐意改变现有的只注重考试成绩的教育模式，但前提是"中考""高考"的指挥棒要变，不能"一考定终身"，教育管理部门也不能仅用学生的考试成绩和升学率来考核学校和教师。这说明，我们必须通过探索新的教育评价模式，以此推动中小学校转变观念，推动

中小学实践教育得到顺利实施。笔者了解到，教育部近期将公布新的基础教育质量综合评价方案，评价主体由较单一的评价主体如教师、高校转向多元评价主体，即不仅包括教师、高校，还包括学生、家长、社会人员等。该方案不仅把学生的学习成绩作为评价的指标，而且还把学生在学校的综合表现情况作为评价的指标，以供高校在录取学生时作为参考。这为中小学校转变教育观念、促进学生全面发展提供了契机。

2. 应给学生提供充足的实践学习的机会，切实提高学生的实践能力

我们从调查和访谈中发现，大多数学生认为，他们所在的学校没有给学生提供充足的实践学习的机会。这导致目前我国许多中小学生的实践能力较弱。他们不会使用调查法、实验法、访谈法等收集所需要的资料，也不会撰写调查报告、研究报告、实验报告、访谈提纲等。目前不少中小学校的综合实践活动课程仅仅在放在学校的课程表上，却没有得到真正有效实施；也有的学校采取每个学期安排三天或者一周的时间给学生开展综合实践活动，这仅仅是应付式、"速成式"、偶然式实施，而不是每周常态、有序实施。试问，学生要在短短的三天或者一周内提高实践能力和创新能力，何以可能？根据心理学的知识可知，能力的培养不可能在短时间内获得，它需要在持续的、长时间的锻炼和学习中才能形成。因此，我国中小学校应坚持长期地、持续地创设各种实践学习的机会，精心组织和指导学生的实践活动，从而提高学生的实践能力，而不要期望通过点缀式、应景式的方式达到这一目标。

3. 应采取有力措施，促进综合实践活动课程及其他实践课程的开发和实施

从调查结果来看，目前我国综合实践活动课程及其他实践课程的开发和实施状况令人不容乐观。这包括：不少教师不了解综合实践活动课程的性质、内容；很多学校不开设综合实践活动课程；有的学校即使开设了该课程，但没有得到严格实施，该课程经常被别的课程所占用；接近一半人数的教师认为自己所在学校缺乏较强的综合实践活

动课程或实践课程的师资队伍；多数学生从未参加过社会服务活动，等等。因此，应采取有力措施，切实促进综合实践活动课程及其他实践课程的开发和实施。例如，在中小学校加强综合实践活动课程的宣传和研讨，建立综合实践活动课程开发与实施督导检查机制，着力培养综合实践活动课程或实践课程的师资队伍，改革中小学生教育考试评价机制，加强实践教育的理论研究等。

第三章　多种理论视角下的实践教育审视

实践教育具有多种理论作为其支撑。例如，从哲学来说，实践哲学理论、缄默知识理论等可以作为实践教育的理论基础；从教育学上来说，生活教育理论、主体教育理论、自我教育理论等可以作为实践教育的理论基础；从心理学来说，活动理论、多元智力理论、建构主义等可以作为实践教育的理论基础。我们无法对它们进行一一列举和论述。下面笔者选取与实践教育密切相关的实践哲学理论、生活教育理论、主体教育理论、活动理论，以这些理论为视角审视实践教育，探讨它们对于实践教育的启示意义。

一　实践哲学理论视角下的实践教育审视

（一）实践哲学理论及其基本主张

实践哲学理论来源于马克思主义。马克思主义把实践的观点作为其首要的、基本的观点，非常强调实践的功能与作用，提出如"社会在本质上是实践的"等观点，强调实践是人的根本生存方式，生产劳动实践是社会自身发展的根本途径，强调教育与生产劳动相结合是人实现全面发展的根本途径；提出"环境的改变和人的活动的一致，只能被看作是并合理地理解为变革的实践"。[①] 总体来说，马克思主义的实践观终究要表达的是：实践是认识的来源，实践是认识发展的动

---

① 《马克思恩格斯选集》第 1 卷，人民出版社 1995 年版，第 55 页。

力，实践是检验认识真理性的唯一标准，实践是认识的最终目的。①
实践思维方式的提出也具有非常重要的意义。黑龙江大学哲学系李楠
明教授认为，旧哲学的内核是抽象本体论的思维方式，它以哲学同现
实脱离为特征，从而导致哲学对人的失落。而实践思维方式的提出，
不只是把实践唯物主义理解为一种观点和内容的转换，而是一种思维
方式的变革，是一种哲学性质的革命。生活世界才是实践思维得以建
立的原点，是实践思维方式的深层内蕴。② 实践思维方式的提出，使
我们更加关注实践、行动、生活等范畴，注意加强与生活世界的紧密
联系。

实践哲学理论的研究焦点主要为如下几点：

1. 对实践思维范式的研究

传统的哲学思维是实体思维，现代哲学思维是关系思维和过程思
维。对关系思维的进一步深化，客观上要求我们明确主体和实践视
角，进到实践思维。实践思维指把存在诠释为由主体能动的实践显现
的，并以此为前提把握一切的那种思维，是"用实践的眼光看待一
切"的思维。实践思维范式的建立的意义在于"实践、生活就成了哲
学思维不断回归的原点，成了基本的参考系。③ 这具有非常重要的意
义，它强调了现实社会生活、人类实践活动的重要性，并强调应发挥
人的积极性和主动性，使人摆脱了消极被动的地位。法国社会学家皮
埃尔·布迪厄对实践思维进行了研究，他把实践思维看作是一种"前
逻辑"，它"受'对立意识'的引导，通过各种对立来展开，而对立
则是对事物特征作出规定的基本形式。"④ 这说明，实践思维中包含着
辩证统一的成分，并非仅强调人自身的作用，而应在实践中全面考虑
各种因素。

2. 对实践逻辑的研究

实践并非仅仅是无目的、无条理的行动。事实上，实践具有自身

---

① 张莉萍：《人类学视野中的实践理性》，《岭南学刊》2004 年第 6 期。

② 李楠明：《生活世界与实践哲学的思维方式》，《北方论丛》2001 年第 2 期。

③ 孙美堂：《从实体思维到实践思维：兼谈对存在的诠释》，《哲学动态》2003 年第 9
期。

④ ［法］皮埃尔·布迪厄：《实践感》，蒋梓骅译，译林出版社 2003 年版，第 32 页。

的发展逻辑。例如，布迪厄认为，实践有一种逻辑，一种不是逻辑的逻辑，这样才不至于过多地要求实践给出它所不能给出的逻辑，从而避免强行向实践索取某种不连贯性，或把一种牵强的连贯性强加给它。实践逻辑是一种自在逻辑，既无有意识的反思又无逻辑的控制。实践逻辑概念是一种逻辑项矛盾，它无视逻辑的逻辑。① 通过对实践逻辑的研究，有助于我们发现实践的规律和特点，更好地发挥人的积极性和主动性，实现实践的目的，追求理想的实践成果。

（二）实践哲学理论对实践教育的启示

实践哲学理论与实践教育存在密切的联系，它从哲学的深度对实践问题进行了深入思考，为实践教育的实施奠定了坚实的哲学基础。

1. 它强调了实践是人自身生存发展的根本途径，指出了实践活动是学生发展的重要途径，要求发挥学生的主动性、积极性和创造性

通过实践活动和实践学习，构建新型、平等、合作的师生关系，让学生主动探究、积极表达、协调合作，以培养学生的实践能力和创新精神。实践对人的认识的发展起着决定性的作用。但这不是说，间接知识是不重要的。相反，我们应避免"唯实践主义"的倾向。北京大学哲学系赵家祥教授认为，在承认实践检验理论的同时，应承认理论也检验着实践。例如，在实践之前，要用相关的理论加以审视，检验其合理不合理、正确不正确。② 这启示我们，在实践学习中，不仅只强调发挥学生的主动性和积极性，还应引导学生注意掌握理论知识，科学地开展实践学习活动，避免盲目蛮干。然而，目前我国不少中小学校在组织学生开展实践活动过程中，存在让学生"为实践而实践""为活动而活动"的现象，缺乏对学生的实践活动加强理论上的指导。因此，我们在实施实践教育的过程中应引导学生正确处理好理论知识学习与解决实际问题之间的关系。

---

① ［法］皮埃尔·布迪厄：《实践感》，蒋梓骅译，译林出版社 2003 年版，第 133—134、143 页。

② 赵家祥：《理论与实践关系的复杂性思考：兼评唯实践主义倾向》，《北京大学学报》（哲学社会科学版）2005 年第 1 期。

2. 马克思主义对实践的理解确立了人作为主体性的维度，并体现了人对生活世界的价值关怀，从而牢固确立了学生在实践教育中的主体地位

人是实践活动的主体，在实践活动中，人需要利用已有的社会历史条件，并发挥自身的能动性与创造性，从而获得对世界的真理性认识（即"实践出真知"）以及"对象化"改造。因此，在实践教育中，应尊重学生的主体地位和创造性，致力于引导学生运用已有的知识和经验解决实际问题，并通过自身的实践活动探索真理性知识，促进学生全面发展。

3. 在实践教育中应引导学生掌握实践性知识、规则与技能

实践哲学理论认为，实践不是无条理、无目的的行动；相反，它具有自身的逻辑，即实践逻辑。因此，我们在实践教育中应注意引导学生了解实践活动本身的发展流程以及实践活动的技能等，从而提高学生从事实践活动的效率，取得更加丰富多样的实践成果。目前，我国有的中小学校能够积极组织学生参加各种实践活动，发挥学生的主动性和积极性，但在引导学生掌握实践知识、规则、方法与技能上还不够，导致学生在参加实践活动后收获不大。一般来说，学生需要掌握的实践性知识、规则、方法、技能包括：怎样制订实践活动的计划或方案；有哪些实践活动的方法、策略；实践活动的一般流程是怎样的；怎样应对实践活动中遇到的问题或困难；怎样评价实践活动的过程及结果；怎样使实践活动得到不断改进；等等。

二　生活教育理论视角下的实践教育审视

（一）生活教育理论及其基本主张

19 世纪末至 20 世纪二三十年代，在传统教育向现代教育转变的历史进程中，不少教育家对传统教育进行了深刻的批判，呼吁对其进行彻底变革，以使教育适应现代生活的需要，促进学生的全面发展。代表人物有美国教育家杜威、我国教育家陶行知等。他们不仅提出了

生活教育理论，而且还亲身实践了这个理论。杜威在其著作《教育与经验》中开篇就对传统教育进行了批判，"就现时学校的实际情况来看，这种对立的倾向表现为传统教育和进步教育两者之间的对立"。① 他认为，传统教育的主要目的是使学生获得教材中的知识体系和完备的技能，以为未来的生活做好准备。学生对教师、对知识的态度必须是恭敬、顺从的。书籍，尤其是教科书，是过往知识、技能和智慧的主要代表，教师则是传授这些内容的执行者。杜威对这种教育进行了激烈的抨击。他说："简单说，我的出发点是反对传统教育的哲学和实践。"② 他指出，第一，传统教育本质上是来自外部的灌输。它把成年人的种种标准、教材和方法强加给那些还不够成熟的儿童。第二，传统教育的教材、学习方法不适合儿童的现有能力，两者之间的差距极大。这些教材和方法，超出儿童的现实经验及能力。在传统教育中，教材和教法是非常机械的。它要求学生呆读死记。正是在批判传统教育的基础上，杜威提出了进步教育的构想。"所谓新教育和进步学校，就其本身而言，就是对传统教育感到不满意而兴盛起来的。实际上，新教育和进步学校的兴起就是对传统教育的一种批评。"③ 进步教育实质上是谋求进一步加强教育与生活的密切联系，使教育融于生活之中，而不是与生活相脱离。

"生活教育"理论是陶行知教育思想的内核和精髓，它是对杜威教育思想的吸收和改造。陶行知认为："没有'教育即生活'的理论在前，绝对产生不了'教学做合一'的理论。但到了'教学做合一'理论形成的时候，整个教育便根本改变了方向。这个新方向是'生活即教育'。"④ 他批判杜威的"教育即生活"是把社会生活引入学校中，但这只是相当于在鸟笼里造了一个树林，生活已经失去本真的内容，而真正的生活教育必须是一种把鸟儿从鸟笼放回树林的教育。他

---

① ［美］约翰·杜威：《我们怎样思维·经验与教育》，姜文闵译，人民教育出版社1991年版，第2248页。
② 同上书，第253页。
③ 同上书，第249页。
④ 陶行知：《生活即教育·教学做合一讨论集》，商务印书馆1931年版。

将"教学做合一""社会即学校""生活即教育"形成完整的理论体系。对于什么是生活教育理论？陶行知认为："从定义上说，生活教育是给生活以教育，用生活来教育，为生活向前向上的需要而教育。从生活与教育的关系上说：是生活决定教育。从效力上说，教育要通过生活才能发生力量而成为真正的教育。'教学做合一'是生活法亦即教育法。"① 这对生活教育理论作了清晰的阐释。

陶行知认为，行是知之始，知是行之成，因而主张生活教育的方法是"教学做合一"。"教学做合一是生活教育之方法之理论"，"教学做合一是生活法，也就是教育法。它的含义是：教的方法根据学的方法；学的方法根据做的方法。事怎样做便怎样学，怎样学便怎样教。教与学都以做为中心。在做上教的是先生，在做上学的是学生。在这个定义下，先生与学生失去了通常的严格的区别，在做上相教相学倒成了人生普遍的现象。"② 这是对传统灌输式教育的彻底否定，并提出了新的教育路径。传统的灌输式教育可以完全不顾学生的学，也不顾学生及现实生活的需要，给学生灌输无用的知识。"教学做合一"强调了教学与生活的密切联系，教师的教应服从学生的学，同时，二者又服从于现实生活的需要。为了避免"做"的盲目性，他提出："我们怕人用'做'当招牌而安于盲行盲动，所以下了一个定义：'做'是在劳力上劳心。因此，'做'含有下列三种特征：（一）行动；（二）思想；（三）新价值的产生。"③ 这就要求学生把动手与动脑结合起来，而不是为动而动，为实践而实践，给我们今天开展中小学实践活动提供了很好的启示。

总的来说，生活教育理论的基本主张主要包括如下几点。

1. 教育即生活，或者生活即教育

即学校教育应是学生生活的一部分，而不是脱离学生的现实生活。"教育与生活既有本质的区别，又有内在的联系。其本质的联系

---

① 陶行知：《陶行知文集》下册，江苏教育出版社2008年版，第820页。
② 同上书，第405页。
③ 同上。

就体现在：教育与生活的互动，即教育具有生活意义，生活具有教育意义，生活教育与教育生活便从不同角度蕴含着双重意义。"① 所以，在杜威所创办的芝加哥实验学校，学生在学校中可以学习社会中的事务。学校中有商店、工厂等，以供学生练习，学生有各种社团活动，在这个活动中，学生可以学习如何与人交往，等等。陶行知认为，生活与教育实际上是一回事，社会生活本身具有丰富的教育意义。"生活即教育，是生活便是教育；不是生活便不是教育。分开来说，过什么生活便是受什么教育：过康健的生活便是受康健的教育；过科学的生活便是受科学的教育；过劳动的生活便是受劳动的教育；过艺术的生活便是受艺术的教育；过社会革命的生活便是受社会革命的教育。"② 因此，他主张教育不能脱离生活，教育要通过生活来进行，强调生活与教育之间相辅相成的关系，号召人们积极投入到生活中，在生活的矛盾或斗争中创造好的生活和好的教育。

2. 学校即社会，或者社会即学校

杜威强调"学校即社会"，要求学校教育应根据生活的现实需要来组织和安排，反对教育与生活的割裂、脱节。陶行知根据我国的实际情况认为，"学校即社会"所涉及的范围仍然是狭窄的，仍然是把学校限制在校园里，学生无法广泛深入地进入社会、了解社会，学校对于学生来说仍然是"鸟笼"。他提出"社会即学校"，即学校是没有界限的，生活的范围即是教育的范围，社会的范围即是学校的范围，应拆除学校与社会之间的"高墙"和"界限"，把"鸟儿"从"鸟笼"里解放出来，任其翱翔，适应生活的变化。"课堂里既不许生活进去，又收不下广大的大众，又不许人动一动，又只许人向后退不许人向前进，那么，我们只好承认社会是我们的唯一的学校了。马路、弄堂、乡村、工厂、店铺、监牢、战场，凡是生活的场所，都是我们教育自己的场所。那么，我们所失掉的是鸟笼，而得到的倒是伟

---

① 郭元祥：《生活与教育：回归生活世界的基础教育论纲》，华中师范大学出版社2002年版，第142页。

② 陶行知：《陶行知文集》上册，江苏教育出版社2008年版，第404—405页。

大无比的森林了。"① 陶行知期望通过学校与社会的结合，从而促进二者的相互进步，并使被传统学校拒之门外的广大劳苦大众接受教育，这具有非常重要的意义。

3. 特别强调经验的作用，主张"做中学"与"教学做合一"

杜威主张学生在"做中学"，充分肯定经验在教育中的核心地位和重要作用。他认为，在全部不确定的情况当中，有一种永久不变的东西可以作为我们的借鉴，即教育和个人（经验）之间的有机联系，或者说，新教育哲学专心致志地寄希望于某种经验的和实验的哲学。杜威相信，一切真正的教育是来自经验的。他说："教育的专门定义：教育就是经验的改造或改组。"② "教育哲学是属于经验、由于经验和为着经验的。"③ 杜威认为，要建构新教育，取决于有一个正确的经验观念。它包括以下这些问题：在经验内部，教材的地位和意义是什么？组织的地位和意义是什么？教材如何发生作用？在经验中，是否有任何固有的东西，有助于把它的内容循序递增地组织起来？当经验的内容不能循序递增地组织起来时，会产生什么后果？他指出，不是一切经验都具有真正的或同样的教育性质，不能把经验和教育直接地彼此等同起来，因为有些经验具有错误的教育作用。为了使教育能够在经验的基础上合理地进行，他归纳了衡量经验的两个标准：一是经验的连续性原则，即每种经验既从过去经验中采纳了某些东西，同时又以某种方式改变未来经验的性质。简言之，经验要能对儿童成长和发展起着正向的、积极的影响和作用。教育者应分清每一种经验所指引的方向，用其较为丰富的见识去帮助儿童组织经验的各种条件。二是经验的交互作用原则。这个原则赋予经验的客观条件（即外在环境）和内部条件（即学习者自身）这两种因素以同样的权利。杜威认为，任何种类的经验都是这两种因素之间相互作用的结果。这就是

① 陶行知：《陶行知文集》上册，江苏教育出版社 2008 年版，第 664 页。

② ［美］约翰·杜威：《民主主义与教育》，王承绪译，人民教育出版社 2001 年版，第 87 页。

③ ［美］约翰·杜威：《我们怎样思维·经验与教育》，姜文闵译，人民教育出版社 1991 年版，第 256 页。

经验的交互作用原则。然而，以往的教育仅强调经验的外部条件的重要性，忽视学习者内部的作用，这违背了经验的交互作用原则。正确的教育方法是应发挥儿童的积极性、主动性，教师应随时密切关心产生交互作用的种种情境，才能促进儿童的发展和生长。

（二）生活教育理论对实践教育的启示

生活教育理论说明了教育与生活之间的密切联系，脱离现实生活的教育将是"死的教育"，脱离生活的世界将是"死的世界"。实践教育提倡学生积极动手实践、解决生活世界中的现实问题，这与生活教育理论的理念是一致的。生活教育理论为实践教育指出了前进的方向，即生活世界是学生的实践范围，生活世界中的问题是学生实践的课题，学生应该走出学校的狭窄范围，走向广阔的生活世界，从而培养出较强的实践能力。"教育的本性就是教会人们懂得生活自身，包括生活的目的和意义，而教育本性的实现就存于不断展开的实践生活中。"[1]

教学要"回归生活世界"。[2] 然而，目前我国中小学的教学过于强调书本知识的学习，脱离了现实生活，给学生的发展设置了障碍。教育与生活没有融为一体，教育成为"象牙塔"和"空中楼阁"。通过实践教育，倡导中小学生通过各种实践活动，解决实际问题，培养实践能力和创新能力，把学生置于生活的大地上。这说明生活教育与实践教育的精神实质是一致的。

生活教育的理论主张给了实践教育很好的启示。

1. 应密切中小学生与现实生活的联系

生活教育理论非常强调学生与生活世界的联系，反对学校教育脱离社会生活。在中小学实践教育中，学校组织开展的实践活动应与生活密切相关，应让学生融入生活。引导学生在生活中发现问题，运用所学习的知识分析和解决该问题，从而让学生学有所用，并发现自己的不足，激发他们求知的兴趣和愿望，增强学习的主动性和积极性。

---

[1] 江潭瑜：《"实践教育"的意义与价值》，《学术界》2008 年第 3 期，第 1657 页。

[2] 郭元祥：《"回归生活世界"的教学意蕴》，《全球教育展望》2005 年第 9 期。

这要求教师在开发实践课程、设计实践活动主题中应关注生活事件，强化生活意识，营造生活情境，而不能为实践而实践，为活动而活动。如果仅有"实践""活动"，它们却与生活无关，那么它们仅仅只能是徒有热闹的外表，却不能真正培养学生的实践能力和创新精神。

2. 不能仅提倡校外实践，校内实践也是非常重要的

在我们平常的理解中，实践一定是要到校外去。我们一般仅强调校外实践的重要性，忽视校内实践的重要性。杜威认为，"教育即生活""学校即生活"。校园内的学习、生活是学生生活的重要组成部分，忽视这部分内容而盲目追求校园外的社会服务、社会实践和社会探究，必然无助于学生形成系统的观念和"有效率的习惯"，割裂了学校与其外部世界的内在联系。因此，在组织好校外实践活动的同时，应重视安排好校内实践活动。不仅校外实践有多种生动的形式，校内实践的形式也可以是丰富多彩的，例如实验、表演、报告、游戏、展示、手工制作等。这些活动既可以让学生独立开展，也可以安排相关的老师进行指导。

3. 实践活动应符合学生的兴趣和需要

根据杜威的衡量经验的第二个标准：经验的交互性原则，安排的实践活动和实践课程应重视儿童与环境之间的相互适应和影响，重视儿童个人的需要、愿望、目的和能力。这启示我们，我们组织的实践课程、实践活动应符合学生的兴趣和需要；在实践课程与实践活动的实施过程中，应注意激发学生的积极参与，发挥学生的主体性和创新性。正如杜威所说的："教育并不是一件'告诉'和被告知的事情，而是一个主动的和建设性的过程。"[1] 否则，学生"身在曹营心在汉"，游离于实践课程与实践活动之外，无法促进学生的发展。因此，应创设适当的实践情境，激发学生的兴趣，充分发挥学生参与活动的积极性和主动性。

---

① ［美］约翰·杜威：《民主主义与教育》，王承绪译，人民教育出版社2001年版，第46页。

三 主体教育理论视角下的实践教育审视

（一）主体教育理论及其基本主张

自 20 世纪 80 年代起，随着我国哲学界对主体性问题的热烈探讨，我国的教育学者如华中师范大学王道俊教授、郭文安教授等提出了主体教育理论，认为"教育的根本在于培育和发挥人的主体性"，"教育则以培育人的主体性为最高任务"，"人的主体性培育规律是教育自身的基本规律"① 等重要命题，突出了人在教育中的中心地位。与以往强调知识至上的观点完全不同，主体教育理论充分肯定了人在社会历史发展过程及人自身发展过程中的主体地位，揭示作为社会生活主体的学生的个性素质规格及其教育生成过程，阐明教育主体和教育活动的相对独立性和能动性。其逻辑起点是现实的人的现实生活，包括现实的个人生活、社会生活、人类生活。它把教育的特点及其价值定位于对人的发展的意义，是对教育价值的回归。② 这同实践教育强调"以学生为主体""以实践与解决实际问题为导向"等主张是一致的。另外，主体教育理论还充分肯定教育的相对独立性、超越性，反对"社会—教育—人"式的单向度的机械决定论的观点。从研究内容上看，郭文安教授认为，主体教育理论的研究内容主要为两个方面：一是研究作为教育主体的学生主体性及其发展的内涵问题；二是研究学生主体在其对象性活动中的地位和作用问题。③ 主体教育理论的提出具有非常重要的意义，它表明了在新的历史阶段我国教育的新的追求和目标。

综合来看，该理论的基本主张包括如下几点。

1. 学生是教育活动的主体

主体教育理论认为，教育是一种主体性活动，所谓主体性是"人

---

① 王道俊、郭文安主编：《主体教育论》，人民教育出版社 2005 年版，第 58—62 页。

② 王道俊：《主体教育论的若干构想》，《教育学报》2005 年第 5 期。

③ 郭文安：《主体教育思想发展的回顾与前瞻》，《教育研究与实验》2006 年第 5 期。

作为活动主体的规定性，是指主体在认知、交往及自我反思与调整活动中表现出的基本特性，包括能动性、自主性、自为性、自律性、社会性"；主体是相对于客体而言的，一般指有健全意识、能够能动地进行认识与实践活动的人。① 因此，学生的主体性可以通过一系列的特征表现出来。主体教育理论的目的就是要确立学生在教育活动中的主体地位，发挥学生的主动性和积极性。"它集中体现在提出学生是教育的主体这一命题上，主张力图改变学生的地位与现状，真正调动和发挥学生在教育与教学过程中的能动作用，改进和调整师生关系。"② 然而，以往的教育理论认为，学生作为被教育、被塑造、被改造的客体与对象，过于强调教育和学生应为社会服务，忽视学生的主体地位，忽视学生的自身需要和价值取向，缺乏对学生生命的尊重。而现代研究表明，学生不是消极被动的客体。他们有自我认识、自我发展的力量。主体教育理论力图克服以往教育理论的缺陷，强调学生的主体地位，它把现实生活的人或者人的现实生活作为教育的逻辑起点，并把学生培养成为社会历史活动的主体作为教育的根本目的，引导学生积极参与现实生活，充分发挥学生的潜能。正如北京师范大学王策三教授指出，"主体性，这是全面发展的人的根本特征。主体性，它集中了人的一切优秀品质和个性特征，是身、心或德、智、体、美诸方面都得到良好发展的综合表现。"③ 这非常明确地概括了主体性所具备的地位和作用。

2. 教师与学生的关系是平等关系

在以往的教育理论中，教师与学生处于一种不平等的关系。学生的"学"依附于教师的"教"，教师主导着学生的学习活动。这种做法忽视了学生的主体地位，把学生当作需要被改造的客体，需要被填满的"容器"。"现有的教育学很看重教师，认为教师在教育过程中

---

① 王道俊、郭文安主编：《主体教育论》，人民教育出版社 2005 年版，第 2、51 页。

② 郭文安：《主体教育思想发展的回顾与前瞻》，《教育研究与实验》2006 年第 5 期，第 1 页。

③ 王策三：《教育主体哲学刍议》，《北京师范大学学报》（社会科学版）1994 年第 4 期。

居于主导地位，把教师誉称为灵魂的工程师，但是，却忽视了对学生的尊重。"① 主体教育理论主张教师与学生都是教育活动的主体，他们之间是一种平等的关系。它把学生看作一个具有独立个性的、鲜活生命的主体，教师是学生的伙伴和朋友。

3. 强调主体间性的培养

主体教育理论认为，不仅要把学生培养成为自身生命活动的主体，而且要关注学生的主体间性的培养，因为其所主张的主体不是排他性的主体，而是能与其他主体交流、沟通、合作及共同进步的主体。"所谓主体间性，即主体通过发挥自己的主体性而与其他主体所体现出来的一种属性，它是两个或多个个人主体的内在相关性。"② 它强调各主体之间的相互理解、协调、合作、包容，克服各主体之间的拒斥、分离、冲突与对立。

（二）主体教育理论对实践教育的启示

主体教育理论论证了学生在教育中的主体地位及主体作用，为学生在学校教育及自我教育中发展自己奠定了坚实的理论基础。实践教育提倡学生主体、自我反思、勤于动手、团队合作，这些与主体教育理论的理念是相契合的。学生在实践活动中是以主体地位开展的，教师以平等的合作者身份介入学生的实践活动。只有在生活实践活动中，学生作为生命主体的意义才得以彰显。具体来看，主体教育理论给实践教育带来诸多启示。

1. 在实践学习活动中应充分发挥学生自身的能动性

人的能动性是在人的活动中产生的，并通过人的活动表现出来的。主体教育理论非常强调要在实践活动中充分发挥学生自身的能动性。然而在现实中，不少教师在实践课程的开发、实施与评价过程中，缺乏对学生兴趣与需要的关注，不注意发挥学生的积极性和主动性，包办代替学生的实践活动，导致实践学习活动的效果不够理想。"'主体教育论'只不过是强调儿童在活动与交往中的主体地位，强

---

① 王道俊：《主体教育论的若干构想》，《教育学报》2005 年第 5 期，第 5 页。
② 李臣之等：《综合实践课程教学论》，广东高等教育出版社 2007 年版，第 31 页。

调他在与环境的相互作用中和自我建构与自我表现中的能动性。""要培养能动的社会主体，具有独立个性和主体性的现代人，必须根本改变传统受动的教育理念和模式为能动的教育理念和模式，最主要的是要坚持学生的主体地位与作用，呵护和弘扬学生的能动性。"① 因此，在实践学习中，学校和教师不应包办代替学生的实践学习活动，而应放手让学生主动探索、主动实践，发挥学生的主动性和能动性。正如泰勒所言："学习是通过学生的主动行为而发生的；他学到什么取决于他做了什么，而不是教师做了什么。"② 如果学生在实践活动中总是处于被动地位，他们也只能获得片面的发展，不可能培养成为真正的社会主体。

2. 在实践学习活动中应强调学生主体之间、师生之间的相互合作、平等相待

主体教育理论非常强调主体间性的培养。人在社会中不是单独的、孤立的个体，而是与其他主体有着紧密的关系。孤立的个体对于社会的发展是没有意义的。通过主体间性的培养，使学生认识到自身以及他人的价值，学会尊重、宽容、公正地对待他人，与人合作共处、愉快共处，促进共同发展。因此，在实践学习活动中，应引导学生相互沟通和合作，培养团队合作精神。教师也应平等对待学生，以合作者的身份引导和介入学生的实践活动。

四　活动理论视角下的实践教育审视

（一）活动理论及其基本主张

英国学校理事会在 1983 年的一份报告中提出了 7 个问题供各个学校思考，其中两个问题是：第一，学校应怎样根据儿童学习规律的

---

① 郭文安：《主体教育思想发展的回顾与前瞻》，《教育研究与实验》2006 年第 5 期，第 5 页。

② ［美］拉尔夫·泰勒：《课程与教学的基本原理》，罗康、张阅译，中国轻工业出版社 2008 年版，第 55 页。

最新研究成果来组织相关的工作？第二，学校应怎样组织相关的工作，以确保课程的平衡和协调而不导致学生过重的负担？① 这两个问题非常值得我们深入思考。我们有很多的研究成果，但是，我们学校的很多教育实践并没有及时根据这些研究成果来调整教学。这其中就包括活动理论。

"活动教育是一种具有渊源思想基础和广泛实践影响的理论主张。"② 我国古人很早就提出了知行合一的观点。西方尤其是近代以来，确立了儿童在教育活动中的中心地位，强调尊重儿童，注重儿童的感性活动，发展儿童的个性。苏联心理学家列夫·维果茨基（Lev Vygotsky，1896—1934）的"心理发展的文化—历史理论"、阿·尼·列昂节夫（Leontiev, Aleksei Nikolaevich, 1930—1979）的活动理论和瑞士心理学家让·皮亚杰（Jean Piaget, 1896—1980）的发生认识论等现代心理学的研究成果为活动理论提供了科学的依据。维果茨基提出，人的高级心理机能亦即随意的心理过程，并不是人自身所固有的，而是在与周围人的交往过程中产生和发展起来的，是受人类的文化历史所制约的。③ 人是在活动中实现了对社会历史文化经验的掌握，并实现了自身的发展。列昂节夫提出了主导活动的概念，认为活动在主客体的双向转化中起着十分重要的中介作用，内部活动与外部活动具有相同的结构并能相互转化。他还认为，活动具有一定的结构。"活动不是反应，也不是反应的总和，而是具有自己的结构、自己的内部转变和转化、自己的发展的系统。"④ 以活动理论为基础，列昂节夫还探讨了活动与人的意识、个性形成的密切关系，为教育领域开展实践学习活动提供了理论依据。皮亚杰则根据大量的实证研究，创立了"发生认识论"，着重探讨了人的认识是怎样形成的以及人的知识是怎么增长的。他认为："发展实质上依

① The Schools Council, *Primary Practice: A Sequel to "The Practical Curriculum"*, London: Methuen Educational, 1983, p. 12.

② 田慧生：《活动教育引论》，《天津市教科院学报》1999 年第 2 期，第 11 页。

③ 陈佑清：《教育活动论》，江苏教育出版社 2000 年版，第 69 页。

④ ［苏联］阿·尼·列昂节夫：《活动·意识·个性》，上海译文出版社 1980 年版，第 51 页。

赖于主体的活动，而它的主要动力，从纯粹的感知运动一直到最完全的内化运算，乃是一种最根本的和自发的可运算性。"① 皮亚杰非常注重儿童自身活动所具备的发展价值，他指出："儿童具有他自己的真实的活动，而且不真正利用这种活动并扩展它，教育就不能成功。"② 心理学的这些研究成果越来越多地被引进到教育领域，逐渐发展成为活动教育理论。我国一些教育学者和中小学教师尝试利用各种活动来开展教学、教育活动，推动学生的发展，探讨活动教育教学的功能、形式、机制等。

总体来说，活动理论以及在此基础上发展起来的活动教育理论有如下基本主张：

1. 学生的主体活动是学生自身发展的机制

这里的"活动"指的是个体的主体性活动，这种活动是由主体自身需要推动并由主体的意识和自我意识调节控制之下展开的活动，它是一种由内部活动和外部活动的统一而构成的活动。从其对象形态的不同来看，教育学中的"活动"主要有三种，即实物活动、交往活动和媒介活动（精神活动）。③ "教育对学生身心发展起作用的机制是：通过作用于学生的活动而间接影响着学生的身心发展。"④ 也就是说，教育不能直接地影响学生的发展，它必须通过学生自身的能动活动才能发挥作用。正如杜威所说，教育的问题就是抓住学生的活动并给予活动以指导的问题。⑤ 活动是学生发挥自身主体性的重要渠道之一。"学生的主体活动既是学生存在和发展的方式，又是教育的重要基础。离开了学生的主体活动，学生的发挥将失去基础，教育就不能成功。"⑥ 因此，离开了活动，学生的发展将不能持续进行。

---

① ［瑞士］让·皮亚杰：《教育科学与儿童心理学》，傅统先译，文化教育出版社1981年版，第43页。

② 同上书，第146页。

③ 王道俊、郭文安主编：《主体教育论》，人民教育出版社2005年版，第167页。

④ 同上书，第176页。

⑤ ［美］约翰·杜威：《学校与社会·明日之学校》，赵祥麟等译，人民教育出版社1994年版，第45页。

⑥ 王道俊、郭文安主编：《主体教育论》，人民教育出版社2005年版，第42页。

2. 学生的活动是内部活动与外部活动相统一

这里所讨论的活动是学生的内部活动与外部活动的统一，而不是分离的活动或者单一的活动。所谓内部活动，指的是心理活动、脑内活动；所谓外部活动，是指向外部某种对象的活动；单纯的外部活动对于学生的身心发展的价值是有限的，真正具有发展意义的外部活动应该是指由人的内部心理活动指导和参与之下的内外统一的活动；同样，内部活动不能完全脱离外部活动而存在，人的内部活动过程要借助一定的外部活动的中介作用才能发生并得到确证。[①]强调学生的内部活动与外部活动相统一是非常重要的，它促使我们在实践教育中既要关注学生的外显行为，又要关注学生内部的心理活动，从而避免片面性。

3. 学生是多种多样活动的主体

学生是通过多种多样的活动来获得全面发展的。这些活动不仅包括书本知识学习活动，还包括交往活动、操作活动、反思活动、观察活动等。在这些活动中，学生获得各方面的素质，从而完善了素质结构，实现了自身的发展。相反，如果仅参加单一的活动，学生的发展将会受到极大限制。例如，学生只参与书本知识学习活动，而不参与其他类型的活动，最终无疑将成为书呆子，不能获得全面发展。

（二）活动理论对实践教育的启示

活动理论指出了学生是怎么通过各种活动获得发展的，说明了实践活动对于学生发展的重要性。这给实践教育带来了诸多的启示。

1. 实践活动是学生获得自身发展的重要渠道

离开学生的自主实践活动，学生的全面发展将成为一句空话。教育必须通过学生自身的能动活动而发挥作用，教师的作用在于激发、引导学生的能动活动，而不是直接代替了学生自己的学习、体验、操作、观察等。正如有学者指出的："人的活动是社会及其全部价值存在与发展的本原，是人的生命以及人作为个性的发展与形成的源泉。

[①] 王道俊、郭文安主编：《主体教育论》，人民教育出版社 2005 年版，第 166—167 页。

教育学离开了活动问题就不可能解决任何一项教育、教学、发展的任务。"① 实践教育所提倡的让学生亲身经历、体验、探究的理念与活动理论是一致的。

2. 不能仅仅强调可见的学生的外部活动，还应强调学生的内部活动，即认识、情感、态度、价值观等活动变化情况

"完整的、全面的学生主体活动，是由外部活动、内部活动、外部活动的内化和内部活动的外化构成的。教学认识的关键在于构建完整、全面的学生主体活动。"② 单纯强调学生的外部活动，将导致我国中小学课堂活动教学形式和实质的偏离，例如，为"动"而"动"，一"动"到底，流于形式，"教师失语"③，甚至以活动代替教学，而不激发学生兴趣、积极性、主动性和求知欲。这不仅不能促进学生的发展，反而浪费了师生的大量时间和精力，阻碍了学生的发展。因此，我们追求在引起学生的外部活动的同时，同时还应激发学生的内部活动，促进学生的认识、情感、态度、价值观等发生积极的、持续的变化，从而全面推动学生的发展。

3. 应让学生参加多种多样的活动来促进学生的全面发展

各种活动包括书本知识学习活动、观察活动等都有其独特的作用和功能，不能仅让学生参加某种或几种活动，而应让学生参加多种多样的活动，才能促进学生的全面发展。华中师范大学陈佑清教授指出："学习不仅仅是书本知识学习，完整的学习从其对象或领域来看应该是包括符号学习、交往学习、操作学习、反思学习、观察学习等在内的多个维度的学习。"④ 多维学习活动培养了学生多方面的素质，而不是单一素质的发展。开展多维学习活动，既需要学校为学生提供丰富多彩的活动，也需要教师具备良好的综合素质、活动策划组织能

① 瞿葆奎等主编：《教育学文集·课外校外活动》，人民教育出版社 1991 年版，第 3 页。

② 王策三：《教学认识论》，北京师范大学出版社 2002 年版，第 207 页。

③ 李箭：《西方活动教育理论及对我国基础教育的启示》，《外国中小学教育》2008 年第 2 期。

④ 陈佑清：《多维学习与全面发展：促进全面发展的学习机制探讨》，《教育研究》2011 年第 1 期，第 45 页。

力和课程开发能力。然而，目前不少学校为了提高升学率和成绩排名，把学生限制在课堂里、校园里，只关注学生对书本知识的学习，这给学生的身心健康带来严重的危害，即单一的书本知识学习活动仅发展了学生的书本符号活动素质，造成学生的片面发展。这是我们需要努力加以纠正的不良倾向。

第四章 实践教育的课程开发

实践教育需要全方位的、整体的设计，不能仅靠某个活动、某门课程培养学生的实践能力，而要通过系统的实践活动、实践课程来推动。由于课程在教育中的关键性、基础性作用，实践教育离不开通过实践课程的开发、实施与评估。因此，本书从第四章至第六章，主要从实践课程开发、实践课程实施、实践课程评价的角度来论述实践教育的实施。

一 实践课程的界定及其意义

提升学生的实践能力、创新精神和综合素质，是我国基础教育课程改革的基本目标之一。针对我国基础教育课程结构、课程内容、教学方法比较陈旧，中小学生适应社会、实践和创新能力不强等问题，《国家中长期教育改革和发展规划纲要（2010—2020年）》提出了"开发实践课程和活动课程，增强学生科学实验、生产实习和技能实训的成效"以及"坚持能力为重""注重知行统一"等改革举措。[①]这是我国在教育改革与发展的重要文件中特别提出"开发实践课程"的理念，因此具有非常重要而深远的意义。然而，从已有研究来看，我国在实践课程开发方面还非常薄弱，需要使该研究走向深入。

---

① 中共中央、国务院：《国家中长期教育改革和发展规划纲要（2010—2020年）》，2010年。

（一）实践课程的含义

很多学者对实践课程的含义进行过探讨，主要有以下几种：

胡小林、张宗海认为，实践课程是培养学生运用所学知识分析问题、解决问题能力的课程。①

谭旭辉认为，从课程哲学的视野来看，"实践课程是课程本体论、认识论、价值论和审美论的统一"。②

韩新文认为，实践课程，是以学生直接体验、探索、研究的学习为基本方式，贴近学生现实生活的、以社会实践为主题的课程。各种文化活动、班团队活动、社区服务、专题教育等"传统"活动，都可以设计成实践课程的形式，使学生从亲身经历、亲身实践中直接获得知识，获得经验。③

殷世东、孔丹丹认为，中小学社会实践课程是指学生在教师的指导下，走出教室，主动参与社会生产活动，密切联系现实的生活，进行科学探究或验证，认识和了解自然、社会和自我，获得直接体验，增强社会实践能力和社会责任感，提高学生综合素质的学习领域。中小学社会实践课程是一种具有探究性、验证性、体验性、开放性、生成性、合作性等特征的课程。④

华中师范大学郭元祥教授认为，实践课程，是一种相对于认知性取向的学科课程的课程类型，它不以系统知识的传递和学习为目的，旨在发展学生的实践素养。⑤

吕立杰认为，"教师教育实践课程从广义上讲，是本专业全部课程以实践为取向，以小学教育中的实践问题为线索，在对问题的反思与体验中，获得教育观念，培养综合实践能力的课程体系。从狭义上

---

① 胡小林、张宗海：《加强实践课程建设，全面提高学生素质》，《中国高教研究》1998 年第 4 期，第 43 页。

② 谭旭辉：《关于课程哲学基础的思考》，《教育研究》2006 年第 3 期，第 68 页。

③ 韩新文：《重构课程格局，促进个性发展》，《上海教育》2007 年第 7B 期，第 57 页。

④ 殷世东、孔丹丹：《论中小学社会实践》，《现代教育科学·普教研究》2011 年第 5 期，第 103 页。

⑤ 郭元祥：《论实践教育》，《课程·教材·教法》2012 年第 1 期，第 20 页。

讲，是与理论课程、方法课程相区别的，以专门训练学生实践技能、体验真实的实践情境为内容的课程类型，比如教育实习、教育见习等。"①

从学者的探讨来看，实践课程的含义可以从广义与狭义两方面进行分析。从广义上讲，实践课程是指学校中的全部课程以实践为取向，以实践问题为线索，以实践活动为形式，培养学生的实践能力和创新精神的课程体系。根据这个定义，学校中的各门课程只要以探究性、可操作性、体验性学习活动来实施，都可以归为实践课程的范围。也就是说，学校所有的课程都可以实践课程的形式来实施。例如，新修订的《义务教育语文课程标准》（2011 年版）特别强调："语文课程是实践性课程"，"应着重培养学生的语文实践能力，而培养这种能力的主要途径也应是语文实践"，"教学中努力体现语文课程的实践性"，"充分利用学校、家庭和社区等教育资源，开展综合性学习活动，拓宽学生的学习空间。"② 从这些表述来看，《义务教育语文课程标准》（2011 年版）非常希望能够使语文课程成为实践课程，而不仅仅是知识性课程。

从狭义上讲，实践课程是一种主要以解决实际问题为方式，以探究性、培养实践能力和创新能力为目标的课程类型，它不以系统知识的传递和学习为目的，它与以认知性为主要取向的学科课程、理论课程相区别。"实践课程的价值不仅仅是强化技能，获得经验，也要获得专业知识、建立反思习惯。"③ 我国现阶段正在开发和实施的综合实践活动课程就是一门实践课程。在国际上，实践课程的开发有较长的历史。早在一百多年前，以杜威为代表的经验课程论就奠定起实践课程的理论基础和实践基础。杜威的学生兼同事威廉·赫德·克伯屈

---

① 吕立杰：《小学教育专业实践课程规划与实施探讨》，《东北师大学报》（哲学社会科学版）2012 年第 4 期，第 190 页。

② 中华人民共和国教育部：《义务教育语文课程标准》（2011 年版），北京师范大学出版社 2012 年版，第 3、20 页。

③ 吕立杰：《小学教育专业实践课程规划与实施探讨》，《东北师大学报》（哲学社会科学版）2012 年第 4 期，第 190、191 页。

（William Heard Kilpatrick）进一步阐明了杜威的教育理论，并提出了设计教学法（或单元教学法）。所谓"设计"是指学生自己计划，运用自己已有的知识与经验通过实际操作，在实际情境中解决实际问题。[①] 其基本教学过程为：学生根据自己的兴趣和目的，从现实生活中提出需要解决的实际问题；学生自己设计活动的计划；运用已有的知识和经验，借助一些工具和材料，通过实际操作，在现实情境中解决该问题；检查其结果。这实际上就是实践课程的探索与实践。笔者把中小学综合实践活动课程以及其他具有实践活动性质的课程（如一些地方课程和校本课程）统称为实践课程，它与学科课程、知识课程相区别，但它们之间实际上存在一定的交叉关系。

实践课程，也可称为活动课程、经验课程或者儿童中心课程，要解决的问题是引导学生关注实践、参加实践，解决实际问题。它具有重要的教育价值。它有助于培养学生的实践能力、动手习惯、解决实际问题的能力和生存能力。它促进学生深入思考现实问题，增强学生的社会责任感。这也是德育的最佳渠道，是使学生了解自然、自我、社会现实的最佳途径。它促进学生深入学习学术理论知识，因为只有掌握了这些知识，才能更好地解决和理解实际问题、活动任务。它培养学生独立、自主思考问题的习惯，调动学生的学习兴趣和积极性，有效解决学生厌学的问题。它以学生的兴趣、需要、经验、能力为基础，打破了学科逻辑系统的界限，促进各科知识的综合运用，因为实践问题从来都是不分科目的，都是综合性的，它有利于知识的融会贯通，培养学生的创造精神、发散思维。它有助于培养学生合作学习的能力及习惯。传统应试教育下学生之间单打独斗、不良竞争，不利于学生的正常交往和个性发展，但在实践课程实施中的合作可以加强学生之间的了解和相互支持，有利于学生的健全人格、个性的培养。

（二）实践课程开发的意义

实践是学生成人成才的根本途径和必由之路。当前，"哲学的实

---

① 施良方：《课程原理：课程的基础、原理与问题》，教育科学出版社 1996 年版，第277 页。

践转向为课程注入了新的活力，丰富了课程的哲学基础。"① 哲学、教育向实践转向的趋势越来越明显，对实践、行动的强调，对真实情境、真实问题、实践问题的越来越重视。② 麦克·F. D. 扬（Michael F. D. Young）在《未来的课程》一书中揭示了这种趋势的本质：课程的实践取向，即"作为实践的课程"。实践课程的"出发点不是知识的结构，而是知识是如何被共同活动着的人们所生产"。③ 知识观的变革带来了对实践课程的高度重视，情境性知识、实践性知识、个人知识受到越来越多的关注。认识论的发展也给实践课程的兴起带来契机，元认知、反省、程序性知识与策略性知识在学生发展中的作用得到了密切关注。认识的根本目的是实践。"学习者能从自己日常生活的问题解决实践中获得发展。"④ 学习知识固然是重要的，但是怎么运用知识、创新知识更重要，而实践是其中不可缺少、不可逾越的途径和环节；如何有效地让学生主动参与学习的过程，真正成为学习的主体，是当今教育改革的主题和主要趋向，实践课程开发符合这一主题。所谓实践课程开发，是指根据教育目的和培养目标，通过运用课程开发的理论与技术，充分利用各种课程资源和条件，由相关人员共同编制实践课程的过程。从世界范围来看，实践课程开发的研究与实践已有较长时间。20 世纪初期，美国教育家杜威提出的经验课程论及其实践课程开发实践为我们提供了较好的借鉴。我国陶行知的生活教育、陈鹤琴以"五指活动"课程为代表的活教育也进行了相关的探索。当前，我国正在进一步推进基础教育课程改革及教育领域综合改革，在此背景下，开发实践课程有十分重要的意义。

第一，有助于促进我国教育观念的持续更新。1999 年，我国确立

① 谭旭辉：《关于课程哲学基础的思考》，《教育研究》2006 年第 3 期，第 68 页。

② Chan Bee Choo, *Activity – based Approach to Authentic Learning in a Vocational Institute*, *Educational Media International*, Vol. 44, No. 3, 2007, p. 185.

③ ［英］麦克·F. D. 扬：《未来的课程》，谢维和等译，华东师范大学出版社 2003 年版，第 34 页。

④ Glenn Regehr and Maria Mylopoulos, "Maintaining Competence in the Field：Learning About Practice, Through Practice, in Practice", *Journal of Continuing Education in the Health Professions*, Vol. 28, No. 1 (S), 2008, p. 19.

全面推进素质教育的教育方针以来，如何提高学生的综合素质成为教育改革的核心问题。但长期以来，受认知本位主义、学科本位主义、知识本位主义的影响，我们仅重视理论课程、学科课程，重认知轻实践，重记忆轻反思，重灌输轻体验，导致学生的片面发展。学生对理论知识掌握较好，但动手实践的能力差，"高分低能"的现象层出不穷。正如有学者指出，此问题的关键原因是，"长期以来，我们所实行的教育模式忽视和严重缺乏实践性教育，导致培养的人缺乏'实践'品性"。① "我国教育培养出来的学生较之西方国家的学生会读书和应付书面考试，甚至在国际奥林匹克比赛中能拿金牌，但我们的学生动手能力差，缺少创造性，不善为人处世，没有独立生活的本领。"② 此非我国教育之幸、民族之幸。"为什么我们培养不出杰出人才？""钱学森之问"仍深深刺痛、考问着我们。我们在强调学习系统知识的同时，为什么不强调对实践能力、创造能力的培养？西方发达国家在强调学生掌握知识的同时，非常重视对学生动手操作能力、创造能力的培养；在重视理论课程的同时，非常重视开发实践课程，以引导学生广泛关注、参与社会生活。甚至有西方学者激进地认为，"基础课程应聚焦于日常生活中的实践问题"。③ 开发实践课程的目的正是在于提高学生的实践能力、创造能力和综合素质，养成学生实践反思的习惯和勇于实践的人格。因此，通过开发实践课程，有助于我们树立"实践取向""实践育人""促进学生全面发展"的基本教育理念，促进我国教育观念的持续更新。

第二，有助于进一步优化我国基础教育课程结构。实施"实践育人"战略，关键是改革我国现有的课程结构。长期以来，我国基础教育课程体系中实践课程总是处于可有可无的地位。"我国中小学课程

---

① 陶伟华：《"实践育人"应确立为我国教育战略》，《中国教育报》2012 年 7 月 29 日第 4 版。

② 陈佑清：《培养"生活主体"：教育目标的一种选择》，《教育研究与实验》2009 年第 6 期。

③ Elliott, J., *The Curriculum Experiment：Meeting the Challenge of Social Change*, Buckingham：Open University Press, 1998, p. 157.

结构明显忽视实践性课程，认知性的学科课程占据绝对的主导地位，课程结构单一。"① 理想的课程结构应包含理论课程与实践课程、必修课程与选修课程、分科课程与综合课程、国家课程、地方课程与校本课程等。目前，我国基础教育课程结构正朝着这一方向前进。1996年，由雅克·德洛尔任主席的国际 21 世纪教育委员会向联合国教科文组织提交的报告中指出，为了与其整个使命相适应，教育应围绕四种基本学习加以安排；可以说，这四种学习将是每个人一生中的知识支柱：学会认知，即获取理解的手段；学会做事，以便能够对自己所处的环境产生影响；学会共同生活，以便与他人一道参加人的所有活动并在这些活动中进行合作；最后是学会生存，这是前三种学习成果的主要表现形式。同时，报告提出，在一般情况下，正规教育仅仅是或主要是针对学会认知，较少针对学会做事。而另外两种学习往往带有很大的随意性，有时也被看作前两种学习的一种自然而然的延伸。然而，委员会认为，在任何一种有组织的教育中，这四种"知识支柱"中的每一种应得到同等重视，使教育成为受教育者个人和社会成员在认识和实践方面的一种全面的、终生持续不断的经历。② 这段话里提出了著名的"基础教育的四大支柱"论述。笔者认为，认为在这"四个支柱"之中，后三种支柱更多与实践能力的培养相关。目前，我国基础教育课程在"学会认知"这个"支柱"方面做了大量工作，但在其他"支柱"方面做得还远远不够。因此，我们必须着力加强实践课程的开发，进一步优化我国基础教育课程结构，推动基础教育的"四大支柱"获得"同等重视"，使学生实现全面发展。

　　第三，有助于增强培养学生实践能力和创新精神的力度。学生的实践能力和创新精神从哪里来？毫无疑问，它们是从学生的实践中来，从学生既动脑又动手的活动中来。如果只是把学生禁锢在教室里、校园里，学生的实践能力、创新精神和社会责任感便无从谈起。

---

　　① 郭元祥：《论实践教育》，《课程·教材·教法》2012 年第 1 期，第 20 页。

　　② 联合国教科文组织国际 21 世纪教育委员会：《教育——财富蕴藏其中》，教育科学出版社 1996 年版，第 75—76 页。

"了解我们周围世界的最佳方式就是实践，这意味着我们必须确保学生在日常生活中与自然保持密切联系。"① 最近的实验研究表明，基于实践活动的同伴互助学习方式优于传统的课堂讲授方式；通过实践活动来学习，学生能够更好地理解和运用知识。② "实践学习是一种富有创造性、充满乐趣的学习方法。"③ 通过开发实践课程，并在教师的精心组织实施下，让学生密切体验现实生活、观察社会和自然，并动手实践，形成实践反思的习惯，促进学生的全面发展。正如王道俊教授在论述"主体教育论"时指出，"主体教育论立足于人的社会实践"。④ 脱离实践活动，学生的主体性无法得到彰显和培育。当前，我们正努力改变以往过于注重书本知识学习的做法，积极引导学生参加各种实践活动，这是一个积极的方向。但是这些活动没有形成为实践课程，它们在策划和实施中还显得随意、零散、不够系统。通过开发实践课程，可以目标明确、系统地、有规划地培养学生的实践能力和创新精神，从而增强了培养学生实践能力和创新精神的力度。

第四，它为教师提升课程能力提供了新的平台。教师的课程能力是指教师在规划、编制、实施、评估课程过程中的个性心理特征。在21世纪，课程能力将是教师的核心职业能力之一。自我国基础教育课程改革以来，教师逐渐改变了以往"教教材"的做法，走向"用教材教"——这是一个巨大的转变，它有助于教师提升自身的课程能力。但"用教材教"并不能全面培养教师的课程能力，因为它毕竟还是要受制于教材。由于实践课程是一种新的课程类型，它需要教师自己开发、实施和评估，这就赋予了教师极大的课程开发空间，更利于提升教师的课程能力。在开发实践课程的过程中，教师成为"课程开

① John Whitney, Sam Sellar and Kathryn Paige, "Science, Art, Learning and Teaching: Making Connections", *Teaching Science*, Vol. 50, No. 4, 2004, p. 25.

② Safqat Hussain, Saeed Anwar, and Muhammad Iqbal Majoka, "Effect of Peer Group Activity – Based Learning on Student's Academic Achievement in Physics at Secondary Level", *International Journal of Academic Research*, Vol. 3, No. 1, 2011, p. 941.

③ Chan Bee Choo, "Activity – based Approach to Authentic Learning in a Vocational Institute", *Educational Media International*, Vol. 44, No. 3, 2007, p. 204.

④ 王道俊：《关于教育的主体性问题》，《教育研究与实验》1996年第2期，第5页。

发者"，他需要全面审视自己的教育观、学生观和课程哲学，学习各种课程开发的理论和技术，深入了解学生的个性特点和兴趣，理解社会的期望和要求，并与其他实践课程开发主体密切合作，策划系列的"实践事件"。① 在课程实施之后，教师还需要细致反省和评估实践课程开发的成效，以促进实践课程开发的持续改进。在这一过程中，教师能够全面地培养自己的课程能力。

（三）我国中小学实践课程开发中存在的主要问题

当前，我国实践课程开发过程中存在不重视实践课程、实践课程门类少、实践课程内容缺乏层次性和整体设计、教师缺乏实践课程开发的理论与技术等问题。②

1. 对实践课程不够重视

由于受根深蒂固的传统教育观念以及应试教育的不良影响，我国历来非常重视理论课程和学科课程；相反，却十分轻视实践课程。这就造成了长期以来对实践课程开发不够重视。可喜的是，2001 年，我国新一轮基础教育课程改革中，从小学至高中都设置了综合实践活动作为必修课程。这种综合实践活动课程是在教师引导下，学生自主进行的综合性学习活动，是基于学生的经验，密切联系学生自身生活和社会实际，重视知识综合应用的实践性课程。"它是对我国几十年来课外活动、活动课程与社会活动的继承和发展，是应对时代发展对国民素质的挑战的基本策略，是实施全面发展教育，培养学生的创新精神、实践能力、强烈的社会责任感和良好个性品质的根本要求。"③ 如果该课程能够得到全面、彻底的实施，将能极大地促进学生实践素养的提高。然而，综合实践活动课程实施十多年来，虽取得了一定进展，但仍存在综合实践活动常态实施的面比较小，学校综合实践活动课程开发与课程建设、课程管理能力不足，综合实践活动课程的教学

① 马兆兴、周平珊：《实践课程——一种新型的教师培训课程》，《中小学教师培训》2004 年第 6 期，第 11 页。

② 曾素林、陈上仁：《实践课程开发的现状与策略探析》，《赣南师范学院学报》2015年第 5 期。

③ 王道俊、郭文安主编：《教育学》，人民教育出版社 2009 年版，第 308 页。

规范不够，学生深度参与不够，综合实践活动的课程环境有待进一步优化等诸多问题。[①] "当前中小学社会实践开展得不规范，活动之间缺少内在关联性和逻辑性，缺少必要的协调机制，缺乏系列化的课程体系，等等，导致社会实践活动的无序性、随意性。"[②] 笔者的调查结果显示，22.7%的教师对于综合实践活动课程性质和内容缺乏一定的了解，44.1%的教师认为，其所任教学校不重视综合实践活动课程，49.8%的教师认为，其所任教学校经常把综合实践活动的课时挪用到其他课程。这些问题说明，尽管我们设置了综合实践活动课程，但对它的重视力度还很不够。我们可以通过采取多种措施，提高对实践课程开发的重视程度。主要做法包括：从国家层面来说，可主办实践课程、活动课程开发的系列国际研讨会，把中小学生的实践课程表现列入综合素质评价和基础教育质量监测的范围，目前我国招生考试制度改革正朝着这个方向迈开探索性的步伐，2014 年 12 月 10 日，教育部发布了《关于加强和改进普通高中学生综合素质评价的意见》（教基二〔2014〕11 号），把中小学的社会实践方面作为综合素质评价的五大内容之一；从地方层面来说，地方教育主管部门要加强对中小学实践课程开发的各项投入，包括开展实践活动经费的保障、实践基地的建设、实践课程教师的配备等；从中小学校层面来说，要为教师参与实践课程的开发提供必要条件，即实践课程开发的教研制度建设、实践课程实施的时间、场地、教师考核的公平性等。

2. 实践课程的门类较为单一

实践的多样性、多层次性决定了实践课程的丰富性。实践的多样性、多层次性体现在其类型上。正如前文所述，以场所划分，实践可分为课内实践与课外实践、校内实践与校外实践；以参与人数划分为独立实践与合作实践，或个人实践与小组实践、集体实践；以实践的方式划分为现实性实践、模拟性实践和虚拟性实践；以实践的目的划

---

① 郭元祥：《综合实践活动的回顾与前瞻》，《基础教育课程》2010 年第 5 期。
② 殷世东：《社会实践与人身心和谐发展》，《东北师大学报》（哲学社会科学版）2011 年第 3 期，第 208 页。

分为认知性实践、体验性实践、考察性实践和综合性实践；以实践的内容划分为政治实践、经济实践、文化实践等；以外界控制程度划分为自主实践与他人指导下的实践；等等。因此，我们可以"通过对中小学开展的各类社会实践进行分类、优化、整合，构建立体式、多样化、开放性、系列化的课程体系。"① 目前，我国实践课程门类主要限于综合实践活动课程。该课程的内容主要包括信息技术教育、研究型学习、社区服务与社会实践以及劳动与技术教育。从以上实践类型的丰富性来看，综合实践活动课程的这些内容远非实践课程的全部。另外，从课程性质上看，综合实践活动课程是一门必修课程，学生对课程的选择性还不足，还必须开发一定数量以选修课为形式的实践课程，以满足不同学生的个性特点和兴趣，增强对不同学生的适应性以及学生对课程的选择性。在笔者的问卷调查中，有 42.8% 的教师认为，自己所在学校除了综合实践活动课程，没有开发其他的实践课程或者活动课程（见表 4 - 1）。

表 4 - 1　　　　我国中小学其他实践课程或活动课程的开发现状

问卷类别	调查项目	选项									
		非常同意		同意		不同意		非常不同意		不清楚	
		人数	比重（%）	人数	比重（%）	人数	比重（%）	人数	比重（%）	人数	比重（%）
教师卷	除了综合实践活动课程，您所在学校还开发了其他的实践课程或活动课程	37	11.8	125	39.9	107	34.2	27	8.6	17	5.4

3. 实践课程内容缺乏层次性和整体设计

实践课程开发，必须根据学生的自身发展特点、国家的教育宗旨和学校的教育哲学进行系统规划。我国在这方面还比较薄弱，现阶段

① 殷世东：《社会实践与人身心和谐发展》，《东北师大学报》（哲学社会科学版）2011 年第 3 期，第 208 页。

的中小学实践课程内容还缺乏逻辑性和整体设计。以综合实践活动课程为例，根据规定，该课程在小学、初中和高中三个学段开设。课程的内容分别规定为研究型学习、社区服务与社会实践、劳动与技术教育及信息技术教育。该内容设置说明三个学段都将面对类似的课程内容设计及框架，不可避免产生课程内容的重叠、课程资源（包括精力、时间、物资等）浪费等，导致学生参与课程活动的兴趣下降。再如，不少中小学开展了蔬菜种植的综合实践活动，但只是让部分学生参与该活动，没有设计出明确的课程目标和评价方法，也没有围绕该活动精心设计相关的课程内容，如蔬菜作物的种类、生长周期及其条件、种植方法、土壤改良、病虫灾害预防等，这样的综合实践活动处于浅层次和低水平，没有成为真正意义上能够推动学生成长的课程。对此，有学者指出："作为课程内容的直接经验的不应是零散的活动技巧或生活体验，也不应是学生琐碎的日常事务，而应是关照学生现实生活世界的、具有较高精神价值的结构化与体系化的东西"，"从这些意义上说，作为课程内容的直接经验的选择，需要以学生生活的逻辑为起点，设计出一定的结构和体系"。[①] 因此，我们需要进一步整体优化实践课程内容设计，使之具备层次性、逻辑性和结构性。

4. 教师缺乏实践课程开发的理论与技术

在我国基础教育中，设置实践课程的历史较短，人们对该课程的性质、内容、规范还比较陌生，更缺乏相应的课程开发理论和技术。以综合实践活动课程为例，它是由国家设置、地方指导、学校开发与实施的一门必修课程。各中小学校可以根据自己的办学特色和资源状况，组织本校的教师开发和实施综合实践活动课程。这能较好地调动中小学校的积极性，提高教师的课程开发与管理能力，促进学校的发展。但由于我国中小学教师缺乏实践课程开发的相关理论与技术，导致有些学校在综合实践活动课程开发上不够规范，处于自发的状态，影响了该课程的实施成效。笔者对一些中小学的综合实践活动课程任课教师、市县区综合实践活动教研员的访谈中，他们表示对于如何在

---

① 王道俊、郭文安主编：《教育学》，人民教育出版社 2009 年版，第 150 页。

实践中开发综合实践活动课程感到困惑，主要原因是缺乏相关理论和技术的指导。"从目前情况看，一些相关的理论和实践问题还没有得到很好的解决，尤其是缺乏对综合实践活动课实现学生实践能力发展目标的具体分析，没有形成综合实践活动课教学的有效理论分析框架。这种研究的缺失导致教师在开展综合实践活动课时难以把握教学的质量和效果，课程目标——发展学生的实践能力难以达成。"① 因此，我们应从实践课程开发的自发状态走向自觉的状态，探索实践课程开发的理论与技术，规范我国实践课程的开发。正如英国牛津大学教育哲学专家约翰·威尔逊（John Wilson）指出："在某种程度上，课程是艺术或者技术的词语。"② 如果我们缺乏课程开发的相关艺术或技术，实践课程开发和实施将无法驶入正确的轨道，也就不能取得期望中的成效。

针对以上问题，我们应采取适宜的措施，有效解决这些问题，促进我国实践课程的开发。

二　实践课程的开发主体

开发实践课程，我们首先需要弄清楚谁是实践课程开发的主体以及其素质能力要求。

（一）实践课程开发的主体构成及其素质要求

1. 实践课程开发的主体构成

实践课程的开发是一个复杂的系统工程。仅从实践课程开发的主体来看，它不仅涉及教师、学生，它还可能涉及实验室人员、实践基地人员、课程专家、心理学家、社会其他机构人员、家长等，实践课程的开发主体可以"从社会中来"。"既可以聘请有个性化的生活经

---

① 吴志华：《"问题解决"的实践活动模式思考》，《中国教育学刊》2007 年第 9 期，第 68 页。

② John Wilson, *Philosophy and Practical Education*, London, Henley and Boston：Routledge & Kegan Paul, 1977, p. 65.

验和丰富的社会阅历的老者，可以聘请在某一活动上有独到建树的青少年；既可以聘请仅有一技之长的社会各界平民百姓，也可以聘请某一领域有专长的教授、专家、学者；既可以是慕名而邀的陌生人，也可以是学生家长、亲朋好友、邻里乡亲；既可以是政府官员，也可以是民间组织。"① 这些人员均可能成为实践课程开发的主体。

（1）教师

教师是实践课程开发的主体，是实践课程开发的策划者、组织者和协调者。这里的教师不仅指实践课程的任课教师，非实践课程的任课教师也可以参与开发实践课程。教师在整个实践课程开发过程中，需要明确本校的培养目标和学生的身心特点，对本校的实践课程体系有清楚的认识，并与学生、其他主体协商，从而完成对实践课程的开发。

（2）学生

实践课程的内容、实施方式等应满足学生的需求，否则将不能实现课程的目标。因此，应让学生全程参与实践课程的开发。学生在实践课程开发中，可以提出建议、意见、协助其他主体策划实践活动、参与联络相关人员、场地等。

（3）其他人员

实践课程的开发除了教师和学生，有时还需要很多其他人员的参与，因而他们也构成了实践课程开发的主体。例如，如果实践课程的活动内容涉及某个实践基地，那么需要征求该基地相关人员的意见，以设计好该活动的实施程序及要求。在这种情况下，该基地相关人员也成为实践课程开发的主体。

2. 教师作为实践课程开发主体应具备的素质要求

由于教师是实践课程开发的策划者、组织者和协调者，因而教师在实践课程开发中起着关键性的作用。实践课程开发的质量好坏，很大程度上取决于教师是否具备相关的素质要求。因此，应挑选综合素

---

① 郭元祥、伍香平主编：《综合实践活动课程的理念》，高等教育出版社2003年版，第148页。

质较高的教师来担任实践课程的开发主体。"可以遵循自愿的原则，在学科领域的教师自由报名的基础上，挑选出知识面宽、组织能力强、性格开朗、思维活跃的教师来担任综合实践活动的指导教师，同时，挑选出哪些对某个领域有过钻研或精通某门学问或某种技能的教师作为综合实践活动的顾问教师，采用指导教师为主、与顾问教师相配合的方式来指导学生的综合实践活动。"① 一般来说，教师作为实践课程开发主体需具备如下素质要求。

（1）品德素质

教师在组织开发实践课程的过程中，应具备平等、公平意识，能尊重每个学生及其他实践课程开发主体，能够接纳各方面的意见。

（2）知识素质

由于实践课程的内容往往不是只涉及一个学科，而是多个学科或多个领域，因此，教师需要博学多才，了解若干学科或领域的知识。此外，教师还应了解学生的身心发展特点、实践能力的发展规律和特点，并掌握实践课程或活动课程开发的理论与技术（见表4-2）。

表4-2   教师作为实践课程开发主体应具备的知识素质

教师作为实践课程开发主体应具备的知识素质
1. 博学多才，了解若干学科或领域的知识
2. 了解学生的身心发展特点、实践能力的发展规律和特点
3. 掌握实践课程或活动课程开发的理论与技术

（3）技能素质

教师作为实践课程开发的关键主体，应具备多种能力，包括课程能力，即规划和开发课程等才能；策划能力，即活动策划的才能；沟通能力，即与人交流沟通的才能；领导能力，即领导一个团队实现某一目标的才能；组织能力，即组织不同实践课程开发主体开展活动的

---

① 郭元祥、伍香平主编：《综合实践活动课程的理念》，高等教育出版社2003年版，第146页。

才能；协调能力，即在实践课程开发活动中协调指挥的才能；表现能力，即"教师在教育活动中，根据实际需要以及对教育表现的认知，借用一定的形式、方法和手段，有效地表现、展示自己的教育策略与智慧，以调动学生学习与发展的兴趣和积极性，构建和谐互动的师生关系，促进教育教学目标的实现"；① 等等（见表4-3）。

表4-3　　　　教师作为实践课程开发主体应具备的技能素质

教师作为实践课程开发主体应具备的技能素质							
课程能力	策划能力	沟通能力	领导能力	组织能力	协调能力	表现能力	……

（二）实践课程开发主体之间的合作

实践课程的开发是一个复杂的系统工程。仅从实践课程开发的主体来看，它不仅涉及教师、学生，它还可能涉及其他多个主体。他们在视角、能力、经验、知识等方面存在显著的差异，这对实践课程开发是非常有益的。因为在团队工作中，异质性的团队比同质性的团队更具有创造性和协调性。以往，我们仅强调教师作为实践课程开发主体的重要性，没有强调发课程开发团队的作用，导致实践课程开发和实施过程中缺乏创新性、有效性。因而，我们应改变教师作为单一的实践课程开发主体的状况，充分发挥团队合作的优势，调动相关主体的积极性和创造性，形成实践课程开发的合力。当然，在实践课程开发团队中，教师起着召集人、协调者和策划者的作用，但他与其他主体应处于平等的地位。在教师的引领下，使实践课程开发成为教师与学生及其他人员成为平等主体的过程，以及实践、行动、创造、动态、开放的过程。实践课程开发主体之间的合作方式可采用课程论专家施瓦布所提出的"课程审议"方式，从而使实践课程开发的过程成为"参与者彼此互动、相互启发的教育过程"。② 事实上，这一过程

---

① 曾素林、靖国平：《教师的表现性素养探析》，《教育学术月刊》2011年第5期，第79页。

② 吴刚平：《校本课程开发的思想基础：施瓦布和斯腾豪斯"实践课程模式"思想探析》，《外国教育研究》2000年第6期，第8页。

本身也成为一种实践活动。

　　实践课程开发主体之间的合作还包括实践课程指导教师之间的合作。日本中小学校通过建立"教师小队"的形式来开发和组织综合性学习活动。我们可以借鉴这一形式，在中小学校实践课程与实践活动教师指导小组，即将不同学科或课程背景的教师组建成若干个教师指导小组，指导小组的教师可以根据自己的工作情况和兴趣爱好来申请参与指导小组，全体师生也可根据对某些教师的工作情况的了解推选出一些教师来组成指导小组。由于指导小组是一个群体，因而在指导活动的过程中，应该既有分工也有合作。教师指导小组内部的合作十分重要，只有和谐的教师关系才会给学生营造和谐的活动氛围，才能给予学生更有力的指导。① 通过实践课程指导教师之间的紧密合作，还可以为学生在实践活动实施中的合作提供榜样和示范。

三　实践课程的目标和内容设计

（一）实践课程的目标设计

　　实践课程的目标，是指通过实践课程的实施，期望学生发生哪些变化。实践课程目标的设计是实践课程开发的起点，也是实践课程开发和实施的关键。它对实践课程开发和实施起到了一个定向指引的作用，也为实践课程评价奠定了基础。泰勒指出，"我们花了很多时间来提出和阐述目标，因为他们是引导课程编制者其他所有活动最关键的标准。"② 因而，我们必须十分重视实践课程的目标设计。

　　1. 实践课程的目标来源

　　一般来说，实践课程的目标主要有三个来源。

---

　　① 郭元祥、伍香平主编：《综合实践活动课程的理念》，高等教育出版社2003年版，第147页。
　　② ［美］拉尔夫·泰勒：《课程与教学的基本原理》，罗康、张阅译，中国轻工业出版社2008年版，第53页。

（1）社会的要求

即社会对学生提出要求，希望学校培养的学生能够符合社会的需要。例如，社会不仅要求学生具备丰富的理论知识，还希望他们具备解决实际问题的能力。"概括地说，社会政治、经济、文化的发展趋势、时代特征及其对人的素质要求，是设计课程目标的现实依据。"①

（2）学校的教育目标

每个学校都有自己的教育哲学和教育目标，并通过这些教育目标统领学校的全部工作。学校应设计自己的教育目标，以全面引领学校的一切工作。② 例如，美国伊利诺伊州厄巴纳市厄巴纳中学的教育哲学是：最大限度地满足六年级至八年级学生的各种独特需要，提供以学生为中心的教育，积极回应学生的发展需要。再如，厄巴纳市普莱利小学的教育目标是：帮助每一个学生发展和保持高水平的自信以及"能做"的积极态度。实践课程的目标也来源于学校的教育目标。

（3）学生的身心发展特点

社会和学校对学生的发展提出一定的要求，但是这些要求不能脱离学生的身心发展特点。实践课程目标的设计也是如此。具体来说，实践课程的目标应是学生能够达到并乐意追求的目标。

2. 实践课程目标的领域

依据我国《基础教育课程改革纲要》（试行）的要求，"应体现国家对不同阶段的学生在知识与技能、过程与方法、情感态度与价值观等方面的基本要求，规定各门课程的性质、目标、内容框架，提出教学和评价建议"③，实践课程目标可以分布在知识与技能、过程与方法、情感态度与价值观三个领域。但由于实践课程所指向的一般为帮助学生获取经验，笔者主张以经验目标代替"知识"目标。另外，技

---

① 王道俊、郭文安主编：《教育学》，人民教育出版社 2009 年版，第 143 页。

② The Schools Council, *Primary Practice：A Sequel to "The Practical Curriculum"*, London：Methuen Educational, 1983, p. 21.

③ 中华人民共和国教育部：《基础教育课程改革纲要（试行）》，《中国教育报》2001年 7 月 27 日第 2 版。

能与方法应为类似的领域。笔者认为，实践课程目标的领域为经验领域、技能与方法领域、情感态度与价值观领域。

第一，经验领域。该领域的目标主要为学生应掌握什么经验、哪些经验。

第二，技能与方法领域。该领域的目标主要为学生应学习哪些技能和方法。例如，探究能力、社会实践能力、交往能力、收集与处理信息的能力、设计与操作技能等。

第三，情感态度与价值观领域。该领域的目标主要为学生应培养怎样的情感、态度和价值观。我们在实践教育中，不仅应注重让学生获得知识、经验、技能、方法等，还应注意培养学生积极的情感、态度和价值观，例如，良好的学习态度、克服困难的勇气、关心和尊重他人、爱护环境、勇于创新的品质、遵守纪律、团结互助等，从而促进学生的全面发展。

当然，以上各领域的分类只是为了研究和教学的需要。在实践中，往往不同领域的目标交叉在一起。正如英国学校教育理事会所指出的："正如一个目标可以通过多种方法来实现，一个实践活动也可以实现多个目的。重要的是使目标和实践活动保持一致。"①

3. 如何设计实践课程的目标

(1) 课程目标的表述要求

第一，在表述上，课程目标的表述不应过于抽象，也不应过于具体。课程目标的设计过于具体、目标行为表述太细致，往往会限制过死，不利于教学目标的研制；而课程目标过于抽象和概括，又不利于课程知识的选择与组织，不利于课程评价。因此，应当使这两个方面保持适当的平衡。② 目标应该是清晰明确的，但不一定是具体的。目前，不少教师设计的综合实践活动课程的目标与这个要求还有距离。

---

① The Schools Council, *Primary Practice*：*A Sequel to "The Practical Curriculum"*，London：Methuen Educational, 1983, p. 34.

② 王道俊、郭文安主编：《教育学》，人民教育出版社 2009 年版，第 144 页。

第二，课程目标应陈述学生的行为。课程目标代表着对学生的期望。因此，课程目标应陈述学生的行为（即行为化的目标）及期望学生应发生的变化，而不是陈述教师的行为。泰勒在谈到如何设计课程的教育目标时也强调这一点。他说："既然真正的教育目标并不是要教师从事某些活动，而是让学生的行为模式发生显著的改变，那么，意识到任何对学校目标的陈述应该都是对学生应发生的改变的陈述，就显得很重要了。""以教师开展的活动为形式来陈述教育目标，其难点在于实际上没办法判断这些活动是否确实应该开展。"① 举例来说，有的教师设计了这一目标："带领学生仔细观察淡水鱼的生活习性。"该目标陈述的是教师的行为，而不是学生的行为。正确的处理方式是把教师的行为修改成为学生的行为，即"学生通过仔细观察来了解淡水鱼的生活习性"。课程目标还应注意采用行为动词，使其表述得明确具体，并使该目标可以被观测或测量。

（2）应注意把握课程目标的层次与结构

从总体上看，实践课程的目标是有层次和结构的。它可以由课程目标、课程具体目标、课程阶段目标构成。课程目标是指学生通过该实践课程的学习后所能达到的要求。它是较为宏观的目标。例如，"研究型学习"的课程目标是如下六个方面：

a. 获得参与探索的经验；

b. 提高发现、探究问题和解决问题的能力；

c. 形成合作与分享的意识；

d. 培养科学态度和道德；

e. 培养对社会和自然的责任感；

f. 培养收集、分析、处理信息和综合运用知识的能力。

备注：该课程3—6年级的目标与7—9年级的目标在本质上是一

① ［美］拉尔夫·泰勒：《课程与教学的基本原理》，罗康、张阅译，中国轻工业出版社2008年版，第38页。

致的，只是目标水平上有高低差异。①

　　课程（或活动）具体目标是指课程中某一主题活动或者某一内容的目标。它相对是具体的、细致的。如案例 1 中的"活动的具体目标"就是课程的具体目标。

案例1：

"蔬菜的绿色吃法"主题活动设计

一　活动主题的提出

……

二　活动的具体目标

1. 通过调查、采访、查阅、讨论、交流等方法，了解有关蔬菜的种植、种类等知识，丰富学生的生活储备，让学生健康快乐地生活。

2. 通过实践活动，培养学生参与实践、合作展示交流等能力，体验劳动的艰辛和成功的乐趣。

3. 在自主探究、合作交流中了解探究的基本方法，增强学生自主发展的信心。

　　……②

　　课程（或活动）的阶段目标是指在课程中某一主题活动各阶段的目标。如案例 2 中实践活动各阶段的活动目的就是课程的阶段目标。

---

① 王道俊、郭文安主编：《教育学》，人民教育出版社 2009 年版，第 415—416 页。

② 张松灵：《例谈综合实践活动目标的设计与内容的选择》，《教学与管理》2011 年第 2 期，第 23 页。

案例 2：

消费绿色食品享受健康人生

——以"绿色食品、绿色消费"为主题的综合实践活动案例

活动实施的具体过程：

整个主题活动分八个活动阶段实施：

活动一：调查——绿色食品知多少

活动目的：学会设计调查表，整理调查结果，总结调查情况，了解大家对绿色食品的认识，培养学生的小组合作能力。

……

活动二：收集——绿色食品资料

活动目的：学会运用各种调查的方法，培养多渠道收集信息的能力，并对收集到的信息进行简单的加工处理和应用的能力。

……

活动三：展示——我眼中的绿色食品

活动目的：通过各组展示收集资料的情况，了解绿色食品。培养学生口头表达能力、收集和利用资料能力、思维能力和团队精神。

……

活动六：品尝——绿色食品之美味

活动目的：通过品尝绿色食品会，提高学生对绿色食品的认识。培养学生的健康食品消费观，增进同学之间的友谊。

……

活动七：呼唤——绿色食品之消费

活动目的：通过开展"呼唤绿色食品"的讨论会，学生采用各种方式呼吁大家购买绿色食品。学会撰写社会调查报告，培养学生写作能力。

……

活动八：总结——绿色食品之感想

活动目的：通过活动小结，学生之间相互交流，提高认识，总结经验。[①]

（3）以有利于实施教学的形式陈述目标

教学目标应能够帮助教师开展教学实施，但现实中，很多教学目标设计不恰当，反而影响了教学的顺利开展。泰勒在其名著《课程与教学的基本原理》中分析了三种不恰当的陈述课程目标的形式：目标有时被陈述为要教师去做的事情；列出一门或多门课程中要涉及的主题、观念、概论或其他内容要素；采取概念化的行为模式。他提出应以有利于选择学习经验和指导教学的形式陈述目标，即陈述教育目标最有用的形式，是既指出应培养学生的哪种行为，又指出该行为可运用于哪些生活领域或内容中，每一种课程目标应同时包括有关目标的行为和内容两方面，这样的课程目标看起来既清楚又能对教育的制定起指导作用。[②] 以往我们仅提出课程的目标，但没有指出该目标所应用在哪些生活的领域，这样的课程目标是空泛的、缺乏有效性的，它不能有效地指导教师选择学习经验以及实施课程、评价课程。例如，有的老师设计了"培养学生的文学鉴赏力"的课程目标，该目标没有指出其应用的领域，因而它是不恰当的课程目标。如果将其修改为"培养学生对中国古代诗歌的文学鉴赏力"，这个课程目标就比较合适了，它既表明了学生应达到的目标，又指明了其应用的领域，这有利于实践课程的教学实施。

（二）实践课程的内容设计

课程内容是实践课程的载体。它是"根据课程目标从人类的经验体系中选择出来，并按照一定的逻辑序列组织编排而成的知识体系和经验体系。"[③] 应精心选择和组织实践课程的内容。

---

① 卢卫芳：《消费绿色食品享受健康人生：以"绿色食品、绿色消费"为主题的综合实践活动案例》，《新课程研究》2006 年第 3 期。

② ［美］拉尔夫·泰勒：《课程与教学的基本原理》，罗康、张阅译，中国轻工业出版社 2008 年版，第 38—41 页。

③ 王道俊、郭文安主编：《教育学》，人民教育出版社 2009 年版，第 144 页。

1. 实践课程的内容选择

如何选择实践课程的内容，可以有如下几种思路：

（1）选择适合学生兴趣和需要的经验

实践课程的内容选择，往往涉及学校对实践教育的整体规划以及学校的教育目标。实践课程的内容选择，实质上是选择适合学生的经验，即哪些经验以及哪些种类的经验可以选入实践课程。这是实践课程或实践活动的开发者们应深入思考的问题和实践课程内容开发的关键。"一方面，课程的设计是以学生的生活经验、生活背景、生活中感受到的问题与需要为中心的，强调学生经验在课程中的独特地位和价值；另一方面，课程的实施是建立在学生的活动经验和活动过程基础之上的，强调学生的亲身经历和参与。"① 一般认为，实践课程的内容应选择生动活泼的、有趣的各种经验。杜威提出的经验的两个标准可以作为实践课程或实践活动内容选择的依据之一，即这些经验是否为连续性的经验？这些经验是否为学生所需要？杜威的经验的连续性原则要求，选择的经验必须建立在学生原有经验的基础上，否则是选择的经验将变成"空中楼阁"，不能被学生所接受。因此，实践课程开发者应积极利用学生的已有经验。"教师应能运用这些未分化的经验来引导儿童理解包含在学科、问题、经验过程及领域中的概念。"② 杜威的经验的交互作用原则强调儿童与环境之间的相互适应和影响，重视儿童个人的需要、愿望、目的和能力。换句话说，教育必须发挥儿童的积极性、主动性，教师应随时密切关心产生交互作用的种种情境，才能促进儿童的发展和生长。

华中师范大学郭元祥教授认为，从普遍意义上看，课程内容中的直接经验结构和体系，至少涉及学生生活三个方面的内容：第一，学生处理与自然事物关系的直接经验，如认识、观察、探究自然事物及其对人的意义等，从而获得关于自然的知识与体验。第二，学生认识

---

① 王道俊、郭文安主编：《教育学》，人民教育出版社 2009 年版，第 404 页。

② The Schools Council, *Primary Practice: A Sequel to "The Practical Curriculum"*, London: Methuen Educational, 1983, p. 34.

和处理与自我关系的直接经验，如自我认识或自我意识、自我评价、自我调节和控制，从而形成主体意识、主体人格和主体能力，完善个体的精神生活。第三，学生处理与他人、与社会关系的直接经验，如与其他个体、群体的社会交往活动、社会研究等，从而获得关于社会的知识、参与社会活动的体验和能力。对不同年段的学生，这些直接经验应在类型、程度上有所区别。① 这是一个很好的思路，即我们可以从学生与自然世界、社会世界、自我世界三方面的关系选择适当的内容。

在笔者的调查（调查总样本数量为405人）中，学生喜爱的综合实践活动课程的内容依次为：C. 生活知识与技能（300人次）；A. 社会实践与探索（258人次）；K. 信息技术教育（215人次）；H. 食品、营养与烹饪（205人次）；D. 职业知识与探索（181人次）；B. 学科理论知识与活动（160人次）；J. 社区服务（114人次）；F. 种植知识与技能（113人次）；E. 工业生产知识与技能（105人次）；I. 木工与制作（83人次）；G. 养殖知识与技能（46人次）；L. 其他（14人次），具体分布情况见图5－1。该调查结果可以为中小学实践课程的内容选择提供有力的参考。

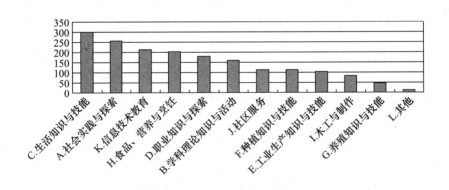

图5－1　学生喜爱的综合实践活动课程的内容

---

① 王道俊、郭文安主编：《教育学》，人民教育出版社2009年版，第150页。

（2）因地制宜开发实践课程，增强其适应性和选择性

我们可以因地制宜地开发实践课程，拓展实践课程的门类，增强其适应性和选择性，是有效解决目前我国实践教育缺失问题的有效途径之一。《基础教育课程改革纲要》（试行）中要求，初中阶段"学校应努力创造条件开设选修课程"，高中阶段"为使学生在普遍达到基本要求的前提下实现有个性的发展，课程标准应有不同水平的要求，在开设必修课的同时，设置丰富多样的选修课程，开设技术类课程"，"农村中学课程要为当地社会经济发展服务，在达到国家课程基本要求的同时，可根据现代农业发展和农村产业结构的调整因地制宜地设置符合当地需要的课程"。①

实践课程不仅可以作为必修课来开设，也可作为选修课来开设，或者以校本课程的方式开设。美国、英国、挪威、芬兰等国非常重视开发实践课程，它们的实践课程种类较为丰富、开设方式灵活。以笔者实地考察的美国伊利诺伊州厄巴纳中学为例。该校为了全面提高学生的综合素养，不仅开设了高水平的学术课程，而且还开设了体系化、衔接有序的实践课程。这些实践课程均以选修课程的方式来开设。它们分别是六年级的"今日青少年""技术探索"，七年级的"食品与营养""生活技能"和"媒体与设计技术"，八年级的"家庭生活"和"职业连接""音乐与媒体技术"（见附录一）。② 这些课程与学生的生活息息相关，并都有相应的学分，由专职教师负责教学和考评。正因为这种均衡的课程结构，该校学生的总体学业成绩较高，动手实践能力强，在当地社区有非常好的口碑。这一经验值得我们借鉴。通过考察美国中小学实践课程的现状，我们发现，实践课程是多样的，并非一定要到社会中去实践的才是实践课程（这是我们观念上的误区之一）。

我国基础教育课程改革设置综合实践活动课程为必修课，这是

---

① 中华人民共和国教育部：《基础教育课程改革纲要》（试行），《中国教育报》2001年7月27日第2版。

② Urbana Middle School, *Urbana Middle School Curriculum Guide*（2012 - 2013），http：//www.usd116.org/ums/，pp. 26 - 44.

非常重要的一步。今后，我们还应继续对课程政策、课程结构作进一步的调整，开发多样的实践课程，促进基础教育课程结构的平衡。开发实践课程，应有长期的规划，构建较为完整的实践课程体系。"为了确保中小学社会实践持续性开展，必须引导学生对感兴趣的课题持续深入探究，形成系列化、序列化探究活动"。①

在实践课程的范畴、内容难度和容量上遵循由窄到宽、由易到难、由浅到深的开发原则，体现实践教育的连续性和完整性，促进课内与课外、校内与校外、动脑与动手、独立与合作、理论与实践的和谐统一。"变单纯的活动为系统课程，变教师主导塑造学生良好品质为学生自我实践、自我教育的过程。把活动内容从横向和纵向两个方面进行统筹规划，设计开发出科技活动类、安全教育类、劳动实践类、社会调查类、文体活动类、生活实践类、环保教育类、拓展训练类八大类系列主体教育活动。"②

（3）开发学科课程中的实践活动学习内容

笔者认为，除了开发实践课程的门类，各种学科课程如语文、数学、科学等也可以积极探索学科实践活动，为学生提供实践的机会，提高中小学的实践能力和综合素质。然而，很多教师还没有进行过这样的尝试。例如，第十届国际数学教育委员会（the 10th International Congress on Mathematical Education，ICME - 10）通过调查后认为，国际上大多数国家或地区的学校都缺乏数学实践活动。③ 这值得我们反思并改进。

2. 实践课程的内容组织

如何组织实践课程的内容，直接影响着实践课程的实施方式和实施效果。"所谓课程组织，就是在一定的教育价值观的指导下，将所

① 殷世东：《社会实践与人身心和谐发展》，《东北师大学报》（哲学社会科学版）2011 年第 3 期，第 208 页。

② 耿庆堂：《校外实践活动与创新教育》，《现代教育》2011 年第 3 期。

③ Anna Sfard, *What Could be More Practical than Good Research：On Mutual Relations between Research and Practice of Mathematics Education*, Educational Studies in Mathematics, 2005（58），p. 402.

选出的各种课程要素妥善地组织成课程结构，使各种课程要素在动态运行的课程结构系统中产生合力，以有效地实现课程目标。"① 因此，应认真组织好实践课程的内容。概括而言，该课程内容有如下几种组织方式。

（1）直线式与螺旋式

这是根据实践课程的内容在组织编排中是否重复来区分的。直线式是指实践课程的各项内容在组织编排中不予以重复，各自保持相对独立。螺旋式是指实践课程的各项内容在不同年级或阶段予以重复，但在课程内容的难度上不断深化。直线式较适合于课程内容为单一主题活动内容、理论性相对较低、可操作性较强的实践课程，螺旋式较适合于课程内容包含若干个的主题活动内容、理论性较强的实践课程。就我国综合实践活动课程而言，由于该课程在小学、初中、高中三个学段均得到开设，其不少内容必然要重复。因此，我国综合实践活动课程在整体设计上应注意采用螺旋式的课程内容组织方式，使课程的内容、范围、难度等随着学生年龄的增长而不断递进。

（2）心理顺序与逻辑顺序

心理顺序是指实践课程的内容要根据中小学生的心理发展特点来编排组织。逻辑顺序是指实践课程的内容根据该内容的自身逻辑特点来编排组织。与按学科理论知识的内在逻辑结构来组织课程内容的学科课程不同，实践课程的内容主要是依据现实社会生活的需要以及学生的心理发展的特点来组织的。例如，"杜威学校"为学生设计了四大类直接经验的课程内容：手工制作类的内容，如木工、金工、缝纫、烹调、园艺等；语言社交类的课程内容，如游戏、俱乐部、表演等；研究与探索类的课程内容，如历史研究、自然研究、专业化活动的研究等；艺术类的课程内容，如乐队活动、音乐会等。② 当然，这不是说逻辑顺序对于实践课程的内容组织并不重要。无论如何，即使

---

① 张华主编：《课程与教学论》，上海教育出版社 2000 年版，第 230 页。

② ［美］凯瑟琳·坎普·梅休等：《杜威学校》，王承绪等译，华东师范大学出版社 1981 年版。

是由若干主题活动组成的实践课程，其课程内容组织在整体上也应注意体现逻辑性、序列性。

（3）纵向组织与横向组织

前者是指实践课程的内容根据其内在逻辑关系进行编排组织，由易到难，由简单到复杂，逐渐使课程内容走向深入。后者是指实践课程的内容分专题来组织编排，各专题之间保持相对独立。20世纪40年代，美国课程论专家泰勒明确提出了课程内容组织、编排的三大标准，即连续性、顺序性和整合性。连续性是指主要课程要素的直线式重复。例如，在科学学科中有一项目标是掌握"能量"这个概念的意义，就有必要在科学课程的不同地方反复提到这个概念。顺序性是指要将每一后续经验都建立在先前经验的基础上，且必须更广泛、更深入地探究所涉及的事物。它牵涉到连续性，但又超越了连续性。它所强调的并非复制，而是对每一后续学习经验更高层次的处理。整合性是指课程经验的横向联系。对这些经验的组织应该是这样的，即这些经验会帮助学生逐渐获得统一的观点，并逐渐将自己的行为与所处理的相关要素统一起来。① 泰勒提到的这三大标准实际上也是课程内容的组织顺序。前两条标准即为课程内容的纵向组织方式，后一条标准即为课程内容的横向组织方式。目前，这两种方式在实践课程内容的组织编排中均有采用。这对我们极具启发意义，意味着在实践课程内容的开发上，应遵循由窄到宽、由易到难、由浅到深的开发原则，与校园文化建设、中华优秀传统文化教育、学科课程教学等紧密结合，使实践活动具有完整性、连续性及渗透性的特点，推动校内与校外、课内与课外、理论与实践、独立与合作、动脑与动手得到有机结合。不能盲目为活动而活动，缺乏对实践活动内容的精细规划和安排。根据实际需要，学科课程的部分内容也可以通过实践课程的形式来教学。例如，可以把中小学语文课程中的"口语交际""综合性学习"等内容开发成为实践课程。通过这一方式，实现中小学学科课程与实

---

① ［美］拉尔夫·泰勒：《课程与教学的基本原理》，罗康、张阅译，中国轻工业出版社2008年版，第74—76页。

践课程的有机整合。以"口语交际"开发成为实践课程为例,在内容上,拓展"口语交际"的教学内容,把中小学生各种日常生活情景引入课程,这些内容之间应有紧密的联系;在教学方式上,主要以实践、体验、活动为主,培养学生主动交流、乐于表达、善于表达的意愿与能力;在形式上,把"口语交际"作为全校或者年级的选修课,使感兴趣的学生获得发展自己口语交际能力的便捷通道;在评价上,采用口试和在交际活动中完成口语表达任务的表现性考核方式。

四 实践课程的开发模式

作为显性课程和正式课程,实践课程的开发必须遵循课程开发的一般模式和相关技术操作规程。到目前为止,国外主要出现过四种课程开发模式,即目标模式、实践模式、过程模式、情境模式。[1] 另外,20 世纪以来,博比特、查特斯(W. W. Charters)、塔巴(H. Taba)等课程理论家提出"活动分析"课程开发模式。它通过研究成人的活动,识别各种社会需要,把它们转化为课程目标,再把这些目标转化成学生的学习活动,构成课程内容。这一模式关注的不是向学生呈现什么系统化的理论知识,而是要引导学生积极从事各种活动,注重学生的外显的学习活动。[2] 这五种模式有着不同的课程观及课程开发原理,它们对世界范围内的课程开发实践产生过较大影响。我国在地方课程开发实践中也确立了补充模式、审定模式、招标模式、再开发模式、选用模式和合作开发模式等。[3] 这些研究成果对我们开发中小学实践课程富有参考价值。课程开发过程中,主要涉及课程目标的设置、课程内容的选择与组织、学习方法的选择、课程资源的开发、课

---

[1] 李介:《国外校本课程开发模式带给我们的启示》,《教育理论与实践》2010 年第 9 期,第 18 页。
[2] 王道俊、郭文安主编:《教育学》,人民教育出版社 2009 年版,第 148 页。
[3] 罗生全:《我国地方课程开发的模式及其改进》,《课程·教材·教法》2007 年第 9 期。

程评价等。这些方面都已有成熟、规范的技术。但由于实践课程具有自身的特点，即课程主体的多元性、课程内容的开放性、教学地点的非固定性、教学评价方法的多样性等。因此，开发各种实践课程，是结合实践课程的特点对现有的课程开发模式与技术进行尝试、转换、创新的过程。在这一过程之中，研制出适应实践课程开发的相关模式和技术，使实践课程开发的过程得到整体的优化、规范化、科学化，并确保实践课程内容具有适应性和可行性。

在整合、探索实践课程开发模式的过程中，应特别注意实践课程的开发不是以学科知识的逻辑来组织的，而一般是围绕现实问题来组织的，即"问题中心"开发模式。也就是说，实践课程的开发应注意以问题为中心。"经验课程基本组织方式是'问题中心'，注重学生通过自主的问题探究与问题解决实现课程的发展价值。""综合实践活动课程的内容组织遵循的是问题逻辑。"① 因此，在实践课程的开发过程中，教师可以引导学生从他们自己的生活经验或生活经历中发现问题，并对其进行深入开发。

下面选取几种比较典型的实践课程开发模式进行探讨。

（一）实践模式

实践模式由美国课程专家施瓦布（Joseph J. Schwab）提出。它主要是针对传统的"理论的"课程探究模式而提出的。施瓦布区分了"理论的"和"实践的"两种不同的课程探究模式，认为现有的课程及教育理论过于盲目地依赖理论，脱离具体的实际情境，使课程领域处于死气沉沉、毫无生气的状态。② 施瓦布非常强调课程实践的复杂性，任何单一的课程理论都不可能解决课程领域的所有问题。不能只以一种课程理论指导课程实践，也不能把理论拿来直接就运用，而要考察所有有关的理论，对它们进行择宜或折中，从而为课程实践找到合理的理论依据。因此，他提出了改变课程领域危机的新路径，即实

---

① 王道俊、郭文安主编：《教育学》，人民教育出版社 2009 年版，第 405 页。

② Ian Westbury and Neil J. Wilkof, *Science, Curriculum, and Liberal Education: Selected Essays*, Chicago & London: The university of Chicago Press, 1978, pp. 287–291.

践—准实践—择宜的运作方式。该方式的课程探究方式是课程审议。

施瓦布认为课程具有四种基本要素：学科内容、学生、环境、教师。在课程开发过程中，必须同时考虑到这四个要素，使这四个基本要素达到协调与平衡。然而，要做到这一点，仅靠学科专家或者教师难以胜任这项复杂的工作。因此，需要具有这些经验的集体成员的共同合作。该集体就是课程审议小组。它通常由教师、校长、学生、家长、社区代表、教材专家、课程专家、心理学家和社会学家等组成。课程审议的特点，是要求所确认的问题是所有参与者所体验到的或所理解的问题，审议最后做出的行动决定应该是集体共同的决定。这种课程探究方式最终实现了课程决策体制的变革，即改变了那种以往"自上而下"的课程决策模式，构建了"自下而上"的新模式。① 施瓦布的实践模式改变了以往课程开发中忽视学生、学校特点及需要的做法，使课程开发成为具有实践取向的过程。

笔者认为，实践课程涉及多种因素、多个主体等，仅依靠教师不能做好实践课程的开发工作，而施瓦布的实践模式为我们提供了一个非常好的思路。我们可以以成立实践课程审议小组的形式，把教师、学生、社区代表、家长、学校管理者、实验室人员、课程专家、心理学家、实践活动基地人员等作为小组的成员，大家共同为开发实践课程出谋划策，群策群力解决实践课程开发中出现的各种问题，这本身实际上也是一种极佳的实践活动。通过课程审议小组的形式，培养了各成员民主协商和合作的能力，提高了课程能力、策划能力、实践能力等，加强了社会各阶层对教育的关注，也为后面的实践课程实施、评价奠定了基础。因此，各中小学校可尝试构建各层次的、符合本校特点的实践课程审议小组制度，并制定实践课程审议的各项规范，从而扎实开发出具有本校特色的实践课程。

（二）过程模式

"过程模式"是由英国著名课程论专家劳伦斯·斯腾豪斯（Law-

---

① 施良方：《课程原理：课程的基础、原理与问题》，教育科学出版社1996年版，第194—206页。

rence Stenhouse）提出。斯腾豪斯对过程模式的建构是从对泰勒的"目标模式"的批判开始的。他认为，把目标模式普遍应用于课程开发将出现两个明显障碍：一是它误解了知识的本质；二是它误解了改进课程实践过程的本质。[1] 关于第一个误解，因为知识的本质在于学习者可以通过知识的运用进行创造性思维，课程应该考虑知识中的不确定性，鼓励个体化的、富于创造性的学习，而不是把知识及其学习作为满足预订目标的尝试。但是，目标模式的实质是通过目标的分析，使教育结果的质量标准"形式化"，降低了质量标准；使知识服务于既定目标的"工具化"的倾向。这使学校和教师获得了一种凌驾于学生之上的权威与力量，从而歪曲了知识的本质。关于第二种误解，目标模式基本上是一种通过使目标明晰化而改善实践的尝试，这不能促进课程实践的改进，因为人们不可能通过将杆升高而不是通过改善跳高技能来提高跳高水平。[2] 这些批判切中了"目标模式"的弊端，促使人们思考更加合理的课程开发模式。针对目标模式的这些不足，斯腾豪斯提出了"过程模式"。

"过程模式"的目的在于编写一种课程说明，以阐明存在哪些可能的学习结果，并把这些结果与它们的起因联系起来。其特征是不以事先确定好的、由仔细分解一般目的而得出的目标系统作为课程编制的依据，而是关注整个课程（包括教学）展开过程的基本规范，使之与宽泛的目的保持一致；整个过程是一种尝试，没有确定不变的、必须实施的东西；所有的关注点集中于课程教学实践，教师是整个过程中的关键人物。[3] 受英国著名教育哲学家彼得斯（R. S. Peters）的影响，斯腾豪斯非常重视知识以及学习活动的内在价值，从而课程开发的主要任务是选择活动内容，并实施"过程原则"，即教师从事各种活动的价值体现在教学过程中。那么，怎样鉴别活动内容的内在价值

---

[1] Lawrence Stenhouse, *An Introduction to Curriculum Research and Development*, London: Heinemann, 1975, p. 79.

[2] 张华主编：《课程与教学论》，上海教育出版社 2000 年版，第 114—117 页。

[3] 施良方：《课程原理：课程的基础、原理与问题》，教育科学出版社 1996 年版，第 172—177 页。

呢？斯腾豪斯引用了拉思（J. D. Rath）的 12 条鉴别标准作为参考。例如，如果其他条件都相同的情况下，某项活动能允许学生发挥主动作用而不是被动作用，则这项活动比其他活动更有价值；如果在其他条件都相同的情况下，某项活动使学生涉及实物，如真实的物体、材料和人造物品，那么这项活动比其他活动更有价值，等等。① 因此，课程开发的过程模式把学生看作一个积极的活动者，鼓励学生发展他们的潜能，使他们能自由自主地活动。同时，由于整个课程开发过程是一个问题探索、价值辨认的过程，而不是一个"执行"的过程，它赋予教师以充分的自主权，对教师的素质提出了较高的要求。因而，斯腾豪斯提出了"教师作为研究者"的命题，为师资培养和培训提供了一个新思路，有力地推动了教师的专业发展。

斯腾豪斯的过程模式启示我们，在实践课程的开发中，作为课程开发中的核心人物，教师不应把实践课程开发当作一个既定程序予以完成的机械过程，而应根据现实情况灵活地设计课程目标，精心选择实践活动的内容，选取对学生发展具有内在价值的各种活动，重视学生自主活动过程本身的价值以及学生潜能的发挥、个性的发展，而不是仅仅关注课程目标的设计以及其是否实现等方面。

（三）再开发模式

西南大学罗生全对课程再开发模式进行了研究。再开发模式是指作为课程开发的主体之一，地方在贯彻、实施国家课程的基础上，从本地的实际和学生的特点、需求出发，对国家课程着手再开发，省级以下的各级教育管理部门可以对省级的相关地方课程进行再开发。该再开发模式共分为两个层次、四种方式。第一个层次为：根据本地的特点，各省在统筹的地方课程板块内对国家课程实现再开发。它有两种方式。一是"更新式"，即删减国家课程中不符合时代要求的内容，使学生的学习负担得到减轻。二是"补充式"，即从本地的特点和学生的需要出发，为学生提供与现实生活密切相关的丰富素材，挖掘有

---

① Lawrence Stenhouse, *An Introduction to Curriculum Research and Development*, London: Heinemann, 1975, pp. 86 – 87.

关的课程资源，形成富有创意的课程单元。例如，对环境污染问题的探讨可以链接到对"公民责任感"活动单元主题的讨论。第二个层次为：省级以下的有关教育管理部门从本地实际及传统特点出发，对国家课程或者地方课程进行再开发。它有两种方式：一是"改编式"，即删减国家或地方课程中不符合当地实际以及学生需求的内容，增加符合学生需求及当地特点的内容，对有关课程内容进行改编。例如，《生物》中的教学内容编排次序与当地动植物的实际生长、生活季节不同，可以对这些内容的先后次序作一定的调整，以便于师生能及时观察到这些动植物的生长变化情况。二是"扩展式"，即从不同年段学生的特点及需要出发，针对相应的课程内容，为学生提供多样的电子、试听、图书等资料。[1] 概括地说，再开发模式实质上是充分利用已有的资源，并结合自身的优势，从而开发出更具有针对性、可行性的课程。

从这一思路出发，实践课程的开发并非一定是要另起炉灶的，我们完全可以根据本地、本校的实际以及学生的需要，对已有的一些国家课程、地方课程以及学校课程进行再开发，从而实现开发实践课程的目标。对已有课程的再开发有如下的优点：

第一，它能有效地节约实践课程开发的成本。已有课程的内容、框架、方法是现成的，仅需要对其进行部分调整或修改，这比重新开发一门课程要节省大量的人力、物力。

第二，它有利于使课程符合本地实际以及本校学生的需要。国家课程或者地方课程的实施对象较为广泛，有时并不符合本地的实际以及本校学生的需要。通过对其再开发，则可以使其得到优化并顺利实施。

第三，它有利于调动学校教师的积极性，提高教师的课程能力。对已有课程的再开发，使教师不再是课程的忠实执行者，而变成了课程开发的主体，锻炼了教师的课程能力。

---

① 罗生全：《我国地方课程开发的模式及其改进》，《课程·教材·教法》2007 年第 9 期。

　　第四，它有利于促进各学科之间的融合。在课程再开发中，教师可以对课程的内容进行扩展或者补充，这打破了学科之间的壁垒，加强了它们之间的联系与融合。

　　在具体操作上，首先，再开发模式的适用对象不仅可以是国家课程、地方课程，而且还包括校本课程。对学校已有的校本课程进行适当改编，使其成为实践课程，也能够起到省时省力、节约成本的效果。其次，在课程目标上，更多地关注培养学生创造性解决实际问题的能力，引导学生在生活中发现问题、分析问题和解决问题，引领学生关注社会和现实，增强合作意识和社会责任感。再次，在课程内容上，对现有课程大量充实、补充与现实生活相关的内容材料，大幅增加现实性问题，巧妙地设置多种可操作性、体验性、探究性的环节和活动。最后，在再开发的方式方法上，综合考虑各学科教师以及学生的建议，充分发挥各个课程开发主体的作用。

第五章 实践教育的课程实施

实践教育的开展，主要是依托实践课程的实施。实践教育的课程实施，是实践教育中最为重要的环节。任何美好的课程规划与设计，如果没有付诸实施，都将是虚无缥缈的空中楼阁。因此，本部分主要探讨实践教育中的课程实施策略、课程实施模式、教学组织形式以及师生关系处理。

一 实践教育的课程实施策略

实践教育具有重要的意义。如何实施实践教育，有效应对我国实践教育中存在的问题，提高学生的实践能力和综合素质，笔者认为可以采取以下策略。

（一）课堂内外相互渗透

实施实践教育，不能仅仅强调在课外开展实践活动。实际上，课堂也是实施实践教育的重要阵地，应通过课堂内外之间的相互渗透，使实践教育走向"无缝连接"，并"让课堂焕发出生命活力"。[①] 有的教师组织学生把课堂学习延伸到课外的实践活动中，增强了教学效果。例如，在多年研究的基础上，卡彭特（T. P. Carpenter）和莱勒（R. Lehrer）认为，数学学习应在实际生活运用中进行，而不是通过先教概念和方法、然后应用它们这样的一种教学思路。学生通过从事那些能够提供思考问题本质和解决可能性的数学实践活动，然后建构

---

① 叶澜：《让课程焕发出生命活力》，《教育研究》1997 年第 9 期。

自己的知识结构。通过参与这些能够引起广泛思考的问题解决实践活动，学生能够更好地理解他们正在学习的各种概念、方法之间的复杂关系①；武汉市十五中李啸华等老师在课堂上讲授化学知识后，经常组织学生进行了广泛的社会调查和实践活动。在这些调查和实践活动中，学生获得了书本上和课堂中没有的知识，也提出了许多具有现实意义的想法和问题。在新建设的住宅小区里，学生看到了人们的优美的居住环境，人们的生活水平的提高，同时学生也提出了居室"杀手"氡气的危害、地板砖中的放射性元素如何处理、油漆中的化学成分对人体的摧残。不少学生还提出了许多富有创造性的问题，例如，如何使一些花草树木四季常青等。因此，这些调查和实践活动增强学生对化学知识的理解和感悟。② 再如，美国中学运用"做历史"的教学方法来让中学生学习历史，具体采用、创设情境的体验学习、学写小论文、"学做历史学家"等"做历史"的活动方式，全方位调动学生学习历史的积极性和主动性，重视培养学生的批判性思维能力和学史方法，从而实现深层次的教学目标。③ 这些教学实践均说明，以实践活动的方式开展课堂教学，往往能较好地调动学生学习的积极性和主动性，能收到较好的教学效果。

有的教师把课外实践活动搬到课堂内进行学习，也取得了教学的成功。例如，河北东光县东光镇铁西小学于淑霞老师在教学"认识人民币"时，从学生已有的经验出发，创设学生熟悉的生活情境。首先，她通过四人小组合作，创设一个购物付款的活动情境，让学生以小组为单位用自己的学习用品办一个文具商店，每个小组招一名售货员，其他组员充当顾客，开展购物活动。这激发了学生的学习兴趣，学生学会了简单计算和如何付钱的方法，并体会到付钱的方法有多种

---

① Carpenter, T. P. and Lehrer, R., *Teaching and Learning Mathematics for Understanding*. In E. Fennema & T. A. Romberg, eds., *Mathematics Classrooms that Promote Understanding*. Hillsdale, NJ: Erlbaum, 1999, pp. 19-35.

② 李啸华、杜思玉等：《寓实践教育于化学教学之中》，《成才》2006 年第 6 期，第 36 页。

③ 王正瀚：《从美国中学教学实例看"做历史"方式》，《全球教育展望》2011 年第 9 期。

形式。同时，培养学生合理使用人民币，爱护人民币的意识，将数学课与生活融合在一起，学生学得自主、投入，效果自然不错。① 笔者曾在美国伊利诺伊州马荷麦特－西默高中听过一节经济学课。在这节课上，教师让学生们成立一个营销饼干的商业团队，该团队把饼干销售给其他学生，从而让学生学习商业的有关知识，真实体验创业的过程。此外，美国不少学校给学生布置一定的社会实践作业，要求他们每年完成一定时数的社会服务实践，才能取得相应的学分，以使学生培养较强的实践能力。这些表明，无论在课内外，美国中小学都非常注意对学生进行实践教育，给他们自主实践、自主探索的机会和空间。

美国的中小学作息时间与我国中小学非常不一样。他们一般一天安排八节课，上午四节课和下午四节课。每节课一般只有40—45分钟，并且每节课之间只有5分钟给学生休息或者找教室。这些课一般在下午三点左右就全部上完了。这为学生的课外活动提供了充分的时间保证。因此，美国中小学都为学生开发了丰富多彩的课后活动项目。例如伊利诺伊州厄巴纳中学为学生提供了丰富的课外活动（见表5－1）。②

表5－1　　　　　美国伊利诺伊州厄巴纳中学课后活动项目

活动项目名称	内容
学生课后玩和学习（Students Playing and Learning After School Hours，SPLASH）	为学生提供广泛的课后活动，包括游戏、教学、俱乐部、学术指导等
葡萄园街上的百老汇	这个项目是SPLASH项目的一部分，已连续六年举办音乐会、歌舞剧演出等。演出是每年的11月下旬开始，每周两次

① 于淑霞：《让实践教育走进数学课堂》，《教育实践与研究》2008年第10期，第41页。
② Urbana Middle School, *Urbana Middle School Curriculum Guide* (2012－2013). http://www.usd116.org/ums/, p. 5.

续表

活动项目名称	内容
LEGO 机器人项目	由 SPLASH 项目资助，学生以工作团队的方式分析、研究和解决给定的任务，建造机器人以满足某项任务，并把他们建造的机器人提供给裁判小组进行测评
学生理事会	厄巴纳中学的学生理事会是一个为全体学生群体的持续改善而创建的组织
厄巴纳中学舞蹈团队	根据邀请，该团队在厄巴纳市和香槟市的学校和社区进行演出活动。它每周都安排彩排和训练，并在每年年末举办汇报演出
IMSA 综合	这个项目团队是为那些对数学和科学有兴趣的学生而创建。该项目有选修要求，即选修了该项目的学生可以参加。该团队成员在每天课后聚会，探讨问题

苏联帕夫雷什中学的老师们从学生入学开始，就经常教他们思考自己所看到的东西，述说他们自己所想的内容。孩子们借着观察自然现象，便即景构思，然后完成写生性作文。例如，教师把学生带到河岸边上，让孩子们观察太阳怎样向地平线降落，水面、田野、草地怎样染上绚丽的色彩，等等。[①] 这种做法很好地促进了课堂内外的沟通，密切了学生与现实生活的联系，促进了学生实践能力以及情感态度价值观的发展。

（二）各学科之间相互配合

实践教育不是某一门学科能独立承担的任务，它需要所有学科的配合，需要各学科教师的协调与合作。例如，山东省肥城市仪阳镇中心小学纪成涛等老师将各类课程中重合的部分摘出来，形成专题，指导学生以研究型学习的方式开展实践活动。每个专题中设置若干个活

---

① ［苏］B. A. 苏霍姆林斯基：《帕夫雷什中学》，赵玮等译，教育科学出版社 1983 年版，第 314 页。

动主题，每个主题中设置"我的问题、快乐探究、分享喜悦、拓展之旅和学科链接"五个模块。其中，"学科链接"是将各学科课程中与本主题相关的知识点、能力方法训练点以及情感态度价值观培养点进行链接，提示教师在指导学生开展专题研究时能够予以适当关注。如苏教版三年级至五年级的数学教材、科学教材与语文教材中，同时兼有环境保护、爱护动物等专题单元。通过在这些相关联的课程资源中寻找结合点，形成了"和植物交朋友""传统节日探秘"和"节约在校园"三个专题，指导学生开展研究型学习活动。① 通过各学科之间的相互配合，打破各门课程"各自为政"、互不隶属的状况，使学生能完整地、深入地探究自然、社会，在实践活动中获得知识的增长，提高学生的实践能力。从国际上来看，不少国家正试图通过学科相互渗透的方式来培养学生的实践能力与综合能力。例如，美国在2010年最新公布的义务教育语文课程标准中提出"跨学科"学习语文的课程设计：一是在学前班至5年级，此阶段的语文课程标准不仅适用于语文学科，也适用于其他学科；二是从6年级至12年级，课程标准分成两大部分：一部分是语文学科的课程标准，另一部分是历史、社会研究、自然和技术学科的语文课程标准。这极大地加强了语文学科与其他学科之间的有机联系，有助于推动语文的跨学科学习，从而使学生语文能力的培养成为全校范围内的项目。② 这为我们跨学科培养学生的实践能力与创新精神提供了很好的借鉴与启示。

（三）综合实践活动课程发挥引领作用

综合实践活动课程是新课改中全新推出的一种课程门类。它强调学生通过实践，增强探究和创新意识，学习科学研究的方法，发展综合运用知识的能力，增进学校与社会的密切联系，培养学生的社会责任感。综合实践活动课程的设置，改善了我国基础教育中过于关注理论知识教学的状况，增强了我国基础教育课程制度的活力。目前，尽

---

① 纪成涛：《试着推倒学科间的那堵墙》，《中国教育报》2012年2月3日第3版。
② 曾素林：《中美义务教育语文课程标准比较及启示》，《中国教育学刊》2013年第1期，第43页。

管综合实践活动课程存在缺乏明确的课程标准、缺乏专职教师等不足之处，笔者认为，在实践教育中，应让综合实践活动课程发挥引领作用。综合实践活动课程发挥引领作用的优势在于：首先，综合实践活动课程的内容涉及多门学科的知识，面对社会生活实践中多为结构不良的"真实问题"，从而也为各门学科之间的协作搭建了一个平台，起着组织者、引领者的作用。其次，综合实践活动课程的实施为其他学科如何开展实践教育提供了示范和榜样。综合实践活动课程中所运用的制订研究方案、研究方法、组织形式、评价方法可以为其他学科所借鉴，从而引领其他学科实践教育的开展。因此，学校应该加强对综合实践活动等实践课程的重视，发挥其引领性的作用。

（四）学校对实践教育作整体安排

实践教育涉及的范围广，涉及全部的学科，涉及全体的学生和教师；涉及的层面多，不仅包括课外的实践活动，还包括课内的实践活动；开展的力度大，需要投入大量的精力和时间，还要有一定的经费支持；意义重大，提高学生的实践能力和综合素质是学校教育的基本目标，必须贯彻到学校教育的全过程，而不是临时性的措施。"每个班级、每所学校都应有对综合实践活动的整体规划，每个活动开始之前都应有对活动的周密设计。"① 因此，学校应对实践教育作整体的、系统的、制度化的安排和规划，而不能仅仅由综合实践活动课程的老师或者某些科任老师来独立完成。有学者指出，不少学校仅仅把综合实践课当作培养学生实践能力的载体，没有把培养学生的实践能力作为教育的基本目标和推进素质教育的战略重点贯穿于教育的全过程。这样做的结果不是把培养学生的实践能力作为学校教育全过程的基本目标，而是把它仅作为一门课的内容和任务。② 因此，学校应改变对学生的实践教育只作临时安排的做法，充分协调学校的人力、物力和财力，对学生的实践教育作整体、全方位的布置和安排，从而切实提

① 王道俊、郭文安主编：《教育学》，人民教育出版社2009年版，第411页。
② 傅维利：《培养学生的实践能力：推进素质教育的重点》，《中国教育学刊》2005年第12期，第3页。

高学生的实践能力和综合素质。

（五）社会对实践教育提供全方位支持

社会是学生开展实践活动、发挥聪明才智的大舞台。学生仅在学校里开展实践活动，是无法获得真正的实践能力，必须让学生进入广阔的社会中、自然中，主动实践，研究和解决实际问题，才能真正提高学生的实践能力和综合素质。陶行知先生提出的著名"教育三原则"："生活即教育""社会即学校""教学做合一"，非常明确地指出学生成长的途径在于投入生活、社会和实践中，而没有其他的途径。因此，应让学生在社会这片广阔的天地中施展身手、学习技能。各个社会团体应为学生开展各种实践活动提供便利，它们包括企业、工厂、政府机构、部队、事业单位、社区、非政府组织等。它们可以认真组织和指导学生的实践活动，并为学生提供稳定的实践基地和平台，引导学生提出、分析并解决真实性问题，让学生获得真才实干，既学会思考、学会学习，有掌握实际本领，成为社会的有用之才。尤其是应发挥社区等对于中小学实践教育方面的积极影响和作用。在由雅克·德洛尔任主席的国际21世纪教育委员会向联合国教科文组织提交的报告中指出，学校教育的成功在很大程度上取决于社区对教育的重视程度。社区对教育特别是对基础教育的参与国家承担的责任和开展有力的行动同时并进。学校教育应被社区感觉到是适用于实际生活状况的，也是符合其需要和愿望的。在决定教学语言和认知分析如何更新教学计划、课程内容、教师培训计划和教材时，应当考虑农村与城市环境的特殊性。可以将一些社区成员聘为教师助理或学校系统的专业人员助手。[1] 然而，目前我国很多社区对中小学生实践教育的重视还不够。据报道，湖南省长沙市不少学生家长在开学前忙着到社区办公室为孩子盖"实践章"，但其孩子在假期根本没有参加什么实践活动。因为天冷等原因，社区并没组织适合孩子们的实践活动，但

---

[1] 联合国教科文组织国际21世纪教育委员会：《教育——财富蕴藏其中》，教育科学出版社1996年版，第115—117页。

每个孩子或家长带来的表格，社区对"实践章"照盖不误。① 这反映出，学生家长、社区等对实践教育的重视还有待加强，应避免仅用盖"实践章"的形式来代替孩子们的实践活动。教育主管部门、学校要加强对实践课程开发的投入，为教师开发实践课程提供必要的条件，包括时间、经费、考核的公平性等。

美国社会各界对中小学生的实践教育非常重视，他们对中小学生实践活动的开展提供了大量的支持。例如，美国大多数博物馆对中小学生甚至社会公众免费开放。即使对公众不免费开放的博物馆，也会选择在部分节假日向中小学生及社会公众开放，为学生了解各方面的知识提供便利条件。还有的自然博物馆为了使中小学生能近距离地感受自然，对博物馆进行改建，把博物馆从户内搬到了户外，精心依照自然实物建造博物馆，让中小学生能够直接观察动植物的生长过程。再如，美国有些公益组织经常免费接送学生参观国家地质公园及参加野营等活动。

美国中小学一般都会向社会或者所在社区人士征募志愿者，为学校的工作提供支持和帮助。例如，在伊利诺伊州厄巴纳市厄巴纳中学，每年有超过 250 个社区人士志愿者参与该校的工作。他们每周志愿在该校工作一个小时，工作的内容是辅导学生、协助教师教学或者带领一个班。具体工作内容如下：

1. 辅导教师

该志愿者应具备丰富的专业学术知识，能为那些需要个别指导、重新教学或者作业辅导的学生提供必要的帮助。

2. 指导者

该志愿者能给那些需要成人朋友或者成人榜样的学生提供情感或者关系的支持，他们每周应服务一个小时，并且必须至少能服务一年以上，最好能为同一个学生提供多年的帮助和指导。

3. 学生家长志愿者

该志愿者每周应能协助教师进行课程教学、作业指导等。他们的

---

① 李伦娥：《学生社会实践岂能盖章了事》，《中国教育报》2012 年 2 月 11 日第 1 版。

工作内容主要取决于志愿者的兴趣、知识、技能以及教师的需要。通过对学生家长志愿者的培训，他们还可以带一个班。[①]

美国厄巴纳中学的这些措施，有效地取得了社会各方面人士的支持，加强了学生与社区的联系，促进了学生和学校自身的发展。这非常值得我们研究和借鉴。

总之，我们可以采取各种有效的应对策略，构建起立体的、系统的、整体的实践教育，以系列的、连贯的、多样的实践活动，"知行合一"，全方位地提高学生的实践能力和综合素质，从而推动素质教育的实施。[②]

二　实践教育的课程实施模式

实践课程、实践活动在实施中有一定的模式可循，也可以根据现实情况，对已有的模式进行创新。笔者认为，下面的两种实践教育的课程实施模式值得我们借鉴。

（一）"问题解决"实践活动实施模式

辽宁师范大学吴志华教授认为，中小学综合实践活动课的基本活动方式应当是解决"问题"。因此，吴志华教授提出了"问题解决"的实践活动实施模式。从解决问题的活动方式角度来划分，可以区分出两类问题解决的活动模式：自组织模仿活动模式和自主性探究活动模式。在前一种模式中，要求学生在解决问题的过程获取活动的方法，通过自我内化组织、调整自己的操作模仿行为以解决"问题"。该模式适用的活动类型为：学生通过先前的学习已经把握问题及其答案，但还不了解活动的方法和过程。劳动技术课可以采用这一活动模

---

① Urbana Middle School, Parent Involvement Policy and School - Parent - Student Involvement Compact, http：//www. usd116. org/ums/index. php/information/parent - involvement - policy/.

② 曾素林：《实践教育：含义、问题及对策》，《中国人民大学教育学刊》2012 年第 1 期。

式。而后一种模式是"解决问题"实践活动最主要采用的模式。它强调学生自主发现问题、分析问题和选择适当方法以解决问题。这种模式能有效帮助学生提高综合实践能力。依据问题的未知程度，它又可以分为"调控自主探究活动模式"和"完全自主探究活动模式"。在"调控自主探究活动模式"中，教师通过不断地对学生提出具体的目标，把问题进行细分，并引导学生探究解决问题的方法和策略，从而发挥了教师在实践活动中的调控作用。在"完全自主探究活动模式"中，学生主要依靠自己的力量解决问题，教师仅提供最小的支持作用。这种模式对于学生有较大难度和挑战性。① 吴志华教授的该模式简洁明了，浅显易懂，较好地说明了实践活动的主要目的、功能，也较好地区分了教师、学生在实践活动中各自的具体地位、作用。

潘洪建、田慧生认为，从需要解决的实际问题本身的性质、复杂程度、抽象程度等维度来考察，我们可以把问题解决类活动教学实施模式区分为不同的层次。例如，以日常生活问题为基本单元所组织的单元设计教学，其一般模式为：设置情境—确定问题—拟订解决方案—执行方案—总结评价；将某一学科知识转化为具体问题的问题化教学，其一般模式为：问题情境—假说推测—活动验证—做出结论；组织学生就某一现实问题进行社会调查、研究的社会调研教学，其基本模式为：布置课题—展开调研—撰写报告—评价总结；围绕某一专题而组织的专题研讨，其模式为：确定专题—收集资料—拟写发言提纲—讨论交流—总结。② 也就是说，没有统一的实际问题活动教学的实施模式；不同类型的实际问题，其实施模式是有差别的。潘洪建等对实际问题解决类活动教学模式的归纳具有重要的意义。我们应采取适宜的实施模式，才能取得良好的实施效果。然而，目前我国综合实践活动的实施中出现活动模式单一、同质化等状况，其主要原因就是没有对需要解决的实践问题作细致的分析、分类。

---

① 吴志华：《"问题解决"的实践活动模式思考》，《中国教育学刊》2007 年第 9 期。
② 李定仁、徐继存主编：《教学论研究二十年》，人民教育出版社 2001 年版，第 412—413 页。

（二）实践教育情境模式

为了让学生获得亲身体验或者直接经验，教师可以安排学生直接进入实际生活情境，帮助和指导他们开展实践活动，发现和解决生活实际问题。另外，由于受交通状况、教育经费、参加人员数量、人身健康安全等因素的影响，很多中小学生并不能亲身到达实际问题发生的现场体验该问题。在这种情况下，可以通过创设实践教育情境的方式，让学生"身临其境""感同身受"，从而使实践课程在一定程度上得到实施。

教育情境从属于情境。情境通常指由特定要素构成的有一定意义的氛围或环境。它可以风气、习俗、事件、物质条件等形式表现出来。由此可知，教育情境是指对教育效果产生直接影响的由特定要素构成的有一定教育意义的氛围或环境。因此，教育情境是由一定的要素组成、有一定的结构、有教育意义的。① 实践教育情境是指供学生开展实践活动、探索实际问题的氛围或环境。根据其性质，实践教育情境可以分为模拟实践教育情境和非模拟实践情境。前者是指人为创设的氛围或环境，例如，模拟车间、模拟工厂、模拟企业、模拟法庭等，甚至还包括通过计算机、电脑、音响设备等现代科技所制作出来的自然或社会现象。后者是指现实存在的氛围或环境，例如某个社区、工厂、企业等。

实践教育情境对学生的发展具有重要的意义。中央教科所朱小蔓教授认为，儿童在情境教育中，五官感觉全部打开，身心接收信息的通道通畅，极大地提高了感觉的丰富性，不仅提高认知学习效能，而且极大地释放了植根于儿童人性、天性的道德感、审美意象、创造欲望。② 实践教育情境有助于加强学生与现实生活的联系，增强学生学习的兴趣与积极性，发挥学生学习的主体作用，为学生提供大量的直接经验和感性材料。我国古代就有"情以物兴，辞以情发""人禀七

---

① 熊川武等主编：《实践教育学》，上海教育出版社 2001 年版，第 17—18 页。
② 王玉娟：《情境教育学派的本土建构与发展："李吉林情境教育思想研讨会"综述》，《课程·教材·教法》2012 年第 4 期，第 125 页。

情，应物斯感，感物吟志，莫非自然""睹物兴情，情以物兴"① 等观点，强调实物情境对于人激发情感与认识的重要作用。因此，应特别对实践情境教育加强重视。

全国教书育人楷模、著名语文教育家、儿童教育家李吉林老师经过多年的探索和研究，构建了以"真、情、思、美"为核心元素的情境教育理论架构，归纳了以图画再现情境、以音乐渲染情境、以表演体会情境、以生活展现情境、以实物演示情境等创设情境的途径，揭示了情境教学促进儿童发展的"五要素"，即揭示了情境教学促进儿童发展"五要素"，即以培养兴趣为前提，诱发主动性；以指导观察为基础，强化感受性；以发展思维为核心，着眼创造性；以情感为动因，渗透教育性；以训练语言为手段，贯穿实践性。② 由此可知，情境教育中具有非常强烈的实践性、生活性、活动性及情感性。

案例：

尽管小学生作文远远不是诗人作诗，作家写文，但同样离不开生活，同样需要情感。"情"怎么会"以物迁"，这应该是怎样的"物"？我首先想到大自然，那是造物主早已为儿童准备好的丰富多彩、无与伦比的课堂。于是，我迈开双脚走向田野，走向河边，穿过小树丛，攀上小土丘，精心挑选典型的场景。那初升的太阳，夕阳映照下的晚霞，夜空的星星月亮，都在我探索的视野里。当然那些可爱的小花、小草，爱唱歌的小蝈蝈、小蟋蟀，我也没有忘记，它们美妙的形象和生命力让我和孩子们都会在情境中神思飞扬、流连忘返。大自然的美，大自然的富有，大自然的灵动，是一本读不完的教科书。

我每次观察活动：一是优选好儿童观察的客体；二是安排好观察的顺序；三是设计好启发性的导语。观察中的感受、感动，让孩子们用自己的笔，写出自己心中想说的话。他们颇有灵气地观察日记、观

---

① 刘勰：《文心雕龙》。
② 李吉林：《为儿童快乐学习的情境教学》，《课程·教材·教法》2013 年第 2 期。

察情境作文，生动地描写出大自然和社会生活的精彩画面的勃勃生机，字里行间流露出孩子对大自然，对生活的热爱和亲近，表达了他们的真情实感和奇思妙想。这正是今天新课标要求做到的，"写想象""写见闻""写感受""表达真情实感"。让我深深感受到"情动而辞发"的神奇，班上二年级学生有三个孩子的作文上了中国最大的报纸——《人民日报》，且加了"编者按"。江苏人民出版社还出了我们实验班孩子的《小学生观察日记》。我更感受到"意境说"作为古代文论经典的博大精深，远比外语的情景教学更为丰富，更有深度，也更讲究意韵，取"情境"原意也在此。①

从案例中可知，李吉林老师通过精心构建与自然、生活密切联系的情境，帮助学生获得了丰富的题材，激发了学生的情感，从而使学生获得了巨大的进步。从李吉林老师的成功案例中，我们能够感受到实践教育情境模式的无穷魅力。

三　实践教育的教学组织形式

所谓教学组织形式，是指根据一定的教学思想、教学目的、教学内容展开教学活动的方式。一般来说，实践教育的教学组织形式有学生个体活动、小组合作活动、全班集体活动、混合式等。

（一）学生个体活动方式

学生个体活动方式是指学生以个体活动的形式开展实践学习活动、独立完成实践学习任务。该方式的优点是有助于培养学生独立完成任务的能力，不足之处是不利于培养学生的合作能力，也不利于完成较为复杂的实践任务。

（二）小组合作活动方式

小组合作活动方式是指学生以小组活动的形式完成实践学习活动

---

① 李吉林：《为儿童快乐学习的情境教学》，《课程·教材·教法》2013 年第 2 期，第 4 页。

任务。学生进行社会实践和问题研究通常以小组形式开展活动。划分活动小组的基本原则包括：尊重学生意愿，服从主题需要；关注学生兴趣，注重强弱结合；强调就近组合，提倡男女生搭配；分组、分工明确，允许跨班、跨校。① 具体操作上可为，把全班学生分成各个小组，每个小组 2—6 人，每个小组完成相同的实践学习任务或者不同的实践学习任务。该方式的优点是有助于培养学生的合作协调能力，并能够完成较为复杂的实践学习活动任务，操作上也简便易行。培养学生的合作协调能力是我国基础教育新一轮课程改革的一个重点。学生要在实践活动学习的过程中，学会合作与协调，培养团队精神。正因为这些因素，小组合作活动方式成为目前使用最为广泛的实践学习活动方式。其不足之处是不利于培养学生独立完成任务的能力。

例如，笔者在美国厄巴纳中学听过一节"职业连接"的课程。教师把班上的学生每组按 2—3 人进行分组，让每个学生小组分别选择他们感兴趣的一个职业进行调查研究，主要是了解该职业的名称、职责、任职条件、待遇、区域分布情况等。学生通过网络、实地考察、访谈、问卷调查等方法，把了解的情况写成一个调查报告，然后各个学生小组在班上进行交流、讨论，并把调查报告交给教师。教师汇总所有的情况后给学生一个总体评价。从这个例子来看，小组合作活动方式在国际上都是较为流行的实践课程组织形式。

（三）全班集体活动方式

全班集体活动方式是指以全班集体活动的形式完成实践学习活动任务。该方式适用于较小的班级，且实践学习活动任务较为简单，如参观、观摩等活动。其不足之处是操作上较为不便，也不利于培养学生独立完成实践学习活动任务的能力。

（四）混合式

混合式是指学生以全班集体活动、小组合作活动、个体活动等形式做的某项实践学习活动任务。该方式的优点在于有助于完成较为复

---

① 郭元祥主编：《综合实践活动课程的管理与评价》，高等教育出版社 2003 年版，第18—19 页。

杂的实践学习活动任务，也有助于全面培养学生的能力。其不足之处
是操作上较为复杂。

四　实践教育中的师生关系

"师生关系是教育过程中人与人关系中最基本的、最重要的方
面。"① 因此，应认真处理好实践教育中的师生关系。笔者认为，实践
教育中的师生关系应是平等合作的伙伴关系，是"和学生一起学习的
学习者"，"它强调教师和学生的交互作用，教师在课程开发与实施过
程中不是学生行为的主宰者、控制者，而是学生的学习伙伴、学生行
为的引导者"。② 在以往的实践教育活动中，有一种不恰当的师生关
系，即支配关系，具体表现为：教师包办代替学生的实践学习活动的
策划、实施、总结，教师处于主导、支配的地位，学生处于被主导、
被支配的地位，学生的主体地位受到抑制，师生之间事实上是一种不
平等、不民主的关系。"在我国，旧的人际关系的不良积习甚深，传
统师生关系至今仍严重束缚学生的积极性。""教师对学生专制，学生
畏惧教师，严重压制学生的主动性、创造性，损害教育的主体性。"③
我们在实践教育中提倡构建平等合作的师生关系。实践教育不同于理
论教育。一般来说，在理论教育中，教师掌握了某一门学科的理论知
识，而学生缺乏这些理论知识，因而教师起着传授知识的作用，学生
处于接受知识的地位，这往往造成师生之间一种不对等的关系。在实
践教育中，由于面对的实际问题往往没有一个标准答案，甚至教师自
身也无法回答这些问题，这就需要教师和学生以一种平等合作的关系
去解决、探索这些实际问题，完成实践学习任务。其具体操作可为：
教师与学生平等参与实践活动、实践课程的开发，学生自主开展实践

① 南京师范大学教育系主编：《教育学》，人民教育出版社 1984 年版，第 140 页。
② 张华主编：《课程与教学论》，上海教育出版社 2000 年版，第 119—120 页。
③ 王道俊、郭文安主编：《主体教育论》，人民教育出版社 2005 年版，第 49 页。

学习，教师起指导、协调作用，最后教师与学生合作完成实践学习活动评价。"正因为师生之间是平等合作的伙伴关系，所以师生之间的交流方式也就与单一的师传生受、师问生答的传统方式不同，他们之间为了发现活动主题、商讨活动开展事宜、解决各种活动问题而共同投入到活动中去，利用各种方式促进活动的开展，因而他们之间的交流方式是多样化、多层次、多渠道的。"①

　　良好的师生关系的形成，有利于为中小学生的实践教育提供自由、和谐、宽松的氛围和环境，有助于学生勇于实践、积极思考和培养自己的各种能力。教师应给提供学生自主发展的空间，不能包办代替学生的探索、体验、操作等。在实践课程的开发、实施、评价过程中，教师应发挥民主的作风，充分尊重学生的意见和建议，与学生紧密合作，共同解决实际问题。

---

　　① 郭元祥、伍香平主编：《综合实践活动课程的理念》，高等教育出版社 2003 年版，第 148 页。

第六章　实践教育的课程评价

实践教育的（课程）评价是非常重要的。它可以检验前面实践教育的课程开发、课程实施的实际效果，检验我们是否达到了所期望的课程目标。正如泰勒所指出，重要的就是要进行较全面的检验，以考察这些学习经验的方案是否真的能够指导教师去实现期望的结果。这就是评估的目的，也就是制定好方案之后还有必要对其进行评估的原因。[①] 不仅如此，通过专门的课程评价环节，有助于我们检查出我们在课程开发、课程实施方面所存在的优点和不足，通过"开发—实施—评价—开发—实施—评价……"的滚动模式不断促进实践教育的整体改进，从而更好地服务于培养学生的实践能力与创新精神的教育目标。

课程评价是指研究课程价值的过程，是由判断课程在改进学生学习方面的价值的那些活动构成的。它具有多种作用，包括诊断课程、修正课程、比较各种课程的相对价值、预测教育的需求、确定课程目标达到的程度，如此等等。[②] 目前，我国国内主要基于知识教育的课程评价上花费了大量的人力物力，该评价主体、工具、方式及对评价结果的使用过于单一、表面化。"比如评价手段和工具的单一，评价结果的表述简单，评价结果的使用表面化等"，"在实际上课程评价在现实中经常知识成为对学生的总结性判断，甚至成为对学生分等级、

---

① ［美］拉尔夫·泰勒：《课程与教学的基本原理》，罗康、张阅译，中国轻工业出版社2008年版，第96页。

② 施良方：《课程原理：课程的基础、原理与问题》，教育科学出版社1996年版，第191页。

对教师和学校排队的手段，弱化甚至扭曲了课程评价的意义和作用。"① 这非常不利于学生的发展，也不利于课程评价的发展。因此，应探索适合实践教育的课程评价理论，推动实践课程的不断改进，从而真正培养学生的实践能力和创新精神。

一 实践教育的课程评价主体

由于实践教育涉及的范围非常广泛，它既有校内的活动，也有校外的活动，从理论和实践来说，在这些活动中所涉及的人均可以成为评价主体。评价主体多元化，体现在参与评价活动的人除学生本人及教师外，还可以有家长、学生群体和个体及学校内外的其他有关人员。建立学生、教师、家长、管理者、社区和专家等共同参与，相互作用的评价制度，以多渠道的反馈信息促进学生的发展。② 以往实践教育的课程评价主体主要为教师，这使评价主体过于单一化，不利于评价的科学性和全面性，也不利于发挥评价的发展功能。因此，在实践教育的课程评价中，应注重发挥各个评价主体的作用。其中特别重视的是，应让学生成为评价的主体，真正让学生成为学习的主人。

（一）评价主体之一：教师

教师作为实践教育的策划者、组织者和指导者，是实践课程和实践活动的实施者，他们对实践教育的整个过程有着清晰的了解，对学生的实践能力的发展过程及机制有着自己独特的理解和体悟，因而他们必然成为实践教育的评价主体之一。

教师在开发实践课程的过程中，对实践课程的课程目标、课程内容、学生的身心发展水平、已有经验、兴趣爱好等都有了深入的了解。在实践课程和实践活动的实施过程中，教师密切关注并记录学生

---

① 丛立新：《课程论问题》，教育科学出版社 2000 年版，第 300 页。
② 郭元祥主编：《综合实践活动课程的管理与评价》，高等教育出版社 2003 年版，第88 页。

的表现情况，对学生怎样解决问题、运用了哪些方法、在解决问题中遇到哪些困难、在实践中是否与他人良好合作、学生在实践中是否有了发展、是否提高了实践能力和创新能力等都非常清楚。因而，在实践教育中，教师是非常重要的评价主体。

教师作为实践教育的评价主体，应对学生在实践课程和实践活动中的表现做出科学、全面、公平的评价，不厚此薄彼，也不吹毛求疵，对学生的表现采取实事求是的态度，对学生在实践活动中的不足予以包容，积极鼓励学生获得更好的表现，使评价成为促进学生发展的动力。

（二）评价主体之二：学生

以往的教育评价中，学生总是处于被动的地位，学生及其表现是被评价的客体。学生在实践教育评价中的缺位，不利于使学生反思自己的表现，不利于学生形成反省的习惯和能力，限制了学生的发展。因此，应使学生成为实践教育评价的主体。

学生能够成为实践教育评价的主体，是因为他们参与了实践课程和实践活动的开发，并亲身参与了实践活动的全过程。他们对实际问题的解决有自己的体会。

（三）其他评价主体

除以上教师、学生是实践教育的课程评价主体之外，下列人员也可以纳入实践教育的课程评价主体的范围。

1. 校内实践教育辅助人员

校内实践教育辅助人员是指学校内协助开展实践教育和实践活动的有关人员，包括实验室、图书馆、其他学科的任课教师等。这些人员可以成为实践教育的评价主体，他们对学生在实践活动中的表现有自己的观察和理解。在协助学生完成实践活动、解决实际问题的过程中，他们能了解学生的进步以及存在的问题。而且，他们与学生同处一个学校，因而对学生有着近距离的、较长期的相处和观察。他们对学生的评价比较全面、客观。

2. 校外实践教育辅助人员

校外实践教育辅助人员是指学校外协助开展实践教育和实践活动

的有关人员，包括实践基地的人员、青少年宫工作人员、工厂工作人员以及其他社会机构的人员等。这些人员有着专业的知识和技能，对学生在实践活动的表现能做出较中肯的评价。

3. 家长

家长是学生实践教育的独特评价主体。他们与自己的孩子接触时间最多，对自己孩子的兴趣爱好、知识技能一般有着较深入全面的了解，对自己孩子在实践能力和创新能力上所获得的进步以及存在的不足有着切实的感受。因而家长也是实践教育的评价主体之一。

二 实践教育的课程评价方式

评价方式对于实践教育是非常重要的，它在实践教育中起着导向的作用。我们应运用科学、全面的评价方式对学生在实践教育活动中的表现进行评价，促进学生实践能力和综合素质的提升。

（一）教师的评价方式

"对学生进行评价是一个过程，一个教育的过程，同时也是学生与教师等协商共建，互助关怀，充满着民主、平等和科学的过程，是最终落实到'一切为了学生发展'的过程。"[1] 教师可以综合采取多种评价方式，全面评价学生的实践能力和综合素质的发展状况。这些评价方式如下：

1. 过程性评价

它是指在实践课程和实践活动的实施过程中，教师对学生的表现进行评价。教师通过及时把评价的结果反馈给学生，以帮助学生了解自己的表现状况。过程性评价有助于教师把握学生在实践课程和实践活动中的具体表现。

2. 诊断性评价

它是指在实践课程和实践活动的实施过程中，教师对学生在实践

---

[1] 郭元祥主编：《综合实践活动课程的管理与评价》，高等教育出版社 2003 年版，第86 页。

中遇到的相对集中的问题进行评价，以发现学生产生该问题的原因，并启发和帮助学生解决困难，顺利解决该问题。诊断性评价有助于教师了解学生在实践中遇到的重点问题或困难，为教师采取适当的介入措施提供科学依据。

3. 总结性评价

它是指在实践课程和实践活动结束后，教师对学生的表现进行全面的评价。通过总结性评价，我们可以了解学生实践能力、创新能力等的总体发展状况，也为下一阶段实践教育的开展奠定了坚实的基础。

4. 发展性评价

发展性评价就是以促进学生的全面发展为根本目的的学生评价理念和评价体系。它的特点是其根本目的：基于一定的培养目标；促进学生达到目标而不是检查和评比；注重过程；关注个体差异；评价主体多元化和方式多样化；注重学生本人在评价中的作用。[①] 也就是说，发展性评价是一种综合性的评价方式，它有利于增强学生参加实践教育活动的兴趣和积极性，并能有效促进学生的发展。

5. 表现性评价

它是指要求学生在真实或者模拟的情境中，运用已有的知识、技能解决某个问题或者完成某项任务，以此来考查学生在知识、技能、情感、态度等方面发展状况的一种评价方式。[②] 它非常强调情境的真实性、任务的真实性等。它较好地克服了以往评价方式中过于重视以纸笔为工具的标准化评价的弊端，有助于综合、全面考察学生的实际发展状况。因而，它在学习评价中受到越来越多的关注和重视。表现性评价可以分别这样几个步骤：

第一，应拟定学生需要解决的真实问题或者需要完成的真实任务。

---

① 郭元祥主编：《综合实践活动课程的管理与评价》，高等教育出版社 2003 年版，第 86—88 页。

② 赵德成、卢慕稚：《新课程与学生评价》，高等教育出版社 2004 年版，第 69 页。

第二，应设计学生的详细、具体、可操作性的表现标准或评分细则，以对学生的表现情况做出评价。

第三，创设应用该问题或任务的真实情境。

第四，选择恰当的记录学生表现情况的方式。

第五，根据记录的情况，对照表现标准或评分细则，作出合适的评价。

（二）学生的评价方式

1. 学生自评

学生自评是指学生对自己在实践课程或实践活动中的表现进行评价。它是一种重要的评价方式，有利于培养学生的反省习惯，使学生总结自己的优点和不足。以往我们忽视这种评价方式。学生全程参与了实践课程和实践活动的开发、实施，他们对实践中取得的进步以及存在的问题有较为直观的认识。学生自评的评价方式，有助于丰富评价的内容，增强评价的全面性和科学性。

2. 学生互评

学生互评是指学生之间相互评价对方在实践课程或实践活动中的表现。学生互评的评价方式有助于学生之间互相学习，取长补短，并引导学生相互关心和帮助。学生的实践活动主要是以小组方式进行的。在小组活动中，学生对本组成员的表现较为了解，这为学生互评提供了良好的前提条件。

（三）其他人员的评价方式

其他人员可以主要采取参与式评价方式。参与式评价是指评价人员以辅助的方式对学生在实践课程或实践活动中的表现进行评价。由于其他人员是以辅助的方式参加实践课程或实践活动，因而可以采取参与式评价方式收集其意见及建议。其他人员包括实验室人员、实践基地人员、学生家长等。他们对学生在实践中的表现有一定的了解。因而，其评价意见对于完善实践教育的评价体系也是非常重要的。

（四）实践教育与教育评价方式改革

实践教育有着非常重要的意义。但由于我国目前的教育评价方式过于注重学生对知识的记忆及学生的考试成绩，忽视对学生实践能力及创新能力等的考查，导致实践教育在中小学的推进中遇到较大的困难和阻力。在笔者组织的问卷调查中，大多数中小学教师认为，推进我国实践教育中存在的最大障碍和困难是中小学生面临沉重的升学考试压力。如果不改革我国现有的教育评价方式，实践教育很难得到开展。教育评价方式改革，已经成为推进实践教育中迫切需要应对和解决的问题。

因此，为推进实践教育的实施，应改革我国现有的教育评价方式。《基础教育课程改革纲要（试行）》提出，完善初中升高中的考试管理制度，考试内容应加强与社会实际和学生生活经验的联系，重视考查学生分析问题、解决问题的能力；高等学校招生考试制度改革加应强对学生能力和素质的考查，改革高等学校招生考试内容，探索提供多次机会、双向选择、综合评价的考试、选拔方式。[1] 这为教育评价方式改革指出了方向。近年来，我国不少地方对此进行了实践探索。例如，山东省潍坊市"全面推行以'多次考试、等级表达、综合评价、多元录取'为主要内容的中考招生制度改革，学生自主选择一年一次的学业水平考试，同一学科有两次考试机会，考试成绩用 A、B、C、D、E 五个等级公布，综合素质的评价结果与语、数、外三门学科等值对待。"[2]

另外，有学者主张："建立与课程改革相适应的评价体系，在严格控制考试次数的前提下，普遍推行基于课程标准的水平考试；在考试内容上要加强与社会实际和学生生活经验的联系，重视考查学生分析问题、解决问题的能力；在考试方法上，倡导综合应用多种方法、多元评价，打破唯纸笔测验的传统做法；明确考试结果采用等级制，且不得公布学校的考试成绩，引导学校和教师首先关注每一个学生是否达到课程标准规定的基本要求；同时大力推进旨在为了改进教学方式、提高学习质量，有利于激发教师、学生主动性、积极性、创造性

---

① 中华人民共和国教育部：《基础教育课程改革纲要（试行）》，《中国教育报》2001年7月27日第2版。

② 刘坚、余文森等：《"深化课程教学改革"深度调研报告》，《人民教育》2010年第17期，第21页。

的发展性评价制度和综合素质评价制度。"① 还有学者主张："知识教学中也需要建立凸显知识的实际运用的评价体系。这包括：第一，评价的标准是学以致用，即实际问题解决中知识的有效运用，而不是各门学科中知识点的掌握或解题技能的娴熟；第二，评价的内容是实际生活中所需要的知识或有待解决的问题，即实际生活问题，而非学业问题或单纯的认知性问题；第三，评价以现实生活为背景，因而问题是置于学生所熟悉的社会生活环境中，且需要去发现和甄别，而不是与条件一同直接呈现给学生。"② 这些主张均强调加强中小学生学习内容、考试内容与社会生活的联系，注重培养和考查学生解决实际问题的能力。

美国不少中小学把学生的实践课程的成绩纳入学分评定体系，要求学生获得一定的实践课程学分才能升级或者毕业。这非常值得我们借鉴学习。

笔者相信，通过不断探索和积累经验，我们一定能探索出科学的教育评价方式，该方式不仅注重考察学生的知识水平发展状况，也能注重考查学生实践能力、创新能力、情感态度价值观等发展状况，从而真正促进学生的全面发展。

三 实践教育的课程评价内容

实践教育课程评价的内容是非常广泛的。目前，我国的课程评价内容主要是针对学生的，实际上从国际课程评价发展来看，课程评价的内容还包括对教师及其他课程主体、课程开发、课程实施等方面的。下面仅从课程评价对象之一———学生的角度出发，探讨实践教育的课程评价内容。依据评价内容的不同种类，可以把实践教育的课程

---

① 刘坚、余文森等：《"深化课程教学改革"深度调研报告》，《人民教育》2010 年第 17 期，第 22 页。

② 张琼、陈佑清：《"知识型实践能力"及其教育意蕴和培养策略》，《教育发展研究》 2010 年第 24 期。

评价内容分为三大领域，即经验领域、技能与方法领域、情感态度价值观领域。

（一）经验领域

1. 经验不同于知识

知识和经验在广义上基本是相通的。但从狭义上看，知识是指关于自然和社会的运动规律、原理方面的理论体系；经验是指个人化的、特定背景下的、尚未概括化的知识或技能，还可以指人的主观体验和亲身经历，有时它还可以作为动词来使用。

知识具有课程价值，即知识之于课程可能产生的作用。笔者认为，知识的课程价值主要在于：知识是学生发展的课程资源。第一，学生通过学习知识，可以了解他周围的事物，系统地掌握事物的特点和规律。知识是学生进行思考、操作的材料之一，没有必要的知识储备，学生无法进行深入的思考，也不可能进行高水平的创造。第二，通过知识的学习，有可能促进学生思维的发展、认识水平的提高。已有的知识理论体系具有严密的逻辑结构，学生在学习这些理论知识的过程中需要不断地思考，才能理解和掌握它们。在这个过程中，学生得到了严密的思维训练，因而他们的思维水平、认识水平可能得到提高。第三，前人的知识，可以成为学生批判、质疑和反思的对象。学生通过批判地吸收前人已有的认识成果，"站在巨人的肩膀上"，就有可能创造新的知识，发展人类的文明成果。

当然，知识有其自身的局限性。第一，知识是人类过往的、已有的认识成果，而社会是不断变化发展的，已有的知识可能成为谬误和教条，从而束缚学生的发展。杜威曾感叹："正规的教学容易变得冷漠和死板"，"总是有一种危险，正规教学的材料仅仅是学校中的教材和生活经验的教材脱节。"① 第二，以知识传递为主要目标的教学往往偏重于采取说教和灌输的方式，这容易导致"满堂灌"和"填鸭式"教学。我国古代私塾和欧洲中世纪的教学状况就是例证。"知识传授

---

① ［美］约翰·杜威：《民主主义与教育》，王承绪译，人民教育出版社 2001 年版，第 13、87 页。

的具体形式当前再一个表现，是单纯传授知识，而忽视其他方面；停留于认知层面，而不能深入下去。"① 最为明显的是过于强调接受知识而忽视学生的实践能力的培养，学生缺乏动手操作和解决实际问题的能力。第三，评价方式主要依赖于书面考试，以考查学生掌握了多少知识，以此判断学生的成败。学校教育变成"为考试而进行的教育……在这个过程中，人的价值、兴趣、情感、健康等都被忽略了，从而模糊和损害了全面发展的教育目标"。②

与知识不同，经验是指学习者的主观体验和亲身经历。泰勒曾经探讨过"学习经验"的含义。他认为，"学习经验"这个术语既不同于一门课程所要传授的内容（即所谓知识——笔者注），也不是教师所开展的各种活动。它是指学习者与使他起反应的环境中的外部条件之间的相互作用。③ 概括来说，学习经验具有独特的课程价值。第一，个体经验是学习者理解学科知识的背景基础，它能修正、丰富、补充静态的知识形态，实现知识的意义增值。如果学习者没有相关的生活经验，知识教学难以取得成功。强调学习者的个体经验，有利于加强学科知识与人类生活世界的紧密联系，而不是与生活世界相脱离。"本真的教育不是要把知识及其假定性意义直接告诉学生，更不能要求学生对假定性意义直接接受，而是通过感知与理解、抽象与移情、感悟与升华、体验与反思等活动过程，生成新的意义。"④ 第二，对学生个体经验的强调，有助于发挥学生的主体性，促进主客体的相互作用，从而推动学生的发展。"知识不仅是关于某个主题的事实的集合，它还包括理解这些事实是怎样关联的，知识是怎样关联的。"⑤ 对这些

---

① 王策三：《认真对待"轻视知识"的教育思潮：再评由"应试教育"向素质教育转轨提法的讨论》，《北京大学教育评论》2004 年第 7 期，第 17 页。

② 杨东平：《治标与治本》，《人民日报》2005 年 11 月 24 日第 13 版。

③ ［美］拉尔夫·泰勒：《课程与教学的基本原理》，罗康、张阅译，中国轻工业出版社 2008 年版，第 55 页。

④ 郭元祥：《知识的性质、结构与深度教学》，《课程·教材·教法》2009 年第 11 期，第 19 页。

⑤ Judith A. Langer, *Envisioning Knowledge*：*Building Literacy in the Academic Disciplines*, New York：Teacher College Press of Columbia University, 2010, p. 1.

事实的理解显然需要发挥学习者的主体作用，这凸显了学习者自身的能动性，推动学习者主动探索，体验知识的产生、发展过程。第三，通过让学生在做中学，能增强学生动手操作的实践能力和解决实际问题的能力。在我国当前亟待提高学生的实践能力的背景下，对学生个体经验的强调是非常有针对性的。因此，笔者认为，在实践教育中，我们更为强调学生的经验学习。

学生在实践课程和实践活动中，将学习各种有益的经验，并使这些经验得到不断生长。同时，经验也有其局限性。第一，学习者的个体经验过于零散、不系统，不易于广泛传播和沟通，不易于成为社会的共同财富。个体经验必须在经过概括化、抽象化之后才能成为可以为社会所接受的理论知识。而在这之前，它仅保存在学习者个体之内。第二，缺乏理论知识为指导的经验活动，容易成为盲目的冲动。"过分强调把活动当作目的，而不强调理智的活动，就会导致把自由同要立即实现的冲动和欲望看作一回事。"① 也就是说，过于强调经验活动，忽视对理论知识的掌握，必然会在现实中碰壁。第三，由于经验的个体性、生成性等特点，课程实施和评价难以操作。例如，施良方先生认为，"从理论上讲，把课程定义为学生个人的经验似乎很有吸引力，但在实践中很难实行。"② 这需要我们在课程评价中应避免经验的局限性。

2. 对经验领域的评价

对经验领域的评价内容可以分为如下几种：

第一，学生获得了哪些经验？即评价学生通过实践课程和实践活动掌握了什么经验。这些经验属于什么类型？它们的广度和深度是怎样的？作为实践课程或实践活动，其独特的价值和作用集中地体现在学生经验和体验的获得上。

第二，学生的经验是否得到生长？杜威把连续性原则作为衡量经

① ［美］约翰·杜威：《我们怎样思维·经验与教育》，姜文闵译，人民教育出版社1991年版，第287页。
② 施良方：《课程原理：课程的基础、原理与问题》，教育科学出版社1996年版，第6、8页。

验的两个标准之一。这是他在各种不同经验的内在价值之间做出区分的基础上及从教育过程即生长过程的角度提出的。经验的连续性原则是以儿童习惯的事实为基础的。它意味着每种经验既从过去经验中采纳了某些东西，同时又以某种方式改变未来经验的性质。简言之，经验要能对儿童成长和发展起着正向的、积极的影响和作用。经验的连续性原则是与教育即生长的理念联系在一起的。每一种真正具有教育价值的经验就成为一种推动力，不仅推动儿童身体的生长，而且推动儿童智力和道德的生长。因此，教育者应分清每一种经验所指引的方向，用其较为丰富的见识去帮助儿童组织经验的各种条件。连续性原则可以使相继出现的经验彼此结合在一起，使儿童形成的不是分裂的人格，而是完整的人格。它应用到教育上，意思是指要在教育过程中的每个阶段都顾及未来的情况。我们应评价学生的经验是否在之前的经验基础上得到生长。

（二）技能与方法领域

学生的技能与方法领域的评价内容主要为：

第一，学生获得了哪些技能与方法？即评价学生在实践课程和实践活动中获得的新的技能和方法。

该部分的评价内容应细化。例如，每个年级的学生应掌握哪些技能与方法，评价的标准是什么，怎样判断学生达到了该标准。而到目前为止，我们在这方面的研究工作还非常有限。今后，我们应在这方面深入研究。

第二，学生的技能和方法是否有了新的进步？即与参加实践课程与实践活动之前相比较，学生的技能与方法获得一定的进步。

每个年级的学生不可能在每个学年或者学期里学习的都是新的技能和方法，他们现有的技能是在原有的技能和方法的基础上发展出来的。因此，怎样促进并衡量学生在原来掌握的方法与技能基础上的进步是非常重要的。

（三）情感态度价值观领域

学生的情感态度价值观领域的评价内容与德育问题密切相关。人们普遍认为，实践教育对于学生的情感态度价值观能够产生重大的影响。很多学生在实践教育活动中获得了积极的情感态度价值观。该领域的评价内容包括如下：

第一，学生获得了什么样的情感态度价值观？即在参加实践课程和实践活动过程后，学生获得了一定的新的情感态度价值观。该评价内容主要是评价学生所获得的情感态度价值观，评价方法有报告法、讨论法、观察法等。

第二，学生的情感态度价值观是否得到改变？即学生在参加实践课程和实践活动后，学生原有的情感态度价值观可能发生改变，也有可能没有改变。

这是非常重要的评价内容，而以往我们对此缺乏重视和研究。我们一般只重视学生在实践教育活动中获得了什么，却很少重视学生自身情感态度价值观发生了哪些改变，以及为什么得到改变。这需要通过设计系列的心理测量量表等来衡量。

四　实践教育的课程评价模式

与其他课程的评价相比较，实践教育的课程评价有其自身的特点。第一，课程评价主体与对象的多元性。正如前文所述，实践课程具有多元的主体，例如教师、学生、课程专家、家长、社区代表等。同样，这些主体也可以成为实践课程评价的对象。第二，课程评价内容的广泛性。其评价内容不仅包括学生在经验、技能、情感等方面的发展情况，还包括教师的表现情况、课程开发与实施情况等。第三，课程评价过程与结果的复杂性。实践课程的实施场所不仅有时在校内，有时也在校外，而且很多时候通过小组活动的方式实施课程，这是课程评价的过程和结果变得异常复杂。

鉴于实践课程的这些特点，应探索符合这些特点的实践课程评价模式，以科学、客观评价各主体的表现情况，促进学生实践能力和创新精神的发展，并不断促进实践课程的不断改进和更新。也就是说，实践课程评价的根本目的不在对师生在课程中表现作出判断，或是对实践课程的优劣进行判断，而是为了改进实践课程，并促进学生的发展。

所谓课程评价模式，是指评价人员或研究者依据某种教育理念、课程思想或特定的评价目的，选取一种或几种评价途径所建立起的相对完整的评价体系，它对课程评价的实施作了基本说明。① 下面探讨几种典型的课程评价模式在实践教育课程评价中的运用。

（一）差距评价模式

差距评价模式是由普罗沃斯（M. N. Provus）提出的。它主要用于将设计的课程标准与实际的课程表现进行比较，找出二者之间的差异及其原因，作为改进课程的依据，并且决定继续执行课程计划，还是重复或终止课程计划。该模式包括五个阶段。其五个阶段是设计阶段、装置评价阶段、过程评价阶段、成果评价阶段、成本效益评价阶段。差距评价模式关注了原有课程计划与实际课程表现之间的差距，并注意找出产生该差距的原因，这能推动课程计划得到持续的改进，同时也照顾了课程实施中可能出现的实际情况，有助于灵活地调整课程计划。相较于泰勒的目标评价模式，差距评价模式更为灵活，也更有助于改进课程。②

作为面向社会现实生活的开放性课程，实践课程需要随着社会生活的变化不断加以改进。差距评价模式对此将发挥其作用。下面将初步探讨差距评价模式在实践教育课程评价中的运用。

第一，设计阶段。在这一阶段，教师应制定详细的实践课程的目标、所需要的人力、物力和场地、所要开展的有关活动。这要求学校根据自己的实际情况以及学生的特点，在实践课程开发阶段中做好详细的课程设计，为评价阶段奠定坚实的基础。

第二，装置评价阶段。在该阶段，应评价实践课程实施中所运用到的资源与原先课程计划中所预想的资源之间存在的差距。由于资源对于课程计划能否顺利实施、课程目标能否实现起着重要作用，因

---

① 张华主编：《课程与教学论》，上海教育出版社 2000 年版，第 403 页。
② 丛立新：《课程论问题》，教育科学出版社 2000 年版，第 295—296 页。

此，应对实践课程实施中的有关资源情况与课程计划进行比较。通过比较，可以分析实践课程实施取得成败的原因以及其应对的方法。

第三，过程评价阶段。在该阶段，应检查实践课程实施过程中是否顺利开展了相关的活动，与课程计划存在哪些差距及其原因。实践活动的过程是实践课程的关键环节，对于过程的考察是十分必要的。我们应密切关注实践活动的实际过程与预先设想的活动过程存在的差距，这是理解实践课程最终实际结果的关键方法。通过过程评价，有助于我们重视实践课程的实施过程，重视学生在活动过程中的行为及其变化。

第四，成果评价阶段。这一阶段中，主要是应评价实践课程的实施结果与课程计划的目标之间的差距，并查找其原因，从而进一步改进实践课程的设计。通过成果评价，能帮助我们检验实践课程的具体实际效果。

第五，成本效益评价阶段。任何课程的实施在取得一定效益的同时，也必然付出一定的成本。因此，在实践课程实施完毕后，我们应对该课程实施的成本、效益进行衡量，考察其是否超出或者低于课程设计的成本及效益，以决定是否继续执行、修改甚至放弃、更换该实践课程。这是每所中小学校所必须面对的一项任务。

从以上评价阶段来看，差距评价模式实际上是从实践课程的开发阶段就开始了，并贯穿课程实施的整个过程中。因此，实践教育的课程评价并不是最后一个阶段的工作，而是渗透于课程开发、实施、评价的全过程。

（二）CIPP 评价模式

CIPP 是由背景评价（context evaluation）、输入评价（input evaluation）、过程评价（process evaluation）和成果评价（product evaluation）这四个评价环节的英文名称的首写字母组成。[①] 这一评价模式自 20 世纪 60 年代末由美国著名教育评价专家斯塔弗尔比姆

---

① Daniel L. Stufflebean and Anthony J. Shinkfield, *Evaluation Theory*, *Models*, *and Applications*, San Francisco: Jossey Bass, 2007, p. 325.

（D. L. Stufflebeam）等学者提出以来，在国际上众多领域产生了重要的影响。在 21 世纪初，该模式有了新的发展。斯塔弗尔比姆在其新著《CIPP 评价模式》等中把 CIPP 模式的四个评价环节变为七个环节。他把成果环节分解为影响评价（impact evaluation）和成效评价（effectiveness evaluation）两个环节，并增加可持续性评价（sustainability evaluation）和可推广性评价（transportability evaluation）两个新的环节。下面我们将探讨 CIPP 评价模式在实践教育的课程评价中的具体运用。

1. 背景评价

这部分评价主要是应明确实践课程实施单位的背景，了解评价对象的需求及满足需求的机会，诊断存在的问题，判断该课程的目标是否已经反映了学生的需求，目标与需求之间是否一致。因此，在这部分中，应努力回答这些方面的问题，例如本学校和学生具有哪些需求？该实践课程和实践活动的课程目标是否反映了这些需求？本学校的师资、物质条件、经费等是否充分？

2. 输入评价

它是对达到目标的各种实践课程的计划进行择优，选择达到实践课程目标的最佳课程计划。它应回答的主要问题包括：有哪些可行的课程计划？为什么选择这个计划而放弃另外的计划？这个计划实现课程目标的可能性有多大？

3. 过程评价

它记录实践课程的实施过程，发现问题及时进行反馈，同时还提出改进措施。这个阶段的评价非常重要。它应回答的主要问题包括：该课程计划是否得到顺利实施？教师对于学生的指导是否及时、适当？课程计划的实施过程中哪些地方需要改进？如何进行改进？

4. 影响评价

它评价该实践课程、实践活动及其实施带来的具体影响。它应回答的主要问题包括：该课程和活动给学生带来了哪些影响？学生是否意识到了这些影响？该课程和活动给教师、学校、社区带来了哪些影响？

5. 成效评价

它评价实践课程给学生、教师、学校的发展带来的质变。它应回答的主要问题包括：学生、教师怎样评价课程计划、活动方案的利弊？该课程计划是否达到了课程目标？与其他计划相比较，该课程计划的成效是怎样的？

6. 可持续性评价

一门实践课程被成功实施后，接下来我们非常重视其是否可以被循环使用。因此，对实践课程进行可持续性评价是十分必要的。它应回答的问题主要包括：学生、教师对该课程的可持续性有怎样的评价？哪些问题影响着该课程的可持续性实施？该课程可持续性实施的概率有多大？

7. 可推广性评价

一门实践课程如果能够推广到其他学校、其他地区，就能更大地发挥它的价值。这部分应回答的主要问题包括：其他学校、地区对该课程持怎样的态度？该课程是否具备推广价值？该课程在推广中会出现哪些问题？怎样解决这些问题？①

总的来说，CIPP 评价模式考虑到了课程计划的各种因素，因而它对于实践课程来说是较为综合、全面的评价模式。但它的操作过程也比较复杂，我们在运用中需要谨慎应对。

---

① 朱丹：《CIPP 评价模式在综合实践活动课程评价中的运用》，《基础教育研究》2010年第1A期，第18—19、22 页。

结　语

通过前面的论述，我们分析了实践教育的国内外研究的现状、实践教育的概念、实践教育的特征、我国实践教育的历史与现状、实践教育的理论基础、实践教育的课程开发、课程实施、课程评价等问题。笔者认为，对于犹如灌木丛般的实践教育理论问题与实践问题而言，这些探讨仅仅是一个开端或者引子，远远还没有结束，它们仅仅提出了一个关于实践教育的基本理论框架，冀望引起人们的关注和讨论，以使该研究变得更加广泛而深入。但对于本书而言，它需要一个结束，尽管是不完美的结束。在本章中，笔者将提出一些不成熟的结论以及建议，说明本书的创新之处，并对我国中小学实践教育的未来做些展望。

一　结论

通过前面的论述，我们得出如下结论：

第一，实践教育具有重要的意义，它有利于我国素质教育和基础教育课程改革的推进和深化。但目前我国在实践教育方面缺乏深入系统的理论研究。因此，我们需要加强对其研究，以引导中小学实践教育的发展，提高我国中小学生的实践能力和综合素质。

第二，虽然我国很早就提出要培养中小学生的实践能力，但是在实践能力的表现标准及发展机制方面缺乏成熟、深入的研究。应根据我国社会经济文化发展状况、各地区与各学校的实际情况，拟定相关的中小学生实践能力表现标准，以引导我国中小学生实践能力的培养和提高。

第三，我国实践教育的调查结果显示：我国中小学校应转变观念，加强对培养学生实践能力的重视；应给学生提供充足的实践学习的机会，提高学生的实践能力；应采取有力措施，促进综合实践活动课程及其他实践课程的开发和实施。

第四，实践教育离不开通过实践课程来推动和实施。目前，我国的实践课程还不够完整、系统。我们应通过实践课程的开发、实施、评价来推动中小学实践教育。

第五，实践教育自身存在一定的局限性，例如，单纯强调实践教育，可能导致学生的理论知识学习不够系统；实践教育需要更多的资源和条件，这对于偏远地区、落后地区的学校来说是很难获得的；实践教育在组织上有一定的难度，组织得不好可能将流于形式，不能起到促进学生发展的作用，等等。实践教育的这些局限有待于结合理论知识教育来弥补。

二　展望：我国中小学实践教育的未来图景

世界教育史告诉我们，实践教育从来都在教育体系中占有一席之地，这是不以人的意志为转移的教育规律。我国近代以来，实践教育从无到有，时而占上风，时而处下风，历经曲折，但始终都没有被彻底排斥在教育之外。随着我国教育实践和研究的不断深入，我们必然对实践教育愈加重视，未来我国实践教育必将走向深入发展，成为培养综合性人才、创新性人才的重要途径和方法。"要适应可持续发展的时代要求，基础教育应克服仅仅关注知识结果获得的功利主义教育观，要着眼于学生的终身发展，重新建构基础教育课程体系和人才培养模式。"[1]

笔者相信，随着社会经济文化的发展，在我国未来的基础教育领

---

[1] 王道俊、郭文安主编：《教育学》，人民教育出版社 2009 年版，第 401 页。

域中，"实践育人""知行统一"的理念和思想将被广泛接受和深入人心。社会将越来越关心和支持中小学生的全面发展，而不仅仅关心他们的考试成绩；每一位教师都建立起教育的实践立场，从而使每一位中小学生真正成为教育活动的主体，使他们的生命鲜活起来，回归生活世界，而不再使他们局限于书本世界、知识世界；中小学生在实践教育活动中，既动脑又动手，健康成长，全面发展，而不仅仅接受书本教育、知识教育，真正实现"知行合一"。

每一所中小学校将根据社会发展的要求、本校的实际状况、学生的需要和特点，建立起较为完善、科学、合理的实践教育体系与制度。它包括：本校的实践教育活动制度与规范；实践课程与实践活动体系；实践课程与实践活动实施机制；实践课程与实践活动评价机制等。在中小学校，实践教育能够得到严格、认真实施，体现"教学做合一"的理念。在评价上，将中小学生的实践能力及综合素质的发展状况纳入综合考核评价机制，将学生在实践教育活动中的表现纳入其学年评定、升级考核、毕业考核及升学考核的依据，改变了目前仅注重考试成绩、考试结果的评价方式。中小学生建立起与自然、社会、自我的广泛联系，他们的实践能力和综合素质得到较大提高。

未来，我国中小学实践教育还将汇入世界实践教育的潮流，形成一幅蔚为壮观的图景，即教育不再脱离人的生活，而真正成为生活中密不可分的一部分；学生不再是片面发展，而是获得全面发展。

三 本书主要创新点和进一步研究建议

（一）本书主要创新点

1. 研究内容创新

第一，以往缺乏对中小学生实践能力培养问题的整体研究。本书从实践教育的高度研究中小学生实践能力的培养问题，从整体的高度看待中小学生实践能力的培养。

第二，以往仅研究综合实践活动课程的开发、实施、评价，缺乏从实践课程体系的高度看待现有的基础教育课程结构，本书从整体上研究了实践课程的含义、价值、开发、实施和评估。

第三，初步研究了实践能力的表现标准和发展机制。

第四，对我国中小学实践教育问题进行了系统的历史梳理和现状调查，描述了实践教育在我国发展的历史脉络和现实状况。

2. 研究视角创新

本书从国际比较的视角对实践教育、实践课程、实践能力问题进行了研究。通过美国等国的镜子来反思我国实践教育中存在的问题以及未来的改进方向，借鉴美国实践教育的经验，推动我国实践教育的发展。从而，本书从国际比较的视野的眼光来看待实践能力培养的问题，增强了研究的可行性、合理性和科学性。

3. 研究方法创新

以往对实践教育的研究一般是质性研究，缺少量化研究和实证研究。本书除运用文献研究方法之外，还综合运用了调查研究方法、访谈法、个案研究法、观察法等方法来研究中小学生实践能力的培养问题。

（二）进一步研究的建议

1. 缩小研究的范围

实践教育所涉及的研究范围非常广泛，包括实践教育的理论体系及实践、实践教育与知识教育的关系、实践课程的开发、实施与评价、实践能力的评价体系与标准等。建议可以专门针对实践教育中的某一内容进行重点研究，例如中小学生实践能力的评价体系与标准研究。

2. 缩小研究的对象

本书的实践教育研究对象为中小学生，即包括小学生、初中生和高中生，既可以专门研究某一学段的实践教育，如小学阶段的实践教育，也可以专门研究某一学科的实践教育，如小学数学学科中的实践教育研究，以增强研究的针对性。

3. 加强对实践教育模式的探究

本书探讨了实践课程的开发模式、实施模式等问题，但还没有将其整合为一个或某些系统的实践教育模式。笔者认为，一个学校、一门课程、一个年级或年段均可探讨适合其自身特点的实践教育模式，以加强实践教育实施的规范性及可行性。

附　　录

附录一　中小学实践教育案例辑选

案例　美国伊利诺伊州厄巴纳市厄巴纳中学课程指导（节选）（2012—2013 年）

家庭与消费者科学（六年级）

课程名称	今日之青少年
课程时间	6 周
课程目标	培养学生在促进学术表现、健康生活方式、积极的情感和社会发展等方面的技能
课程描述	学习的单元包括发展个人之间的、社会的、时间管理和组织等方面的技能。学生将确认自己在促进学习成功方面的优点。他们将学习怎样正确地关心自己以及不同年龄的其他儿童。学生将分析身体的、心理的、情感的和社会的健康的重要性。他们将探索青春期间发生的身体、情感、社会和智力的变化
教科书和补充材料	1.《今日之青少年》 2.《今日青少年学生工作簿》

家庭与消费者科学（七年级）

课程名称	消费者食品
课程时间	1 学期
课程目标	学生将学习营养学以及食品制作等方面的知识
课程描述	学习的单元包括营养学、实验室准备（烹饪专门术语、厨房设备、测量、食谱、食物与厨房安全、卫生系统或设备）、食物准备和明智地选择食物 其他可能的单元还包括精神食物的历史、健康快餐选择、用餐礼仪、食物标签和食物比较等
教科书和补充材料	1.《探索食品和营养学》 2.《各种各样的食谱》 3. 视频 4. 精神食物单元的讲座嘉宾 5. 其他各种资源

家庭与消费者科学（七年级）

课程名称	生活技能
课程时间	1 学期
课程目标	学生将学习基本的技能，为全面、成功的生活做准备
课程描述	学习的单元包括时间管理、儿童发展、编织、洗熨、缝纫、时尚、室内设计、重新设计/再利用/回收、预算等
教科书和补充材料	1.《生活技能应用》 2. 各种教育视频

家庭与消费者科学（八年级）

课程名称	家庭生活
课程时间	1 学期
课程目标	学生将明确家庭的功能与目的

续表

课程名称	家庭生活
课程描述	学习的单元包括探索家庭成员的作用和责任。学生将明确能用于家庭成员克服挑战的策略和资源。他们将描述用于获得、保持学校与家庭时间的平衡的方法。学生将分析组建一个家庭的相关因素，包括作为父母的责任与挑战。最后，学生将培养个人之间、社会的、时间管理、组织、决策和批判性思维等方面的技能
教科书和补充材料	1. 《今日之家庭》 2. 《今日家庭之学生工作簿》

家庭与消费者科学（八年级）

课程名称	职业连接
课程时间	1 学期
课程目标	学生将接触各种各样的职业，并学习怎样成为职场中的专业人士
课程描述	学习的单元包括：学习不同种类的职业的相关知识，写商业应用书信，求职，做求职简历，构建人际关系网络，面试技巧，学生研究自己选择的某个职业，并做一个关于该职业的讲座
教科书和补充材料	1. 《职业探索》 2. 《青少年为真实世界做准备》 3. 嘉宾讲座 4. 杂志和报纸 5. 视频

附录二　中小学实践教育调查问卷

中小学实践教育现状的调查问卷（教师卷）

尊敬的老师：

　　您好！为全面了解中小学实践教育的真实情况，我们特地组织这次调查，目的是为教育理论和实践研究提供重要依据。本次调查是以匿名的形式填答，所有信息仅供研究使用。为了保证调查结果的准确性，请您如实回答所有问题。您的回答对于我们得出正确的结论很重要，希望能得到您的配合和支持！谢谢！

一、请填写您的基本信息

性别 _____ 教龄 _____ 任教学科 _____ 任教年级 _____

二、下列凡是没有特别说明的题目均为单选题，请把您的答案填写在括号内

1. 培养中小学生的实践能力是十分重要的。（　　　）

A. 非常同意　　B. 同意　　C. 不同意　　D. 非常不同意

E. 不清楚

2. 目前我国十分重视培养中小学生的实践能力。（　　　）

A. 非常同意　　B. 同意　　C. 不同意　　D. 非常不同意

E. 不清楚

3. 目前我国中小学生具备良好的实践能力。（　　　）

A. 非常同意　　B. 同意　　C. 不同意　　D. 非常不同意

E. 不清楚

4. 中小学生喜欢动手实践的学习方式。（　　　）

A. 非常同意　　B. 同意　　C. 不同意　　D. 非常不同意

E. 不清楚

5. 您在教学中经常引导和鼓励学生动手实践。（　　　）

A. 非常同意　　B. 同意　　C. 不同意　　D. 非常不同意

E. 不清楚

6. 您在教学中能结合所教学科的特点培养学生的实践能力。（　　　）

A. 非常同意　　B. 同意　　C. 不同意　　D. 非常不同意

E. 不清楚

7. 您所在的学校给学生提供了丰富多彩的课外活动。（　　　）

A. 非常同意　　B. 同意　　C. 不同意　　D. 非常不同意

E. 不清楚

8. 您所在的学校经常组织学生参加各种实践活动。(　　)

A. 非常同意　　B. 同意　　C. 不同意　　D. 非常不同意

E. 不清楚

9. 您所在学校的绝大多数同学都能经常参加实践活动。(　　)

A. 非常同意　　B. 同意　　C. 不同意　　D. 非常不同意

E. 不清楚

10. 您所在的学校能系统地规划学生的实践活动。(　　)

A. 非常同意　　B. 同意　　C. 不同意　　D. 非常不同意

E. 不清楚

11. 您对综合实践活动课程的课程性质、内容等有所了解。(　　)

A. 非常同意　　B. 同意　　C. 不同意　　D. 非常不同意

E. 不清楚

12. 综合实践活动课程是一门很重要的课程。(　　)

A. 非常同意　　B. 同意　　C. 不同意　　D. 非常不同意

E. 不清楚

13. 您所在的学校重视综合实践活动课程的实施。(　　)

A. 非常同意　　B. 同意　　C. 不同意　　D. 非常不同意

E. 不清楚

14. 您所在学校开足了综合实践活动课程的课时,并保证该课程不被别的课程占用。(　　)

A. 非常同意　　B. 同意　　C. 不同意　　D. 非常不同意

E. 不清楚

15. 除了综合实践活动课程,您所在学校还开发了其他的实践课程或活动课程。(　　)

A. 非常同意　　B. 同意　　C. 不同意　　D. 非常不同意

E. 不清楚

16. 您所在学校有较强的综合实践活动课程或实践课程的师资队伍。(　　)

A. 非常同意　　B. 同意　　C. 不同意　　D. 非常不同意

E. 不清楚

17. 开设综合实践活动课程以来，学生的实践能力和创新能力有了提高。（　　）

A. 非常同意　　B. 同意　　C. 不同意　　D. 非常不同意

E. 不清楚

18. 目前我国中小学教师有能力开发和实施实践课程。（　　）

A. 非常同意　　B. 同意　　C. 不同意　　D. 非常不同意

E. 不清楚

19. 我国中小学需要开设更多的实践课程。（　　）

A. 非常同意　　B. 同意　　C. 不同意　　D. 非常不同意

E. 不清楚

20. 影响提高我国中小学生实践能力的主要原因是（　　）（最多选 5 项）。

A. 沉重的升学考试压力　　　B. 教师的知识与能力结构不合理

C. 学校管理制度不合理　　　D. 学生家长的教育观念不端正

E. 课程结构不合理　　　　　F. 教学方法单一

G. 社会用人观念不合理　　　H. 教育经费投入力度不够

I. 缺乏实践基地或场所　　　J. 上级教育部门不够重视

K. 学校管理者不够重视　　　L. 其他（＿＿＿＿＿＿）

21. 关于如何提高中小学生的实践能力，您的建议是：

＿＿＿＿＿＿＿＿＿＿＿＿＿＿＿＿＿＿＿＿＿＿＿＿＿＿＿＿

＿＿＿＿＿＿＿＿＿＿＿＿＿＿＿＿＿＿＿＿＿＿＿＿＿＿＿＿

＿＿＿＿＿＿＿＿＿＿＿＿＿＿＿＿＿＿＿＿＿＿＿＿＿＿＿＿

＿＿＿＿＿＿＿＿＿＿＿＿＿＿＿＿＿＿＿＿＿＿＿＿＿＿＿＿

再次感谢您在百忙之中填写问卷！祝您教学愉快！

中小学实践教育现状的调查问卷（学生卷）

亲爱的同学：

你好！为全面了解中小学实践教育的真实情况，我们特地组织这次调查，目的是为教育理论和实践研究提供重要依据。本次调查是以匿名的形式填答，所有信息仅供研究使用。为了保证调查结果的准确性，请你如实回答所有问题。你的回答对于我们得出正确的结论很重要，希望能得到你的配合和支持！谢谢！

一、请填写您的基本信息

性别＿＿＿＿＿＿年级＿＿＿＿＿＿

二、下列凡是没有特别说明的题目均为单选题，请把你的答案填写在括号内

1. 培养实践能力是十分重要的。（　　　）

A. 非常同意　　B. 同意　　C. 不同意　　D. 非常不同意

E. 不清楚

2. 你所在的学校十分重视培养你的实践能力。（　　　）

A. 非常同意　　B. 同意　　C. 不同意　　D. 非常不同意

E. 不清楚

3. 你具备良好的实践能力。（　　　）

A. 非常同意　　B. 同意　　C. 不同意　　D. 非常不同意

E. 不清楚

4. 你喜爱动手实践的学习方式。（　　　）

A. 非常同意　　B. 同意　　C. 不同意　　D. 非常不同意

E. 不清楚

5. 你的父母十分支持你参加各种实践活动。（　　　）

A. 非常同意　　B. 同意　　C. 不同意　　D. 非常不同意

E. 不清楚

6. 你的学校经常给你提供进行实践学习的机会。（　　　）

A. 非常同意　　B. 同意　　C. 不同意　　D. 非常不同意

E. 不清楚

7. 你经常与同学合作开展实践活动。（　　）

A. 非常同意　　B. 同意　　C. 不同意　　D. 非常不同意

E. 不清楚

8. 你会使用调查法、实验法、访谈法、观察法等方法收集所需要的资料。（　　）

A. 非常同意　　B. 同意　　C. 不同意　　D. 非常不同意

E. 不清楚

9. 你会写调查报告、研究报告、实验报告、访谈提纲等。（　　）

A. 非常同意　　B. 同意　　C. 不同意　　D. 非常不同意

E. 不清楚

10. 教师在教学中经常引导和鼓励你动手实践。（　　）

A. 非常同意　　B. 同意　　C. 不同意　　D. 非常不同意

E. 不清楚

11. 你所在的学校给你提供了丰富多彩的课外活动。（　　）

A. 非常同意　　B. 同意　　C. 不同意　　D. 非常不同意

E. 不清楚

12. 你经常参加社会实践活动。（　　）

A. 非常同意　　B. 同意　　C. 不同意　　D. 非常不同意

E. 不清楚

13. 你所在的学校开设了综合实践活动课程这门课。（　　）

A. 非常同意　　B. 同意　　C. 不同意　　D. 非常不同意

E. 不清楚

14. 综合实践活动课程是一门很重要的课程。（　　）

A. 非常同意　　B. 同意　　C. 不同意　　D. 非常不同意

E. 不清楚

15. 你所在的学校很重视综合实践活动课程。（　　）

A. 非常同意　　B. 同意　　C. 不同意　　D. 非常不同意

E. 不清楚

16. 你每周都有综合实践活动课，这门课程很少被别的课程占用。
（　　）

A. 非常同意　　B. 同意　　C. 不同意　　D. 非常不同意

E. 不清楚

17. 你每学期参加社区服务的总时数为（　　）。

A. 0 小时　　　　B. 1—5 小时　　　　C. 6—10 小时

D. 10—15 小时　　E. 15 小时以上

18. 除了综合实践活动课程，你的学校还有其他的实践课程或活动课程。（　　）

A. 非常同意　　B. 同意　　C. 不同意　　D. 非常不同意

E. 不清楚

19. 通过上综合实践活动课，你的实践能力和创新能力得到了提高。（　　）

A. 非常同意　　B. 同意　　C. 不同意　　D. 非常不同意

E. 不清楚

20. 你喜爱的综合实践活动课程的内容是（　　）（最多选 5 项）。

A. 社会实践与探索　　　　B. 学科理论知识与活动

C. 生活知识与技能　　　　D. 职业知识与探索

E. 工业生产知识与技能　　F. 种植知识与技能

G. 养殖知识与技能　　　　H. 食品、营养与烹饪

I. 木工与制作　　　　　　J. 社区服务

K. 信息技术教育　　　　　L. 其他（_____）

21. 对于如何提高实践能力，你的建议是：

_____

_____

_____

_____

谢谢你的支持与配合！祝你学习进步！

附录三　中小学实践教育访谈提纲

我国中小学实践教育现状的访谈提纲（教师类）

访谈者：

　　访谈对象：中小学校管理者、综合实践活动课程教师、综合实践活动课程教研员

　　访谈提纲：

　　一、学校部分（所访谈学校的校领导和相关教务领导1—2人）

　　基本信息：性别＿＿＿＿＿职务＿＿＿＿＿教龄＿＿＿＿＿

　　主要问题：

　　1. 贵校的培养目标是什么？

　　2. 您怎样看待培养学生的实践能力与升学考试的关系？

　　3. 您怎样看待综合实践活动课程的地位和作用？

　　4. 贵校共有多少名综合实践活动课的教师？共有多少学生？

　　5. 贵校有多少门实践课程或活动课程？

　　6. 贵校怎样安排实践课程的课时？怎样保证这些课时不被别的课程占用？

　　7. 贵校的所有学生都能参加实践活动吗？

　　8. 贵校是否有具备学生开展实践活动的场所和设备（如实验室、活动室或者实践基地）？

　　9. 贵校学生每学年参加社区服务的平均时数是多少？

　　10. 贵校学生的实践能力处于一个什么样的状况？

　　11. 贵校是否制定了学生的实践能力的具体评价标准或指标？

　　12. 贵校采取了哪些措施来提高学生的实践能力？是否有一个长远的、整体的规划？

　　13. 贵校在培养学生的实践能力方面取得了哪些经验？

　　14. 贵校在培养学生的实践能力方面存在哪些困难？原因是什么？

　　15. 贵校怎样考核评价综合实践活动课程的任课教师？

二、教师部分（所访谈学校的综合实践活动课程任课教师 2—3 人）

基本信息：性别＿＿＿＿＿教龄＿＿＿＿＿任教年级＿＿＿＿＿

主要问题：

1. 您从事综合实践活动课程的教学多长时间了？

2. 您怎样看待培养学生的实践能力的问题？

3. 您怎样设计综合实践活动课程的内容？

4. 学生是否喜爱您设计的综合实践活动课程的内容？

5. 您怎样开展综合实践活动课程的教学活动？

6. 您怎样评价学生在综合实践活动课程中的表现？

7. 您怎样评价您班上的学生的实践能力？

8. 您采取了哪些措施来提高实施综合实践活动课程的能力？

9. 您是否认为应扩展实践课程或活动课程的种类？

10. 您在实施综合实践活动课程中遇到了哪些问题和困难？

11. 您是怎样应对这些问题和困难的？

12. 综合实践活动课程的任课教师应具备哪些素质？您在哪些素质方面需要继续努力？

13. 您在教学中怎样处理与学生及与其他任课教师的关系？

三、教研员部分（所访谈学校的县、区综合实践活动课程教研员 1—2 人）

基本信息：性别＿＿＿＿＿教龄＿＿＿＿＿

主要问题：

1. 您从事综合实践活动课程教研员工作有多长时间了？

2. 您怎样评价当前贵县（市、区）中小学校综合实践活动课程的实施状况？

3. 您怎样评价当前贵县（市、区）中小学生的实践能力？

4. 您怎样协调当前贵县（市、区）中小学校开展综合实践活动？

5. 您怎样协调当前贵县（市、区）中小学校之间的教研活动？

6. 您采取了哪些措施来提高中小学教师开发、实施、评价综合实践活动课程的能力？

7. 综合实践活动课程的任课教师应具备怎样的素质和能力？

8. 当前培养中小学学生的实践能力方面存在哪些问题？遇到了哪些困难？

9. 您打算怎样应对这些问题和困难？

中小学实践教育现状的访谈提纲

（学生及其家长类）

访谈者：

访谈对象：中小学学生及其家长

访谈提纲：

一、学生部分

基本信息：性别_____年级_____

主要问题：

1. 你知道实践能力是什么吗？

2. 你认为自己具备怎样的实践能力？

3. 你打算怎样提高自己的实践能力？

4. 你的学校为你提供了许多实践学习的机会吗？

5. 你的学校有哪些实践课程或活动课程？

6. 这些实践课程或活动课程的内容是什么？

7. 你是否喜爱这些实践课程或活动课程？为什么？

8. 你希望学校为你提供哪些实践活动或实践学习的机会？

9. 你认为你的学校在提高学生的实践能力方面存在哪些优缺点？你有哪些建议？

二、家长部分

基本信息：性别_____年龄_____职业_____受教育程度_____

主要问题：

1. 您知道实践能力是什么吗？

2. 实践能力是否重要？为什么？

3. 您怎样看待孩子的实践能力与学习成绩之间的关系？

4. 您是否支持您的孩子参加各种实践活动？

5. 您怎样评价您孩子的实践能力状况？

6. 您打算怎样培养您的孩子的实践能力？

7. 您希望学校开设怎样的实践课程或者组织怎样的实践活动来提高孩子的实践能力？

对美国伊利诺伊州厄巴纳市厄巴纳中学及其他中小学校管理者与实践课程任课教师的访谈提纲

Interviewer：

Interviewees：managers of Urbana Middle School（UMS）or other schools；teachers of practical courses of UMS or other schools

Outline of interview：

1. Questions for managers of UMS or other schools

1）How many students and teachers in UMS（or in your school）?

2）What are the aims and goals of student's development of UMS（or your school）?

3）Please introduce the structure of curriculum of UMS（or your school）.

4）Why does your school set up Family and Consumer Science courses and technology courses in UMS?

5）Has only UMS this kind of courses? Or other schools have these courses，too?

6）Why set up these courses in UMS：Grade 6：Today's Teen（6 weeks）in grade 6；Grade 7：

Consumer Food (1 semester) and Life Skills (1 semester) in grade 7; Family Living (1 semester) and Career Connections (1 semester) in grade 8?

7) Who will and how to develop these courses or practical courses?

8) How to enact these courses and assess these courses and performance of students?

9) Do you think it's very important of fostering students' practical ability?

10) Which is more important between students' practical ability and academic performance?

11) How do you think to develop student's practical ability?

12) How do you think about practical ability of America's students or UMS's students (or students of your school)?

13) What are your difficulties in developing students' practical ability?

14) In order to improve student's practical ability, what measures have been taken in UMS (or in your school)?

15) What new measures will be taken in UMS (or in your school) in the future?

2. Questions for teachers of practical courses of UMS or other schools

1) Why does your school set up Family and Consumer Science courses and technology courses in UMS?

2) Has only UMS this kind of courses? Or other schools have these courses, too?

3) Why set up these courses: Grade 6: Today's Teen (6 weeks) in grade 6; Grade 7:

Consumer Food (1 semester) and Life Skills (1 semester) in grade 7; Family Living (1 semester) and Career Connections (1 semester) in grade 8?

4) Are these courses elective or compulsory?

5）Who will and how to develop these courses?

6）How do you enact these courses?

7）How do you assess these courses and performance of students?

8）Do you have assessment standards of students' practical ability and performance?

9）Do you have lesson plans of these courses?

10）Do you think it's very important of students' practical ability?

11）Which is more important between students' practical ability and academic performance?

12）How do you think to develop student's practical ability?

13）How do you think about practical ability of America's students or UMS's students（or students of your school）?

14）What are your difficulties in developing students' practical ability and enacting practical courses?

15）In order to improve student's practical ability, what measures have been taken in UMS（or in your school）?

16）What new measures will be taken in UMS（or in your school）in the future?

附录四　中小学实践教育教学观察记录表

观察对象：中小学实践教育教学中的师生

观察目的：了解中小学实践课程的教学情况、教师和学生在实践课程中的表现，发现当前实践教育实施中的优点和不足，为改进实践教育的教学提出建议。

中小学实践教育的教学观察记录表

时间		地点		班级		课程名称	
观察者							
被观察者	教师姓名		性别		教龄		
	学生人数		男生人数		发生人数		
教学目标							
教学内容							
教学方法							
教学组织形式							
课前准备情况							

观察记录	教学基本过程	
	学生表现（评分标准为0—10分）	评分
	1. 是否有浓厚的学习兴趣	
	2. 是否积极参与实践学习	
	3. 学生之间是否合作融洽	
	4. 是否积极寻求帮助	
	5. 是否运用多种方法解决问题	
	6. 能否独立提出自己的见解	
	7. 能否进行反思	

续表

观察记录	8. 是否表现出创造性思维	
	9. 是否表现出自主性	
	10. 是否完成实践任务或解决问题	
	教师表现（评分标准为0—10分）	
	1. 教学态度是否和蔼自然	
	2. 是否鼓励学生大胆实践学习	
	3. 是否熟练指导学生进行实践学习	
	4. 是否积极与学生互动	
	5. 是否公平对等每个学生	
	6. 提问是否有效	
	7. 是否了解学生的特点、需求	
	8. 是否灵活机智地调整教学策略	
	9. 是否与教学辅助人员良好合作	
	10. 是否实现了教学目标	
	教学效果	总体得分
		得分等级
	课后情况	
观察反思		

备注：得分等级为：180—200分为"优秀"、160—179分为"良好"、140—159分为"一般"、120—139分为"合格"、119分以下为"不及格"。

主要参考文献

一 中文文献

（一）著作

陈佑清：《教育活动论》，江苏教育出版社 2000 年版。

陈佑清：《教学论新编》，人民教育出版社 2011 年版。

郭元祥：《生活与教育：回归生活世界的基础教育论纲》，华中师范大学出版社 2002 年版。

郭元祥主编：《综合实践活动课程的管理与评价》，高等教育出版社 2003 年版。

郭元祥、伍香平主编：《综合实践活动课程的理念》，高等教育出版社 2003 年版。

黄炎培：《河车记·断肠集》，生活书店 1936 年版。

黄宗羲：《黄梨洲文集》，中华书局 1959 年版。

靖国平：《教育的智慧性格——兼论当代知识教育的变革》，湖北教育出版社 2004 年版。

刘春生、徐长发主编：《职业教育学》，教育科学出版社 2002 年版。

李臣之等：《综合实践课程教学论》，广东高等教育出版社 2007 年版。

李定仁、徐继存主编：《教学论研究二十年》，人民教育出版社 2001 年版。

孟承宪主编：《中国古代教育文选》，人民教育出版社 1985 年版。

瞿葆奎等主编：《教育学文集·课外校外活动》，人民教育出版社 1991 年版。

施良方：《课程原理：课程的基础、原理与问题》，教育科学出版社 1996 年版。

孙培青主编:《中国教育史》,华东师范大学出版社 2000 年版。

陶行知:《教学做合一讨论集》,商务印书馆 1931 年版。

陶行知:《陶行知文集》(上、下册),江苏教育出版社 2008 年版。

王策三:《教学认识论》,北京师范大学出版社 2002 年版。

王道俊、郭文安主编:《主体教育论》,人民教育出版社 2005 年版。

王道俊、郭文安主编:《教育学》,人民教育出版社 2009 年版。

王荣发等主编:《实践性教学:理论与探索》,华东理工大学出版社 2007 年版。

王天一等主编:《外国教育史》,北京师范大学出版社 1993 年版。

肖前主编:《马克思主义哲学原理》,中国人民大学出版社 2004 年版。

熊川武等主编:《实践教育学》,上海教育出版社 2001 年版。

赵德成、卢慕稚:《新课程与学生评价》,高等教育出版社 2004 年版。

张华主编:《课程与教学论》,上海教育出版社 2000 年版。

张焕庭主编:《西方资产阶级教育论著选》,人民教育出版社 1964 年版。

中央教育科学研究所主编:《陶行知教育文选》,教育科学出版社 1981 年版。

中华人民共和国教育部:《义务教育语文课程标准》(2011 年版),北京师范大学出版社 2012 年版。

(二) 译著

[苏] 阿·尼·列昂节夫:《活动·意识·个性》,上海译文出版社 1980 年版。

[苏] B. A. 苏霍姆林斯基:《帕夫雷什中学》,赵玮等译,教育科学出版社 1983 年版。

[美] 凯瑟琳·坎普·梅休等:《杜威学校》,王承绪等译,华东师范大学出版社 1981 年版。

[捷] 夸美纽斯:《大教学论》,傅任敢译,教育科学出版社 1999 年版。

[美] 拉尔夫·泰勒:《课程与教学的基本原理》,罗康、张阅译,中国轻工业出版社 2008 年版。

联合国教科文组织国际教育发展委员会:《学会生存——教育世界的今天和明天》,教育科学出版社 1996 年版。

联合国教科文组织国际 21 世纪教育委员会:《教育——财富蕴藏其中》,教育科学出版社 1996 年版。

［美］理查德·舒斯特曼:《哲学实践》,彭锋等译,北京大学出版社 2002 年版。

［法］卢梭:《爱弥儿》(上卷),李平沤译,商务印书馆 1991 年版。

［英］麦克·扬:《未来的课程》,谢维和等译,华东师范大学出版社 2003 年版。

［法］皮埃尔·布迪厄:《实践感》,蒋梓骅译,译林出版社 2003 年版。

［瑞士］让·皮亚杰:《发生认识论原理》,王宪钿等译,商务印书馆 1981 年版。

［瑞士］让·皮亚杰:《教育科学与儿童心理学》,傅统先译,文化教育出版社 1981 年版。

［美］R. J. 斯腾伯格:《成功智力》,吴国宏等译,华东师范大学出版社 1999 年版。

［美］约翰·杜威:《杜威教育论著选》,赵祥麟、王承绪译,华中师范大学出版社 1981 年版。

［美］约翰·杜威:《我们怎样思维·经验与教育》,姜文闵译,人民教育出版社 1991 年版。

［美］约翰·杜威:《学校与社会·明日之学校》,赵祥麟等译,人民教育出版社 1994 年版。

［美］约翰·杜威:《民主主义与教育》,王承绪译,人民教育出版社 2001 年版。

（三）论文

程军:《关于社会实践教育问题的再认识》,《安徽大学学报》(哲学社会科学版) 1988 年第 1 期。

陈树文、陈金美:《主体实践能力系统结构初探》,《探索》1992 年第 2 期。

陈佑清：《培养"生活主体"：教育目标的一种选择》，《教育研究与实验》2009 年第 6 期。

陈佑清：《多维学习与全面发展：促进全面发展的学习机制探讨》，《教育研究》2011 年第 1 期。

丁保胜：《浅析大学新生适应不良及心理调适》，《东华理工学院学报》（社会科学版）2012 年第 5 期。

耿庆堂：《校外实践活动与创新教育》，《现代教育》2011 年第 3 期。

付兵儿：《日本中小学的道德实践教育与思考》，《内蒙古师范大学学报》（教育科学版）2004 年第 4 期。

傅维利：《培养学生的实践能力：推进素质教育的重点》，《中国教育学刊》2005 年第 12 期。

付宜红：《时代呼唤怎样的语文能力：从日本 2005 年语文改革新思路谈起》，《语文教学通讯·小学刊》2006 年第 5 期。

郭文安：《主体教育思想发展的回顾与前瞻》，《教育研究与实验》2006 年第 5 期。

郭元祥：《"回归生活世界"的教学意蕴》，《全球教育展望》2005 年第 9 期。

郭元祥：《课程理解的转向从"作为事实"到"作为实践"》，《课程·教材·教法》2008 年第 1 期。

郭元祥：《综合实践活动的回顾与前瞻》，《基础教育课程》2010 年第 5 期。

郭元祥：《论实践教育》，《课程·教材·教法》2012 年第 1 期。

韩新文：《重构课程格局，促进个性发展》，《上海教育》2007 年第 7B 期。

黄小葵、高口明久：《中日两国小学生课余生活状况比较研究》，《外国教育研究》2007 年第 2 期。

黄志华：《培养学生实践能力的哲学思考》，《教学与管理》2011 年第 8 期。

何长青：《加强劳动和社会实践教育全面提高中小学生素质》，《中国农村教育》2009 年第 6 期。

胡景河：《劳动实践教育对降低农村学校辍学率的可行性分析》，《吉林教育》（综合）2009 年第 10 期。

胡庆芳、程可拉：《美国新课程标准推动下最佳实践的课堂建构》，《比较教育研究》2004 年第 6 期。

胡小林、张宗海：《加强实践课程建设，全面提高学生素质》，《中国高教研究》1998 年第 4 期。

江潭瑜：《"实践教育"的意义与价值》，《学术界》2008 年第 3 期。

孔凡利：《以英语口语课为主体的实践教育及课程教学研究》，《长春教育学院学报》2011 年第 4 期。

吕达：《普通中学课程结构：完整性、基础性、多样性》，载课程教材研究所主编《课程改革整体论》，人民教育出版社 2003 年版。

李箭：《西方活动教育理论及对我国基础教育的启示》，《外国中小学教育》2008 年第 2 期。

李介：《国外校本课程开发模式带给我们的启示》，《教育理论与实践》2010 年第 9 期。

李晶：《大学新生适应不良问题分析及对策》，《内蒙古工业大学学报》（社会科学版）2009 年第 1 期。

刘坚、余文森等：《"深化课程教学改革"深度调研报告》，《人民教育》2010 年第 17 期。

李吉林：《为儿童快乐学习的情境教学》，《课程·教材·教法》2013 年第 2 期。

李楠明：《生活世界与实践哲学的思维方式》，《北方论丛》2001 年第 2 期。

李啸华、杜思玉等：《寓实践教育于化学教学之中》，《成才》2006 年第 6 期。

刘克礼等：《对实践教育的基本认识与做法》，《高等农业教育》1991 年第 2 期。

刘磊、傅维利：《实践能力：含义、结构及培养对策》，《教育科学》2005 年第 4 期。

吕立杰：《小学教育专业实践课程规划与实施探讨》，《东北师大学报》（哲学社会科学版）2012 年第 4 期。

罗生全：《我国地方课程开发的模式及其改进》，《课程·教材·教法》2007 年第 9 期。

李水山：《日本的实践教育》，《世界农业》1991 年第 7 期。

李如密：《实践教育的艺术管窥》，《教育评论》1988 年第 4 期。

李骁：《"实践教育"评价机制初探》，《成才》2006 年第 6 期。

卢卫芳：《消费绿色食品享受健康人生：以"绿色食品、绿色消费"为主题的综合实践活动案例》，《新课程研究》2006 年第 3 期。

刘钰、许亮等：《大学实践教育的文献综述》，《清华大学教育研究》2006 年第 1 期。

林紫琛：《浅谈学校的实践教育》，《福建师大福清分校学报》1992 年第 1 期。

马斌：《张謇的实践教育思想及启示》，《南通纺织职业技术学院学报》（综合版）2011 年第 9 期。

马明辉：《美国科学教育发展的新阶段：作为实践的科学》，《外国教育研究》2012 年第 7 期。

马兆兴、周平珊：《实践课程———一种新型的教师培训课程》，《中小学教师培训》2004 年第 6 期。

孟成伟：《中学地理实践教育初探》，《新课程学习》2010 年第 2 期。

潘家耕：《实践教育是素质教育的根本实现途径》，《成都中医药大学学报》（教育科学版）2003 年第 2 期。

阮成武：《"生命·实践"教育学派的课程篇章：评叶澜教授主编的〈教育学原理〉》，《教育研究》2008 年第 11 期。

史静寰：《加强实践教育：研究型大学培养创新人才的必由之路》，《清华大学教育研究》2005 年第 2 期。

孙美堂：《从实体思维到实践思维：兼谈对存在的诠释》，《哲学动态》2003 年第 9 期。

沈晓珊：《实践形态的多样性》，《浙江学刊》2003 年第 3 期。

宋朝晖、翟桂红：《加强实践教学考核增强学生动手能力》，《陕西师范大学学报》（哲学社会科学版）2007 年第 7 期（专辑）。

田慧生：《活动教育引论》，《天津市教科院学报》1999 年第 2 期。

唐瑞源、曲晶：《提高学生数学图表信息阅读能力的策略谈》，《上海
　　教育科研》2012 年第 1 期。

谭辉旭：《关于课程哲学基础的思考》，《教育研究》2006 年第 3 期。

涂艳国：《教育活动论》，《教育研究与实验》1997 年第 4 期。

王策三：《教育主体哲学刍议》，《北京师范大学学报》（社会科学版）
　　1994 年第 4 期。

王策三：《认真对待"轻视知识"的教育思潮：再评由"应试教育"
　　向素质教育转轨提法的讨论》，《北京大学教育评论》2004 年第
　　7 期。

王道俊：《关于教育的主体性问题》，《教育研究与实验》1996 年第
　　2 期。

王道俊：《主体教育论的若干构想》，《教育学报》2005 年第 5 期。

王坤庆：《教育哲学：一种哲学价值论视角的研究》，华中师范大学出
　　版社 2006 年版。

王磊：《德国"实践教育"有待提高》，《中国报道》2011 年第 3 期。

汪原：《中学生集体焚书引发的教育深思》，《青春期健康》2012 年第
　　5 期。

王玉娟：《情境教育学派的本土建构与发展："李吉林情境教育思想研
　　讨会"综述》，《课程·教材·教法》2012 年第 4 期。

王正瀚：《从美国中学教学实例看"做历史"方式》，《全球教育展
　　望》2011 年第 9 期。

魏霞：《试论墨子的实践教育及其当代价值》，《中学政治教学参考》
　　2011 年第 12 期。

吴刚平：《校本课程开发的思想基础：施瓦布和斯腾豪斯"实践课程
　　模式"思想探析》，《外国教育研究》2000 年第 6 期。

吴惠青、周晓燕：《我国活动教育的回顾与展望》，《浙江师范大学学
　　报》（社会科学版）2002 年第 6 期。

武汉市十五中：《实践教育：21 世纪新型教育模式》，《成才》2006
　　年第 6 期。

吴志华：《个体实践能力的发展及对教育的启示》，《教育科学研究》
　　2006 年第 6 期。

吴志华：《"问题解决"的实践活动模式思考》，《中国教育学刊》
　　2007 年第 9 期。

谢勇、胡学龙等：《建立电子信息类大学生实践能力的标准》，《实验
　　室研究与探索》2009 年第 7 期。

杨安东、李学林：《实践教育观：毛泽东素质教育理论与实践的基本
　　内核》，《求是》2002 年第 6 期。

杨欢欢：《社会实践教育的个体价值初探》，《学校党建与思想教育》
　　2009 年第 1 期（中）。

杨伟才：《实践教育法在学生思想工作中的应用》，《教育评论》1988
　　年第 4 期。

叶澜：《让课程焕发出生命活力》，《教育研究》1997 年第 9 期。

殷世东：《社会实践与人身心和谐发展》，《东北师大学报》（哲学社
　　会科学版）2011 年第 3 期。

殷世东、孔丹丹：《论中小学社会实践》，《现代教育科学·普教研
　　究》2011 年第 5 期。

于慧颖：《劳技教育教学应引导学生从"动手做"到"动脑做"：兼
　　论"动手能力"是大脑调控下手脑协调动作的创造性实践能力》，
　　《中国教育学刊》2004 年第 12 期。

于玲君：《美国能力本位教育的现状、特征与启示》，《社会科学论
　　坛》2006 年第 8 期（下）。

于淑霞：《让实践教育走进数学课堂》，《教育实践与研究》2008 年第
　　10（A）期。

钟惠燕：《网络阅读与中学生信息素养的培养》，《现代教育科学》
　　2009 年第 3 期。

曾素林、靖国平：《教师的表现性素养探析》，《教育学术月刊》2011
　　年第 5 期。

曾素林：《实践教育：含义、问题及对策》，《中国人民大学教育学
　　刊》2012 年第 1 期。

曾素林:《中美义务教育语文课程标准比较及启示》,《中国教育学刊》2013 年第 1 期。

曾素林、刘晶晶:《信息阅读能力:含义、表现标准及培养策略》,《教育研究与实验》2014 年第 1 期。

曾素林、陈上仁:《实践课程开发的现状与策略探析》,《赣南师范学院学报》2015 年第 5 期。

曾素林等:《哲学思维方式变革视域下知识与经验的关系新探》,《教育学术月刊》2015 年第 10 期。

曾素林、彭冬萍:《实践教育的三种关系论析》,《当代教育科学》2016 年第 12 期。

张传亮:《周恩来实践教育思想初探》,《辽宁行政学院学报》2012 年第 5 期。

张华新:《论陶行知的实践教育思想》,《武汉理工大学学报》(社会科学版)2002 年第 6 期。

张莉萍:《人类学视野中的实践理性》,《岭南学刊》2004 年第 6 期。

张琼、陈佑清:《"知识型实践能力"及其教育意蕴和培养策略》,《教育发展研究》2010 年第 24 期。

张庆守:《实践教育的历史反思与现行改革对策》,《闽江学院学报》2010 年第 7 期。

张士清:《实践教育视野中的物理课程与教学》,《成才》2006 年第 6 期。

赵家祥:《理论与实践关系的复杂性思考:兼评惟实践主义倾向》,《北京大学学报》(哲学社会科学版)2005 年第 1 期。

郑家成:《实践·教育·人的发展——马克思实践哲学视野下的教育中人的发展》,《赤峰学院学报》(哲学社会科学版)2008 年第 12 期。

郑宇:《语文能力与语文教材》,《课程·教材·教法》2002 年第 5 期。

周文杰、蔡鸣芳:《实践教育:弘扬人文精神的教育方式》,《成才》2006 年第 6 期。

朱丹：《CIPP 评价模式在综合实践活动课程评价中的运用》，《基础教育研究》2010 年第 1A 期。

朱高峰：《对实践教育问题的分析和认识》，《清华大学教育研究》2005 年第 2 期。

（四）学位论文

张琼：《以实践能力培养为取向的知识教学变革研究》，博士学位论文，华中师范大学，2011 年。

（五）报纸

陈永坚：《从"钱学森之问"想起》，《汕头日报》2011 年 7 月 8 日第 3 版。

纪成涛：《试着推倒学科间的那堵墙》，《中国教育报》2012 年 2 月 3 日第 3 版。

陶伟华：《"实践育人"应确立为我国教育战略》，《中国教育报》2012 年 7 月 29 日第 4 版。

杨东平：《治标与治本》，《人民日报》2005 年 11 月 24 日第 13 版。

中华人民共和国教育部：《基础教育课程改革纲要（试行）》，《中国教育报》2001 年 7 月 27 日第 2 版。

二　外文文献

（一）专著

Carol Rothenberg and Douglas Fisher, *Teaching English Language Learners：A Differentiated Approach*, Upper Saddle River：Pearson Education, Inc. , 2007.

Carpenter, T. P. and Lehrer, R. , *Teaching and learning mathematics for understanding.* In E. Fennema and T. A. Romberg eds. , *Mathematics Classrooms that Promote Understanding*, Hillsdale, NJ：Erlbaum, 1999.

Daniel L. Stufflebean and Anthony J. Shinkfield, *Evaluation Theory, Models, and Applications*, San Francisco：Jossey Bass, 2007.

Deborah Diffily and Charlotte Sassman, *Project - based Learning with Young Children*, Portsmouth, NH：Heinemann, 2002.

Department of Education of New South Wales, *Practical Education in Public Schools.* Sydney: Bloxham & Chambers PTY. Ltd. , 1938.

Elliott, J. , *The Curriculum Experiment: meeting the challenge of social change*, Buckingham: Open University Press, 1998.

Halliday, M. and Hasan, R. , *Language, Context and Text: Aspects of Language in a Social - Semiotic Perspective*, New York: Oxford University Press, 1985.

Ian Westbury and Neil J. Wilkof eds. , *Science, Curriculum, and Liberal Education: Selected Essays*, Chicago & London: The University of Chicago Press, 1978.

J. G. Legge, *The Thinking Hand or Practical Education in the Elementary School*, London: Macmillan and Co. , Limited, 1914.

John Wilson, *Philosophy and Practical Education*, London, Henley and Boston: Routledge & Kegan Paul, 1977.

Judith A. Langer, *Envisioning Knowledge: Building Literacy in the Academic Disciplines*, New York: Teacher College Press of Columbia University, 2010.

Lawrence Stenhouse, *An Introduction to Curriculum research and Development*, London: Heinemann, 1975.

Maria Edgeworth and Richard Lovell Edgeworth, *Practical Education*, New York and London: Garland Publishing, Inc. , 1974.

Michael F. D. Young, *The Curriculum of the Future: From the " New Sociology of Education" to a Critical Theory of Learning*, London: Falmer Press, 1998.

The Schools Council, *Primary Practice: A Sequel to " The Practical Curriculum"*, London: Methuen Educational, 1983.

Violet H. Harada, Carolyn H. Kirio and Sandra H. Yamamoto, *Collaborating for Project - based Learning in Grades 9 - 12*, Columbus, Ohio: Linworth Pub. , 2008.

（二）期刊

Anna Sfard, What could be more practical than good research: on mutual relations between research and practice of mathematics education, *Educational Studies in Mathematics*, 2005（58）.

Chan Bee Choo, Activity - based Approach to Authentic Learning in a Vocational Institute, *Educational Media International*, Vol. 44, No. 3, 2007.

Glenn Regehr and Maria Mylopoulos, Maintaining Competence in the Field: Learning About Practice, Through Practice, in Practice, *Journal of Continuing Education in the Health Professions*, Vol. 28, No. 1 （S）, 2008.

John Whitney, Sam Sellar and Kathryn Paige, *Science, art, Learning and Teaching: Making Connections*, *Teaching Science*, Vol. 50, No. 4, 2004.

Mike Berkeihiser, *Practical Design Activities for Your Technology Education Classes*, The Technoledge Teacher, 2006（2）.

Mary Lee Bass and Deborah Gee Woo, *Comprehension Windows Strategy: A Comprehension Strategy and Prop for Reading and Writing Informational Text*, The Reading Teacher, Vol. 61, No. 7, 2008.

Nell K. Duke, *The Case for Informational Text*, Education Leadership, 2004（3）.

Safqat Hussain, Saeed Anwar, and Muhammad Iqbal Majoka, Effect of Peer Group Activity - Based Learning on Student's Academic Achievement in Physics at Secondary Level, *International Journal of Academic Research*, Vol. 3, No. 1, 2011.

（三）政府出版物

National Assessment Governing Board, *Reading framework for the 2009 National Assessment of Educational Progress*, Washington D. C. : U. S. Government Printing Office, 2008.

（四）电子文献

Urbana Middle School, *Urbana Middle School Curriculum Guide*（2012 –
2013）. http：//www. usd116. org/ums/.

Urbana Middle School, Parent Involvement Policy and School – Parent –
Student Involvement Compact, http：//www. usd116. org/ums/in-
dex. php/information/parent – involvement – policy/.

致　　谢

本书是在我的博士学位论文基础上修改而成的。记得刚上华师大读博时，我有幸聆听了学校德高望重的教育学老前辈郭文安教授的讲课。郭老跟我们这些小辈推心置腹地说："任何时候都不要说是你个人取得的成功，因为每一个人的成功都是在很多很多人的帮助下实现的。"我一直感念于郭老的这句话。回眸博士生学习生涯，这期间有不计其数的人帮助了我。我对他们充满了感激之情。

感谢恩师郭元祥教授。2010 年，我幸运地被郭老师收为弟子。读博期间，郭老师在学习上对我悉心指导、从严要求，希望我能克服困难，全身心地投入学习中，并在生活上帮助和关心我。恩师还鼓励和支持我积极参加国内外的学术交流活动。本书从选题、构思、起草、成文、修改到定稿，都凝聚着恩师的点滴心血。恩师学识渊博，思想深邃，为人谦虚、诚恳、大气、风趣，善待学生，把学生的事情放在第一位，让我充满感动和感激。因此，我从恩师身上学习到的不仅仅是学术上的，而且还有为人处事上的许多美好的东西。

感谢恩师伊安·韦斯特伯里（Ian Westbury）教授。韦斯特伯里教授是我于 2011 年 8 月至 2013 年 2 月在美国伊利诺伊大学香槟分校（University of Illinois at Urbana – Champaign）课程与教学系国家公派留学期间的联合培养博士生项目美方导师。即使已年届七旬，恩师总是每周抽出宝贵的时间细致地指导我的学习，向我推荐了许多非常宝贵的文献资料，介绍我到美国十多所中小学校访问、听课。他在逢年过节时邀请我到他家做客或者下馆子，或者经常驾车带我游览周边各个城市的风光。

感谢恩师靖国平教授。2004 年，我考上湖北大学课程与教学论专业的硕士研究生。从此，靖老师把我引上了教育研究的道路。攻硕期间，靖老师总是循循善诱，启发我深入思考问题，在生活上关心和帮助我。即使我从湖北大学毕业后，靖老师还经常关心我的状况，勉励我不断进步。我还记得，当听到我即将开始攻读博士学位的消息时，靖老师给我发来短信："天道酬勤，继续努力。"我一直把恩师的这句话作为我的座右铭，鞭策我不断前进。

感谢陈佑清教授。我虽然不是陈老师的入门弟子，但是陈老师一直把我当成自己的弟子来教导，非常关心我的学习和生活，帮助我成长。陈老师对我的博士论文开题报告提出的意见非常中肯，使我的论文构思更加完善，思路更加清晰。陈老师诚恳谦虚的为人风格、孜孜以求的钻研精神也深深感染了我。

感谢我读博期间的各位老师。他们包括郭文安教授、涂艳国教授、雷万鹏教授、李家清教授、王后雄教授、蔡迎旗教授、崔鸿教授、但武刚教授、杜时忠教授、马英辅导员等，伊利诺伊大学香槟分校教育学院 Walsh Daniel 教授、Mark Dressman 教授、Wen－hao David Huang 教授、Sarah McCarthey 教授、Clause Witz 教授、Kurt Blaylock 教授等，美国课程与教学协会（American Association of Teaching and Curriculum，AATC）的主席 Richard Biffle 教授、秘书 Lynne Bailey 博士、Joseph Flynn 博士、诺瓦东南大学 Michelle Tenam－Zemach 教授、得克萨斯 A&M 大学 Valentin Ekiaka Nzai 教授、新加坡南洋理工大学 Zongyi Deng 教授等。他们对我的学习和博士学位论文写作提供了各种必要的帮助。

感谢中国台湾大学教师培训中心赖慧玲教授多次欣然接受我的访谈，为我提供了不少台湾实践教育方面的资料，并帮助我处理了一些研究数据。感谢美国伊利诺伊大学数学、科学与技术教育办公室 Jana Suzanne Sebesti 女士、伊利诺伊州厄巴纳市厄巴纳中学的校长特·伍兹（Scott Woods）先生以及两位热心的教师 Pamela Furrer 和 Laine Blanchard 女士，他们欢迎我去该校参观实践课程的实施过程，并热情地与我讨论实践教育方面的问题。感谢 Barkstall Elementary School 的教师 Jacqueline Palmer 女士，她为我提供了很多美国小学语文教学等方面的资料。

感谢我的同门姚林群、余娟、刘晓庆、伍雪辉、胡典顺、陈开懋、刘晶晶、伍远岳等。感谢博士生学友王世存、张娜、陈纳、户清丽、刘大伟、倪峥、叶庆娜、孙建明、路筼等。当我需要帮助的时候，他们总是毫不犹豫地向我伸出援手。

感谢江西省赣州二中谢小龙老师、湖北省襄阳市卧龙中学古德银校长、刘辉老师、随州一中魏蕾老师、广东省佛山市教育局胡铁生老师、浙江杭州市天长小学的老师们、"中国水学校"团队的老师们及好友刘成成、湛青等，他们为我的问卷调查及访谈部分提供了许多方便，并提出了许多诚恳的意见。

感谢我可亲可敬的家人。感谢我的母亲朱香仔女士。母亲在我父亲去世的二十多年来，含辛茹苦地抚养我们这些子女。感谢我的爱人侯伟浩女士。在我读博期间，她除了要完成工作上的事情，默默地独自承担起照顾我们可爱的儿子曾奕文的一切事务，理解和支持我，为我解除了后顾之忧。2017 年 1 月，我们的小儿子曾奕杰出生。我爱人一如既往地承担家务工作，让我有时间完成本书的写作。

感谢我的博士后指导老师华东师范大学吴刚平教授。吴老师学识渊博、真诚睿智，一直鼓励我在博士后阶段深入推进实践教育方面的研究。感谢赣南师范大学教育科学学院的领导和同事们的关心支持。本书之所以能呱呱落地，还应特别感谢江西省高校人文社会科学重点研究基地赣南师范大学教育经济研究中心主任陈上仁博士、教授，赣南师范大学基础教育课程与教学学科协同创新团队领军学者、基础教育研究中心主任周先进博士给了大力支持和无私帮助，他们鼓励我开展实践教育研究，并对本书提出了许多有价值的意见和建议。

感谢中国社会科学出版社卢小生主任，他为本书的出版付出了辛勤的劳动。

曾素林

2017 年 6 月